평생교육프로그램 개발론

김연술 성복숙 이주영 차동숙 서민호 백석기 공저

양 성 원

머리말

기술 발전으로 급변하는 정보화 사회에서는 새로운 지식과 기술의 습득이 중요해졌다. 이러한 변화는 개인의 삶뿐만 아니라 공동체와 국가의 발전에도 깊은 영향을 미치고 있기에 평생교육의 필요성은 그 어느 때보다 강조되고 있다. 특히, 학습은 더 이상 학령기 교육에 국한되지 않으며 모든 세대가 지속적으로 배우고 성장할 수 있는 과정으로 자리 잡고 있다.

빠르게 변화하는 현대사회에 적응하기 위한 중요한 방법이 평생교육이다. 평생교육은 이제 선택이 아닌 필수가 되어 개인의 삶의 질 향상뿐만 아니라 사회 및 경제 발전을 위해 중요한 역할을 하고 있다. 특히, 지식과 기술의 발전 속도가 가속화되는 오늘날 모든 연령대의 학습자는 지속적인 학습을 통해 변화하는 환경에 적응해야 한다.

평생교육의 핵심은 바로 '변화'와 '적응'이다. 끊임없이 변화하는 시대 속에서 사람들은 자신의 능력을 끊임없이 확장하고자 새로운 도전을 시도해야 한다. 교재가 제시하는 평생교육 프로그램 개발은 이런 시대적 요구에 부응하는 방향으로 이론과 실제를 연결하여 더욱 풍성하고 효과적인 교육 환경을 형성하는 데 기여하고자 한다.

본 교재는 평생교육 프로그램 개발의 이론적 기반과 실제적 접근을 종합적으로 다루고 있다. 제1부에서는 평생교육 프로그램 개발에 필요한 다양한 이론을 통해 학문적 깊이를 제공하고자 하였다. 다양한 학습자의 특성과 요구를 반영한 프로그램 개발을 위한 이론적 지식의 함양과 이를 실천할 수 있는 방법론을 상세히 다루어 평생교육 현장에 적용 가능하도록 하였다.

제2부에서는 교육 현장에서 직접 활용할 수 있는 실질적인 방법 사례를 제시하였다. 평생교육 프로그램을 설계하고 운영하는 데 필요한 다양한 이론적 프레임워크와 실제 사례를 바탕으로 교육과정 개발의 핵심 요소를 심도 있게 탐구하였다. 평생교육이 사회적 요구와 어떻게 연계될 수 있는지에 대한 전략적인 접근으로, 다양한 학습자의 특성과 필요를 반영한 프로그램 개발의 이론적 기초와 실천적 방법론을 상세히 다루어 교육 현장에 적용 가능한 사례를 풍부하게 담고 있다.

특히 평생교육 프로그램 수행 후 최종 보고서 작성을 통하여 보고서의 기본 구성은 물론 각 구성에 대하여 구체적인 사례를 제시한 교재로 일선 평생교육현장 업무에 영향을 미칠 것이다.

또한, 이 교재는 교육 환경의 변화를 반영한 프로그램 설계를 강조하였다. 다양한 연령대와 배경을 가진 학습자들이 어떻게 효과적으로 학습할 수 있는지를 고려한 접근 방법으로 평생교육의 가능성과 중요성을 실천적으로 제시하였다. 따라서 학문적 지식뿐만 아니라 교육 현장에서의 실용적인 능력을 기를 수 있을 것이다.

끝으로 평생교육 분야를 공부하는 다양한 연령대의 학생들뿐만 아니라 현장에서 프로그램을 개발하고 운영하는 교육 전문가들에게도 유익한 지침서가 될 것이다. 평생교육 현장에 종사하는 전문가로 평생교육 6대 분야에 해당하는 프로그램 사례를 통하여 각각의 추진배경, 교수계획, 예산편성, 평생교육 프로그램의 기대효과 등을 자세히 기술하였다. 본 교재가 모두를 위한 학습(Education for All)을 넘어서 행동하기 위한 학습(Learning to Do), 존재하기 위한 학습(Learning to Be)으로 성장할 수 있는 평생교육 프로그램 개발을 위한 학문적 이론과 실천적 접근이 균형 있게 제시되는 길잡이가 되기를 희망한다.

이 책을 출판할 수 있도록 도와주신 양성원 강철원 대표님과 출판사 직원 분들에게 감사의 마음을 전한다.

2025년 1월

저자 일동

차 례

■ 머리말 / 3

Chapter 01 평생교육 이해 11

1. 평생교육의 개념 13
2. 평생교육의 유형 29
3. 평생교육의 특성 44

Chapter 02 평생교육 프로그램 이해 53

1. 평생교육 프로그램의 개념 54
2. 평생교육 프로그램 개발의 접근법 64
3. 평생교육 프로그램의 모형 70

Chapter 03 프로그램 개발 기획과 요구분석 83

1. 프로그램 기획의 개념과 절차 84
2. 프로그램 요구분석의 개념과 유형 90
3. 프로그램 요구분석 우선순위 결정 101

Chapter 04 평생교육 프로그램 목적과 목표설정 107

1. 목적과 목표의 이해 108
2. 프로그램 목표 설정 111
3. 프로그램 교수설계 122

Chapter 05 프로그램 마케팅과 홍보 139

1. 프로그램 마케팅 개념 140
2. 마케팅 절차 및 전략 148
3. 프로그램 홍보 158

Chapter 06 프로그램 운영의 자원 165

1. 인적자원 166
2. 물적자원 175
3. 재정자원 178

Chapter 07 프로그램 평가 185

1. 프로그램 평가 186
2. 프로그램 평가의 유형 189
3. 프로그램 평가모형 196
4. 프로그램 평가의 방법 및 절차 203

Chapter 08 인문교양교육 217
1. 건강심성 프로그램 220
2. 기능적 소양 프로그램 230
3. 인문학적 교양 프로그램 235

Chapter 09 시민참여교육 245
1. 시민책무성 프로그램 247
2. 시민리더역량 프로그램 252
3. 시민참여활동 프로그램 255

Chapter 10 문화예술교육 265
1. 레저생활스포츠 프로그램 268
2. 생활문화예술 프로그램 272
3. 문화예술향상 프로그램 280

Chapter 11 기초문해교육 289
1. 문해교육의 개념 290
2. 기초문해교육의 실제 292

Chapter 12 직업훈련 프로그램 개발 실제 303

1. 직업훈련 프로그램 개발 사례-1 304
2. 직업교육 프로그램 개발 사례-2 310
3. 직업교육 프로그램 개발 사례-3 314
4. 예산편성 319

Chapter 13 보고서 작성의 실제 327

1. 최종 보고서의 목적 328
2. 최종 보고서의 주요 구성 요소 330

- 부록 / 348
- 참고문헌 / 366
- 찾아보기 / 376

Chapter 01

평생교육 이해

Chapter 01

평생교육 이해

평생교육은 시대적 요구에 부응하고 변화에 적응하려는 다양한 노력과 주장을 지속해 왔다. 시대적 필요에 따라 구체적으로 실천되었으나 여전히 만족스럽지 못한 부분이 남아 있는 것이 현실이다. 평생교육의 프로그램과 정책은 지나치게 구체적이고 제한적인 틀 안에서 실행됨으로써 변화의 본질을 충분히 담아내지 못한 한계를 드러냈다. 이러한 구조적 문제로 새로운 삶과 사회를 창조하는 데 창의적이고 혁신적인 힘을 충분히 발휘하지 못하였다.

교육은 미래 사회를 창조적이고 혁신적인 방향으로 전진시켜야 한다는 점에서 중요한 역할을 맡는다. 이는 인간의 삶을 위협하는 물질문명의 근원을 찾아내고 이를 함께 논의하며 구체적인 해결 방향을 설정하는 과정까지 포함된다.

평생교육도 고정된 개념이 아니라 성장하고 발전하는 과정을 가진 동적인 체계로 이해할 수 있다. 아이가 성장하며 삶의 각 단계에서 변화를 경험하듯 시대적 환경변화에 따라 형성되고 적응하며 지속적으로 변화해 왔다.

평생교육은 학문적인 교육에 국한되지 않고 일상생활과 밀접하게 연결되어 지속적인 유지가 되어 왔다는 점에서 그 의의를 찾을 수 있다. 이는 평생교육이 지식의 전달을 넘어 학습자가 삶 속에서 실천하고 활용할 수 있는 배움으로 발전해 왔음을 의미한다. 익힌 지식이 생활 속에서 실질적인 역할을 하며 개인의 삶에 가치를 더하도록 돕는 것이다. 개인이 보유한 지식을 실천 현장에서 어떻게 활용하느냐에 따라 그 지식은 더욱 확산하여 발전할 수 있다(김남선, 2014). 우리는 직업훈련, 취미활동, 가족 및 사회적 상호작용을 통해 언제나 학습한다. 이는 평생교육의 중요한 부분이다. 이와 관련해서 평생교육을 어떻게 이해하고 정리할 것인지 이해를 돕기 위해 이 장에서는 평생교육의 개념과 유형, 영역과 특성을 살펴보자.

1. 평생교육의 개념

평생교육의 개념은 이를 나타내는 용어와 그 포함된 의미에서 약간의 차이를 보인다. 국가별로 사용되는 용어도 다양하다. 미국에서는 '성인교육'이라는 용어를 사용하며, 유럽은 '평생교육', 일본은 '생애교육', 중국에서는 '종생교육'이라는 표현을 사용한다. 평생교육은 교육의 한 형태가 아니라 교육 자체와 동의어이며 인간의 성장과 발전을 지원하는 삶의 한 영역이다(양흥권, 2017).

평생교육은 미래를 여는 새로운 교육의 지평으로 우리나라를 포함한 많은 국가에서 관심을 보인다. 다양한 부문과 자원을 총체적으로 연계하여 최고의 활용을 도모하는 통합적 평생교육의 이념을 강조하고 있다. 따라서 범국민적인 관심과 참여가 확대되고 있다. 시대적 변화도 평생교육의 중요성을 부각시키고 있다.

평생교육은 빠른 고령화에 발맞춰 일상에서 언급한 지 오래되었다. 평생교육을 인간의 성장 발전을 위한 도구로 보며 지속적인 자기 계발 과정으로 보고 있다. 인간의 능력과 잠재력은 일상생활 속에서 성장단계에 알맞은 수준 발달의 기반이 된다. 그 시대에 알맞은 환경변화에 따라서 필요한 교육을 사회구성원이라면 모두가 자기주도적으로 받을 수 있는 것이 평생교육이다.

평생교육은 인간의 삶을 통해 교육으로 제도화된 학교 교육과 학교 외의 모든 교육을 포괄하는 전 생애에 관련된 교육이다. 인생의 생애개발과 합리적 설계를 위한 교육으로 학교와 가정 그리고 사회에서 이루어지는 모든 교육의 기회를 필요성에 따라서 제공할 수 있도록 하는 제도적인 노력이 평생교육의 의미라고 할 수 있다(양정란, 2020). 실제 「평생교육법」에서도 평생교육은 학력보완교육, 성인문자해독교육, 직업능력향상교육, 인문교양교육, 문화예술교육, 시민참여교육을 포함하는 모든 형태의 조직적인 교육활동으로 정의된다(김진희, 2020).

평생교육은 제도화된 학교 교육의 한계를 넘어 인간이 살아가는 매 순간 학습하고 성장하는 본질적인 과정을 기반으로 태동하였다. 그러나 정책적 수용과정에서 그 의미가 축소되어 「평생교육법」에서는 학교 교육을 제외한 협의적 평생교육 개념으로 주로 정의되고 있다. 이는 평생교육이 상대적으로 최근에 주목받기 시작한 영역이기 때문이다. 또한 교육제도의 논의가 주로 의무교육을 중심으로 이루어지던 시기에 평생교육이 주요 교육 영역으로 충분히 논의되지 못했던 역사적 배경도 그 원인 중 하나로 볼 수 있다.

평생교육은 교육에 대한 새로운 담론이 이어 제기됨에도 불구하고 학교 중심의 교육제도 안에서 학교 교육을 보완하는 형태로 자리 잡게 되었다. 국가의 제도와 정책 그리고 사회적 인식의 틀은 형성되는 데 상당한 시간과 비용을 필요로 한다. 일단 구축되면 쉽게 변화하지 않는다. 이는 기존의 틀에 갇혀 변화의 필요성을 충분히 반영하지 못하는 구조적 한계라고 본다.

1999년에 제정된 「평생교육법」은 급변하는 시대의 요구를 반영하지 못하는 기존 「사회교육법」(1982년 제정)의 한계를 극복하기 위해 전면 개정, 공포되었다. 그러나 과정에서 다양한 이해관계와 정치적 논의가 얽히면서 평생교육 학자들과 교육개혁위원회가 의도했던 본래의 취지와 내용에서 벗어나 기존 「사회교육법」의 틀을 답습하는 형태로 축소되어 제정되었다. 이로 인한 평생교육 관련법과 제도는 성인을 대상으로 한 비형식 교육에 국한되었고 그 영역은 관습적으로 제한되는 결과를 가져왔다. 학령기 교육과 분리된 사회교육의 연장선으로 이해되는 경향이 우리 사회에 자리 잡게 되었다.

「평생교육법」은 법 규정 내용의 추상성과 법적 구속력이 약한 점, 국가적 추진체제정비의 미비 등을 한계로 지적하고 있다. 지식기반 경제사회의 변화된 현실적 상황을 반영하지 못한다는 비판에 직면하게 된 것이다. 따라서 이행상의 문제점을 해결하기 위해 2006년 전면 개정이 추진되었다. 2007년 12월 개정 · 공포되어 2008년 2월부터 시행되었다. 2007년 당시 우리나라 평생교육 정책의 근거로써 정책 조정과 재정 지원에 따라 「평생교육법」에서 평생교육 개념의 명확화를 위해 노력하였다.

1) 평생교육의 이해

평생교육 현장에서 평생교육은 대문을 나서는 것이다. 가정이라는 울타리를 넘어서 동네를 돌아보고 지역사회까지 생각과 관심의 너비를 확장해 가는 것이다. 또한 공동체적 관점을 갖고 추구하는 바를 성찰해 나가는 것이라고 했다. "평생교육이 뭐야?" 안부 묻듯이 누군가 물어 온다면 어디까지 설명해야 할까? 대부분 뭐 하는 곳인지, 평생교육사가 뭐 하는 사람인지 모르기 때문이다.

우리나라 곳곳에 수많은 평생교육기관이 운영되고 있다. 아니 전국 대부분 지역이 평생학습도시로 선정되었다. 2023년 평생교육통계조사 지침서(교육부, 2023)에서 온라인 직접조사에 따르면 대학, 교육청, 평생학습관은 총 4,869곳으로 나타났다. 시민에게 평생교육이 익숙하지 않아도 조금만 관심을 가지고 들여다보면 평생교육기관을 쉽게 찾아볼 수 있는 것이 현실이다.

D대학교는 평생교육의 선구자적인 역할을 수행하며 대학 내에서 장애인을 대상으로 한 평생교육 프로그램을 최초로 도입한 기관이다. 1959년, 장애인을 위한 직업교육을 목적으로 '맹농아직업보도관'을 설립, 1962년에는 이를 확장하여 '전국맹농아기술교육센터'를 설립함으로써 기술 및 직업교육을 체계적으로 강화하였다. 이러한 활동은 대학이 지역사회와 연계하여 학령기를 넘어서는 생애 전반의 학습권을 보장하고, 장애인의 사회적 자립과 삶의 질 향상을 지원한 대표적인 사례이다. D대학교의 이러한 모델은 대학 평생교육의 새로운 패러다임을 제시한다. 평생교육이 학습 기회 제공을 넘어 사회적 약자를 포용하고 더 나은 삶을 설계하고, 기여하고자 초점을 맞춘다는 점에서 매우 중요한 의미를 가진다(양흥권, 2019).

뉴테크놀로지
디지털 기반을 둔 새로운 기술

교육은 학교뿐만 아니라 모든 장소에서 가능하다. 그리고 **뉴테크놀로지**의 빠른 발전에 정보, 지식, 기술의 발전 속도를 학교 교육으로 따라갈 수 없게 되었다. 삶의 현장은 바로 교육과 학습의 장이다. 스마트폰, TV, 컴퓨터 등을 통해 사이버 공간에서 비형식, 무형식 교육이 모두 교육의 카테고리에 포함되고 있다. 이들의 교육적 영향력 및 파급효과가 어느 때보다 크기 때문이다. 이러한 흐름 속에서 테크놀로지의 발전은 평생교육의 새로운 가능성을 열어 가고 있다. 특히, 최첨단 기술로 주목받는 **웨어러블 디바이스**는 교육 분야에서 중요한 역할을 차지하고 있다(이지선 외, 2023). 웨어러블 디바이스는 사용자 신체와 연계되어 학습 데이터를 실시간으로 수집 · 분석한다. 그리고 학습자 맞춤형 피드백을 제공하는 등 교육의 효율성과 개인화를 극대화할 수 있는 도구로 평가된다.

웨어러블 디바이스
신체에 부착하여 컴퓨팅 기능을 수행할 수 있는 모든 전자기기

21세기는 지식이나 정보가 재화로 변화한다. 지식과 정보를 취득할 수 있는 환경이 사람에게는 교육 기회로 접근하기 쉽지 않으면서 제약도 따른다. 이는 커다란 불평등이라고 할 수 있다. 성인이 되어서는 교육과 학습을 위해 투자할 시간이 줄어든다. 직업 활동, 가사 활동, 사회활동 때문이다. 물론 지적 능력의 문제나 실패한 학교 경험 때문에 지속적인 성인교육을 기피하는 경우가 있다.

현대사회에서 교육은 지식을 전달하는 것을 넘어 인간의 기본적 인권을 존중하고 이를 교육의 중심에 두어야 한다. 한 사회를 이끌어 가는 성인의 인권 의식은 그 사회 전체의 인권 수준을 나타낼 뿐만 아니라 다음 세대의 인권 의식에도 큰 영향을 미친다. 모두의 인권과 지속가능발전을 함께 생각하는 통합적 교육이 필요하다. 인간의 권리 실현과 지속가능발전의 실현은 서로 필수적 조건으로 기능한다. 따라서 인권교육은 모든 교육의 핵심이 되어야 하며 이는 평생교육의 중요한 과제로 자리 잡아야 한다(이해주 외, 2020).

평생교육은 학령기 이후에도 인권 의식을 포함한 다양한 가치와 능력을 함양하도록 돕는 지속적이고 통합적인 교육의 틀을 제공한다. 이는 지식의 습득을 넘어 개인과 사회의 발전을 동시에 추구하는 평생교육의 본질적인 역할을 잘 보여 준다. 결론적으로 평생교육은 인권을 기반으로 한 성숙한 시민 양성과 지속가능한 사회를 만들어 가는 필수적인 역할을 담당하며 이를 위해 더욱 강화되고 확대되어야 한다.

최근에 성인교육 현장이 급성장을 거듭하는 추세이다. 전례 없던 일인데 취업되고 사수에게 혼나면서 실무를 배우는 과거에는 어느 정도 밥값을 하고 나서 자기 계발, 연수를 통해 부족한 부분을 보완하는 방법이 가능한 평생직장 시대였기 때문이다. 지금은 기업 평균수명이 낮아져 빠르게 신기술이 나온다. 회사는 더 이상 구성원들을 장기간 책임질 수 없는 상황이 되었다. 그렇다면 우리는 어떻게 대처해야 하나. 20대 후반부터 80살까지 일한다고 생각하면 구체적이고 유연하게 커리어 계획을 짜야 한다. 직군(Job Group)과 직업을 재선택하거나 창업 등 여러 선택을 고려해야 한다. 나아가 자기 계발 수준을 넘어 수능 준비하듯이 공부하여 업무 기술을 극대화해야 한다. 이렇게 평생교육의 강조가 실천력을 갖기 위해 학습자 특히, 학령기를 떠난 성인들과 교육 낙오자들에게는 평생교육, 훈련, 학습의 프로그램에 참여할 수 있도록 기반을 만들어 주어야 한다.

2) 평생교육과 평생학습

(1) 평생교육(Lifelong Education)

평생교육은 1980년 제5공화국 「헌법」 29조 5항에서 '국가는 평생교육을 진행해야 한다'라고 내용이 내포됨으로써 국가의 중요한 정책 기조가 되었다. 우리나라에서 평생교육의 이념이 본격적으로 뿌리 내리기 시작한 것은, 1982년 「사회교육법」이 제정되면서였다(최운실, 2013).

우리나라는 평생교육, 일본에서는 생애교육이라 불리고, 학자에 따라서 **랑그랑**(Lengrand)은 평생교육을 개인 출생에서부터 죽을 때까지 전체 삶에 걸친 교육의 통합이라고 정의하였다. **데이브**(Dave)는 삶의 질을 높이기 위해 전 생애에 이루어지는 모든 형태의 형식적 · 비형식적인 학습활동으로 정의하고 있다. 즉, 평생교육은 교육의 의미 같은 것이고 학교 본위 교육제도에서 변화하여 새로운 교육관이 교육 배경에 깔려 있음을 알 수 있다.

랑그랑
유네스코 국제회의 성인교육발전국제위원회에서 영구교육(Education permanente) 논문을 발표

데이브
교육학자, 평생교육에 대한 연구와 주장으로 유명
교육과 산업의 연계가 평생교육을 위해 매우 중요하다고 강조

학교가 없던 시절, 이 시대의 교육은 살아가는 방식에 관한 학습이며 이 학습은 평생에 걸쳐 계속될 뿐만 아니라 교육을 위한 장소와 시간이 없이 필요한 경우에는 이루어졌다. 이러한 교육 상황은 체계적으로 교육기관에서 아동 대상의 제도화된 교육이 등장하기까지 지속되었다. 70년대에 언급되면서 평생교육이

빠른 속도로 지지받은 일은 전반적인 교육관의 변화를 말해 주고 있다. 학교 중심의 교육제도로부터 학교 밖의 교육 범위 안에서 총체적 교육제도를 이해하려는 교육관의 변화를 말한다.

평생교육과 관련한 유사한 용어들로 사회교육, 성인교육, 비형식 교육, 계속교육, 그리고 순환 교육 등은 평생교육의 의미를 더 불분명하고 막연하게 한다. 그럼에도 평생교육의 용어 자체에 그 의미가 녹아 있듯이 한 개인의 삶 전체와 관련시킨 교육이라 실제로 다양하게 논의되고 있다(박정숙, 2020). 한 개인의 삶, 즉 일생의 과정 및 발달단계와 관련된 것이다. 다른 한편으로는 평생토록 살펴야 하는 생활영역 전체를 가늠하는 포괄적인 의미 때문이다.

평생교육의 핵심은 학습자들의 자기주도적인 평생학습을 통하여 개인의 경험을 영속적으로 개발시켜 재구성해 나갈 수 있도록 지원하는 교육과정, 제도, 방법, 네트워크 등을 말한다. 평생교육은 경험의 지속성과 자기주도적인 성장 발전을 유발하는 학습을 촉진한다. 의도적이고 체계적인 활동 과정에서 교육 조건을 만족시키는 제도와 실천에 관한 조직원리이다.

(2) 평생학습(Lifelong learning)

평생학습은 일반적으로 학습자가 자아실현과 삶의 질 향상을 위해 출생에서 죽음까지 전 생애에 걸쳐 행하는 학습을 말한다. 평생학습은 1980년부터 평생교육 이념이 기관에서 제공하는 교육에 대해 수동적으로 참여하는 교육이라는 비판이 일어나기 시작하였다. 따라서 자신의 선택으로 배우고 싶은 교육을 능동적으로 학습하는 개념으로 등장하였다(최라영, 2024). 시대가 요구하는 평생학습은 국가의 생존에 관계되는 중요한 일이다. 국가들은 평생학습사회를 건설하기 위하여 바람직한 평생교육 체제를 구축해야 하는 필요성을 공감하고 있다.

평생학습 과제를 달성하기 위해 국가와 정부의 중요한 역할과 기능으로서 모든 사람을 위한 평생학습이라는 교육복지를 들고 있다. 교육복지는 우리나라 1997년 교육복지종합대책이 마련되면서부터 시작되었다. 교육복지는 광의의 개념이라고 할 수 있으며, 삶의 질을 개선하는 여러 활동은 포괄적인 교육복지로부터 이해할 수 있다. 교육의 소외, 교육의 불평등, 부적응 등의 사회적 문제에 대한 국가, 사회의 적극적 개입과 개선의 노력이 중요한 부분으로 강조된다. 사회구성원 모두가 가능한 교육 평등을 지향하는 교육복지 체제구축이 필요하다고 인식하고 있다.

새로운 시대 다양한 문제를 함께 해결하기 위해서 평생교육이 중요하다. 대학교육체제의 전환을 통해 이루어질 수 있으며 평생학습은 사람들에게 리더십 기회, 새로운 배움, 직업적 네트워크를 확대하기 위하여 기반이 된다. 그래서 성인학습자의 평생교육 수요분석을 보면, 정책적으로 소요된 예산 분석과 노동시장 관련 그리고 생애주기의 직업능력 향상으로 분류할 수 있다. **성인 학습자**의 평생학습 참여율을 위한 서비스 질과 가치, 신뢰 등을 향상하여, 평생교육의 참여 의도를 높인다. 잠재적 학습자, 즉 새로운 학습자 유치가 중요하다. 현재 대학에서 평생교육에 참여하는 기존 성인 학습자에게 평생교육 서비스 질, 가치, 신뢰, 관계 몰입, 인적·물적자원 등의 충분한 지원이 필요하다.

> **성인 학습자**
> 「고등교육법」 제29조 제2항 제14호에 재직자 또는 만 30세 이상의 성인학습자로 규정

성인 학습자 대상으로 교육 확대와 개선을 통해 대학이 성취한 주요 성과를 요약해 보면, 성인 학습자에 대한 인식개선 및 차별 해소와 선행학습 경험 인정 및 졸업요건 유연화, 입학 전형 및 재정 지원 강화, 비학위과정과 역량 강화 프로그램 개발, 산업 맞춤형 프로그램을 개발하여 성인 학습자들이 실질적이고 즉각적인 경쟁력을 갖출 수 있도록 지원하였다. 이와 같은 노력은 성인 학습자들이 학업과 경력을 병행하며 지속적으로 성장할 수 있는 기반을 제공한다. 즉, 평생학습사회로의 전환을 이끌어 냈다.

정책적인 시사점은 고등교육 분야에서 함께 다루어질 필요가 있다. 소외계층

을 위한 교육뿐만 아니라 모두를 위한 보편적인 교육, 경력 개발과 직업 진로 이유를 가지고 대학에서 단순한 학위 부여의 기능만이 아닌 실질적인 학생을 위한 직업 세계로 연계시킬 수 있는 기능이 강화되어야 한다. 장기적으로 대학평생교육이 더 확대될 수 있다면 생애주기별 목적 및 학습 배경 등을 고려한 다원화된 교육이 제공될 필요가 있다. 4차 산업혁명은 매우 중요한 것이 속도이다. 기술 진보가 불평등으로 연계되는 것을 막기 위해서 평생학습이 필요하다.

기술 발전이 교육보다 앞서갈 때 사회적 불평등이 심화할 수 있다. 평생학습 참여 현황조사 결과에 따르면 기술 발전의 혜택을 받지 못하는 단순노무직, 조립 및 기능직 종사자들이 특히 학습 참여율이 낮으며 이는 기술 진보에 따른 불평등을 더욱 심화시키는 요인으로 나타났다. 이들은 기술 발전에 취약한 상태를 극복하기 위해 평생학습 참여가 필요하지만 실제로 학습에 소홀한 경향을 보인다. 이를 해결하기 위해 다음과 같은 접근이 요구된다.

교육부는 직업교육을 고용노동부는 직업훈련을 담당하며 상호 협력체계를 강화하여 기술 취약 계층의 평생학습 참여를 유도해야 한다.

기업은 사회적 능력, 창의력, 비판적 사고, 문제해결 능력, 그리고 사회성을 중요한 역량으로 평가하고 있다. 이는 기술로 대체하기 어려운 인간 고유의 능력이다. 이러한 역량을 길러 주는 평생학습 프로그램이 강화되어야겠다.

평생교육은 기술 발전 속에서 소외되지 않도록 대상자들의 필요에 맞는 맞춤형 평생교육 프로그램이 제공되어야 한다. 특히 사회적 및 창의적 역량 향상에 초점을 맞춰야겠다.

결론적으로 기술 진보에 따른 불평등을 완화하고 사회 전반의 역량 강화를 위해 정부, 기업, 교육기관 간의 협력과 평생학습 시스템의 체계적인 발전이 필수적이라고 본다.

(3) 평생교육과 평생학습의 차이

평생교육과 평생학습은 서로 밀접하게 연결되어 있지만 개념적으로 약간의 차이가 있다. 평생교육은 학습자를 지원하기 위한 제도적 틀과 교육체계를 강조한다. 반면 평생학습은 학습자의 자발성과 자립성 그리고 학습 의욕을 강조하는 개념이다. 특히 핵심의 차이는 평생교육은 제도적 지원과 환경조성에 중점을 두는 반면, 평생학습은 개인의 주체적 학습과 내재적 동기를 기반으로 한다. 두 개념은 상호보완적이며 학습자의 전 생애에 걸친 성장과 사회발전에 기여하는 필수적인 요소로 작용한다는 관점에서 서로 구별된다.

유네스코에서는 평생교육과 평생학습을 평생교육 및 학습이라는 용어를 사용한다. 그리고 평생교육은 한 개인의 인간적, 직업적, 사회적 발달을 이루는 과정이다. 이것은 인생이 여러 단계와 생활영역에서 충분히 발달할 수 있게 하기 위한 형식적 · 비형식적 · 무형식적인 학습 모두를 포괄하는 종합적이라는 데이브의 정의를 유네스코는 받아들이고 있다.

경제협력개발기구(OECD)는 교육과 학습의 개념을 명확히 구분하며 이를 기반으로 체계적인 접근을 제안한다.

학습은 생물 유기체가 생존과 진화를 위해 필수적으로 지닌 속성으로 정의된다. 인간은 생활환경 어디서나 학습하며 이는 제도화된 학교나 특정 장소에 국한되지 않고, 비형식적 · 비공식적 상황에서도 이루어질 수 있다. 따라서 학습은 개인의 경험, 환경, 상호작용을 통해 자발적으로 이루어지는 과정이다. 교육은 의도적이고 구조화된 상황에서 이루어지는 조직화된 학습을 의미한다. 이는 특정 목표를 달성하기 위해 설계된 체계적이고 제도적인 과정을 포함한다. 일반적으로 학교, 직업훈련소, 교육기관 등에서 이루어진다.

경제협력개발기구에서는 학습이 평생학습의 개념으로 정리되며 생애 전반에 걸쳐 이루어지는 지속적이고 유연한 학습으로 강조한다. 반면 교육은 순환 교육의 개념으로 체계화하여 학습자가 생애주기 동안 필요에 따라 다양한 교육의 기회를 순환적으로 경험할 수 있도록 설계하였다. 이러한 구분은 학습을 단순히 교육기관에서 이루어지는 활동으로 제한하지 않고 개인의 일상적 경험과 연결함으로써 학습의 본질적 가치를 재조명하기 때문이다. 또한, 평생학습과 순환교육을 통해 교육과 학습의 경계를 넘어 보다 포괄적이고 유연한 학습 체계를 구축하기 위함이다.

일본에서는 평생교육과 평생학습을 명확히 구분하며 두 개념을 각각의 특성과 목적에 따라 정의하고 있다. 평생학습의 정의는 개인이 자발적인 의지에 따라 자신의 필요를 충족하기 위해 적합한 수단과 방법을 스스로 선택하여 생애 전반에 걸쳐 수행하는 학습이다. 평생교육의 정의는 개인이 행복한 삶을 영위하도록 지원하기 위해 교육제도 전체가 평생학습을 돕는 체계로 구축되어야 한다는 원리로 본다.

두 개념의 차이점으로, 평생학습은 학습자가 주도하며 자율적으로 이루어지는 과정이며 평생교육은 평생학습을 가능하게 하고 지원하기 위한 체계적이고 조직적인 노력으로 본다. 일본의 이 같은 구분은 평생학습의 자율성과 평생교육의 제도적 지원을 동시에 강조함으로써 개인과 사회 모두의 발전을 도모하기 때문이다. 또한 평생학습이 개인의 성장과 행복에 초점을 맞춘다면 평생교육은 이를 가능하게 하는 사회적 기반을 마련하는 데 중점을 둔다는 점에서 상호보완적이다.

우리나라에서는 평생교육과 평생학습의 구분을 엄격히 하지 않는다. 두 용어를 상황과 필요에 따라 상호교환적으로 사용하는 경향이 있다. 그러나 개념적으로는 약간의 차이가 존재한다.

평생교육은 교수자의 입장을 강조하며 학습자를 지원하기 위한 제도적 · 체계적 접근에 초점을 둔다. 교육기관, 교수자, 정책입안자가 중심이 되어 학습자에게 학습 기회를 제공하고 환경을 조성하는 역할을 한다.

평생학습은 학습자의 입장을 강조하며 학습자가 스스로 학습의 주체가 되는 과정을 나타낸다. 학습자는 자신의 필요와 관심에 따라 학습 목표, 내용, 방식, 속도를 자율적으로 선택한다.

상호보완적 관점에서 평생교육은 평생학습을 위한 환경과 기반을 제공하는 데 초점을 맞추고 평생학습은 평생교육의 제도적 틀 안에서 이루어질 수 있지만 학습자의 자율성과 주체성이 핵심으로 작용한다. 이러한 개념의 차이를 실질적 구분보다는 학습 환경과 목적에 따라 유연하게 사용함으로써 학습자 중심 사회와 교육체계의 발전을 도모하고 있는 것이 우리나라 입장이다.

3) 평생교육과 지역사회

지역사회는 공동사회라고 부르는데 일정 지역 내에서 모여 사는 주민들의 공동생활권 또는 공동생활체를 말한다. 지역사회는 특정 지역의 특성을 바탕으로 형성된 중요한 사회적 체계와 단위들의 결합체로 주민들이 일상생활에서 필요로 하는 광범위한 활동을 지원하고 접근할 수 있도록 조직된 사회적 활동들의 네트워크이다. 그리고 중요한 기능으로 사회화의 기능, 사회 참여의 기능, 분배・소비의 기능, 사회 통제의 기능, 상부상조의 기능이 있다고 하였다. 이처럼 우리가 사는 지역사회는 나름의 교육 힘을 가지고 있는 평생학습사회의 중요한 공간이다.

지역사회교육은 성인교육과 비슷하며 그 대상을 특정 지역으로 한정한다. 지역 공통의 문제를 해결하기 위한 교육이며 학습사회는 형식교육을 뛰어넘어 하나의 교육적 흐름이다. 학습을 개개인의 질적인 측면에 초점을 두지 않고 사회와 조직적 요소로 본다. 교육은 사회적 시스템 하위 구성 요소로 보며 정보통신의 기술적 변화에 능동적인 대처를 위해 사회 자체를 지식 경영의 학습 조직처럼 학습하도록 변화해야 한다고 본다.

평생학습사회는 '모든 사회구성원이 평생에 걸쳐 학습하는 사회'로 학습하는 행위가 일상화되고, 삶의 모든 장면에 학습 원리가 스며들며, 사회 제반의 기반 시설과 지원 시스템이 학습에 대한 촉진을 최우선 과제로 설정하는 사회이다(한숭희, 2002). 따라서 평생학습사회에서 교육적 개입에 지나치게 의존하여 학습자가 수동적인 존재 전략을 할 수 있다는 교육주의의 우려와는 달리, 학습주의는 인간의 학습 능력과 자발성을 신뢰하고 존중하는 관점을 제시한다. 학습주의는 학습자가 스스로 학습의 주체가 되어 자율적으로 학습 활동을 전개할 수 있도록 지원한다. 이러한 주체적 학습 활동을 정당화함으로써 열린 학습사회를 지향한다(강호계, 2012).

열린 학습사회에서의 평생학습은 성인학습자를 학습의 중심에 두고 스스로 학습의 주체가 되는 것을 강조한다. 지식을 습득하는 것을 넘어 문제를 해결하며 자신 삶에 의미를 부여하는 과정으로 연결된다. 특히, 평생학습은 두 가지 핵심 과정인 발견의 열정과 설득의 열정 과정을 통해 이루어진다. 발견의 열정은 학습자가 문제를 스스로 탐구하고 해답을 찾아가는 과정에서 새로운 통찰과 배움을 얻는 경험이다. 설득의 열정은 자신의 지식과 경험을 다른 사람들과 나누고, 이를 통해 타인의 사고방식을 변화시키며 상호작용 속에서 새로운 학습의 기회를 만드는 과정을 말한다.

두 과정에서 성인학습자는 끊임없이 자신을 성찰하고 발전시키며, 삶의 모든 단계를 학습과 성장의 기회로 삼을 수 있다. 따라서 평생학습사회는 학습자의 주체성과 존엄성을 존중하며, 학습을 통해 개인과 사회가 지속적으로 성장할 수 있는 토대를 제공한다. 이를 기반으로, 평생학습사회는 모든 이에게 열린 학습 기회를 제공하고, 학습자 중심의 철학을 실현하는 데 중점을 둔다.

이러한 관점은 학습자가 자신의 필요와 관심에 따라 학습 과정을 설계하고 참여할 수 있도록 돕는 사회적 환경을 강조하며, 평생학습사회가 나아가야 할 가장 이상적인 방향으로 평가받는다. 열린 학습사회란 학습 기회를 제공하는 데 그치지 않는다. 학습자가 자신 경험과 목표에 따라 학습을 통해 삶의 질을 높이고, 사회에 긍정적으로 기여하고자 돕는 체계적이고 포용적인 사회를 의미한다. 결국, 학습주의는 개인의 학습 주체성을 강화하고, 학습을 통해 개인, 사회가 더불어 성장할 수 있는 지속가능발전 모델을 제안하는 핵심적인 접근법이라고 할 수 있다.

지역사회의 평생교육은 지역 재생과 주민 삶의 질 향상을 목표로 한다. 지방자치단체의 주도로 사용할 수 있는 학습 자원을 활용하는 체계적이고 포괄적인 교육 활동이다. 이 교육 활동은 인적 자본과 사회적 자본을 형성하고, 개인의 자아실현, 경제적 경쟁력 향상, 그리고 사회적 응집력 강화 등을 통해 지역사회 전반에 긍정적인 영향을 미치고자 한다.

사회구성원들에게 실질적인 학습 기회를 제공하고 시·공간의 제약 없이 평생교육 현장에서 새로운 지식과 정보를 얻으며 자기개발을 할 수 있도록 하는 매우 중요한 과정이다. 지역사회의 평생 학습화는 모든 주민에게 접근이 가능한 학습 기회를 제공하는 것을 목표로 한다. 이를 통해 연령, 성별, 경제적 배경 등에 관계없이 평등한 학습 기회를 보장할 수 있다. 평생학습화는 생에서부터 죽을 때까지 전 일생에 걸친 교육의 통합이다.

지역사회의 평생교육은 대부분 지역에 기반한 시설과 기관을 중심으로 운영되고 있다. 지역에서 주민들을 대상으로 하는 교육 활동을 지칭하는 개념을 넘어서 지역개선을 위한 교육으로 지역의 물리적 환경을 기반으로 한 활동이다. 또한 주민참여와 상호연대를 통한 교육이며 주민의 자발성과 주도성에 의한 자유로운 교육이 보장되는 조건에서 이루어지는 평생교육이다. 구성원으로 스스로 자유와 권리를 행사하고 지켜 나가는 주체가 되는 역할과 정체성에 주목하는 교육 활동이다.

4) 법적 접근에 근거한 평생교육

법적 접근에 근거한 평생교육이라는 단어를 명시적으로 사용하고 있는 법은 크게 「헌법」과 「교육기본법」, 「평생교육법」, 「정부조직법」을 들 수 있다. 우리나라는 세계인권선언 제6조의 교육권을 우리의 「헌법」 제31조에 명시하여 평생교육 정책을 수립하기 위한 법적 근거를 마련한다. 「헌법」 제31조 5항에는 국가는 평생교육을 진흥하여야 한다고 명시하고 있다. 6항에서는 학교 및 평생교육을 포함한 교육제도와 그 운영, 교육재정 및 교원의 지위에 관한 기본적인 사항은 법률로 정한다고 규정하고 있다. 「헌법」에 근거한 「교육기본법」 제3조 학습권에 따르면 '모든 국민은 평생에 걸쳐 학습하고, 능력과 적성에 따라 교육받을 권리'를 가지며, 제4조 교육의 기회균등에 따라 모든 국민은 차별받지 않고 교육받아야 한다.

국가와 지방자치단체는 모든 학습자가 평등하게 교육받을 수 있는 지역 간의 격차를 최소화하는 시책을 시행하는 등 교육 기회균등을 위해 노력하여야 한다. 교육의 자주성과 중립성이 보장되어야 함을 규정한 이념에 따라서 1999년 「평생교육법」이 시행되면서 다양한 형태의 국가 평생교육 사업이 추진되었다(양흥권, 2019). 또한, 「정부조직법」에서는 평생교육을 교육부 장관이 관장해야 할 주요 사무 중 하나로 명시하고 있다.

법제화는 대상을 공식화하고 규격화한다는 의미를 가지며 법제화된 평생교육의 개념은 공적 재원 투자의 근거로 중요한 위치를 차지한다. 각 법 조항에서 평생교육에 대한 정의를 구체적으로 살펴보면, 「헌법」과 「교육기본법」에서 나타난 평생교육의 개념은 「헌법」 제31조 제5항과 제6항에서 명시적으로 드러난다. 특히, 제31조 제5항의 '국가는 평생교육을 진흥하여야 한다'라는 조항은 평생교육을 국민의 기본권으로 상정하고 국가의 책임을 부여하는 데 그 중요성이 있다. 이 조항에서의 평생교육은 제31조 제1항의 교육권과 더불어 전 생애에 걸친 교육을 포괄하는 광의적 개념으로 이해된다.

반면, 「헌법」 제31조 제6항에서는 학교교육과 평생교육이 병렬로 언급되며 이 조항에서의 평생교육은 주로 학교교육을 제외한 협의적 개념으로 해석된다. 「교육기본법」에서도 광의적 개념과 협의적 개념의 평생교육이 혼용되어 사용된다. 예를 들어, 제3조 학습권 조항에서는 평생에 걸친 학습과 교육받을 권리를 규정하며 광의적 개념으로 이해되지만 제9조의 학교교육과 제10조의 평생교육을 별도의 조항으로 구분함으로써, 평생교육이 학교교육을 제외한 협의적 개념으로 정의되고 있다고 해석된다.

「헌법」과 「교육기본법」에서도 평생교육의 개념이 광의적 표현과 협의적 표현이 병행되어 사용되면서 평생교육의 범위에 대한 논의는 여전히 논란의 대상이 되고 있다. 「헌법」에서 평생교육은 의무교육을 중심으로 하는 학교교육이 포괄하지 못하는 교육에 대한 지원을 의미한다. 각종 사회교육을 총칭하는 개념이라는 주장이 있다. 반면, 평생교육이 모든 교육을 총괄하는 상위의 종개념으로서 학교교육과 사회교육 등을 포함한다는 견해도 존재한다. 그러나 「헌법」이 학교교육과 평생교육을 병렬적으로 다루면서 두 개념을 동격으로 오해할 소지를 남겼다는 지적이 대립하고 있다.

최근 평생학습사회로의 진입과 평생교육의 중요성이 부각됨에 따라서 「헌법」 제31조의 평생교육 개념이 더 이상 학교교육을 제외한다고 보기 어려운 상황에 직면하고 있다. 이러한 사회적 변화 속에서 평생교육의 범위를 재정립해야 한다는 의견이 점차 강조된다.

2. 평생교육의 유형

평생교육은 교육 대상과 교육 기능에 따라 다양한 유형으로 분류될 수 있다. 이를 구체적으로 살펴보면 다음과 같다.

첫째, 교육 대상별 유형으로는 취학 전 아동, 청소년, 일반 성인, 여성, 농민, 근로자, 노인, 다문화 가정, 북한이탈주민 등을 포함한다.

둘째, 교육 기능별 유형으로는 직업훈련, 문해교육, 가정과 부모 교육, 대중매체를 통한 교육, 지역사회교육 등이 있다.

셋째, 교육기관별 유형으로는 국가 및 지자체 평생학습추진기구, 시도평생교육진흥원, 시군구평생학습관, 학교의 평생교육, 학교형태 평생교육시설, 원격대학형태 평생교육시설, 사내대학형태 평생교육시설, 학교부설 평생교육시설, 사업장부설 평생교육시설, 시민사회단체부설 평생교육시설, 언론기관부설 평생교육시설, 지식인력개발 관련 평생교육시설 등이 있다.

넷째, 기타 법령에 따른 평생교육기관 유형으로는 공무원연수기관, 공공직업훈련시설, 국방부산하교육기관(육군, 해군, 공군), 국악원, 도서관, 미술관, 보건소, 노인관련시설, 다문화가족지원센터, 문화예술교육시설 및 단체, 문화의 집, 박물관, 비영리민간단체, 성폭력상담소, 아동복지시설,

여성관련시설(여성인력개발센터), 자원봉사센터, 장애인복지시설, 천수회관, 종합사회복지관, 주민자치센터, 지방문화원, 지정직업훈련기관, 청소년관련시설, 청소년단체, 평생직업교육학원 등이 포함된다. 이처럼 평생교육은 대상, 기능, 기관의 다양한 분류 기준을 통해 포괄적이고 세분화한 형태로 운영되고 있다.

국가는 「헌법」 제31조에 따라 평생교육을 진흥해야 하며 이는 이념이나 구호를 넘어 21세기 지식사회의 국가적 명제이자 필수적 선택으로 자리 잡고 있다. 평생교육은 전 생애에 걸쳐 학습을 일상화하고 전략화함으로써 개인의 생애 가치를 높이는 것을 목표로 한다. 이 목표는 우리나라가 지향하는 **신사회체제**의 핵심이다. 이는 평생교육의 의미와 가치를 선택적으로 규정한 사회적 형식이자 사회체제의 중요한 구성 요소로서, 개인과 사회의 지속 가능한 발전을 위한 기반이 된다.

신사회체제
지식 기반 사회에서 학습과 교육이 특정 시점이나 장소에 국한되지 않고, 전 생애를 아우르며 개인의 삶과 사회적 발전에 통합적으로 작용하는 새로운 사회적 구조

세상의 셀 수 없는 숫자를 이진법과 십진법으로 나타내는 것처럼 우리나라의 다양한 평생교육을 6진법의 규정으로 수렴시켜 표현하였다. 평생교육을 6진법 체제로 이해하는 사회적 약속은 다양한 평생교육 유형을 하나의 통합적이고 체계적인 틀로 정리하려는 독특한 시도이다. 이는 복잡하고 다양한 교육 형태를 규칙적으로 분류하고, 이해와 의사소통을 단순화하는 데 있다. 우리나라의 평생교육 6진 체제의 의미와 가치를 살펴보면 기초문해교육으로 출발하여 학력보완교육, 직업능력교육, 문화예술교육, 인문교양교육, 시민참여교육으로 이끌어 주는 평생교육을 의미한다.

모든 국민이 경험하는 **평생학습궤적**(lifelong learning trajectory)의 6개 경로는 다음과 같다.

평생학습궤적
궤적은 그 사람이나 어떤 일을 더듬어 온 흔적.
수레바퀴가 지나간 자국

첫째, 모든 국민이 경험하는 시작의 학습궤적은 기초문해교육이다. 문자를 배우고 익히며 문명인으로 성장 발전하는 초록 새싹의 색감으로 상징화하는 평생교육 체제를 의미한다.

둘째, 글을 깨우친 아동들이 노란 버스를 타고 등교하는 색감으로 상징화하는 학력 보완 교육이다. 이것은 국민 모두 학교 교육체제를 거치면서 삶의 다양한 지식과 기술을 습득한 결과에 대해 일정 기준이나 조건으로 인증하는 평생교육 체제를 뜻한다.

셋째, 학교 교육을 수료한 사람이 직업을 가지면서 업무수행과 역할을 수행하면서 새로운 삶의 가치를 창출하는 직업능력교육이다. 이것은 푸른 꿈을 상징하는 파랑의 색감으로 상징화하는 평생교육 체제를 말한다.

넷째, 사회구성원은 일터와 일상생활을 하면서 개인의 삶을 풍요롭게 하는 취미 · 오락과 문화예술을 향유하도록 지원하는 문화예술교육이다. 긴장된 일터와 바쁜 직무에서 벗어나 누리고 싶은 오렌지 색감의 여유를, 취미와 소질을 일상화하는 평생교육 체제를 말한다.

다섯째, 모든 국민이 생에 있어 다양한 교양을 함양하고 소양을 개발하며 행복한 자화상을 완성하도록 지원하는 인문교양교육이다. 이것은 인격과 품위유지를 위해 자신만의 인생을 꿈꾸도록 하는 보랏빛의 평생교육 체제를 뜻한다.

여섯째, 사회구성원으로 자신을 수련하고, 가정을 제가한 후에 치국하는 시민으로 성장 발전하도록 하는 시민참여교육이다. 이것은 어엿한 사회구성원이 되어 성숙한 열정을 쓰는 빨강의 색감으로 상징화하는 사회 책무성과 공익활동을 주장하는 평생교육 체제를 의미한다. 보충하면 상징성이 포함된 평생교육 6대 영역은 사회의 구성원들이 성공적인 생애 전환으로 삶에 있어 행복을 촉진하고 지역사회와 사회의 공동체적 가치를 창출하고 높이도록 하는 우리나라의 평생학습에 대표 브랜드이다.

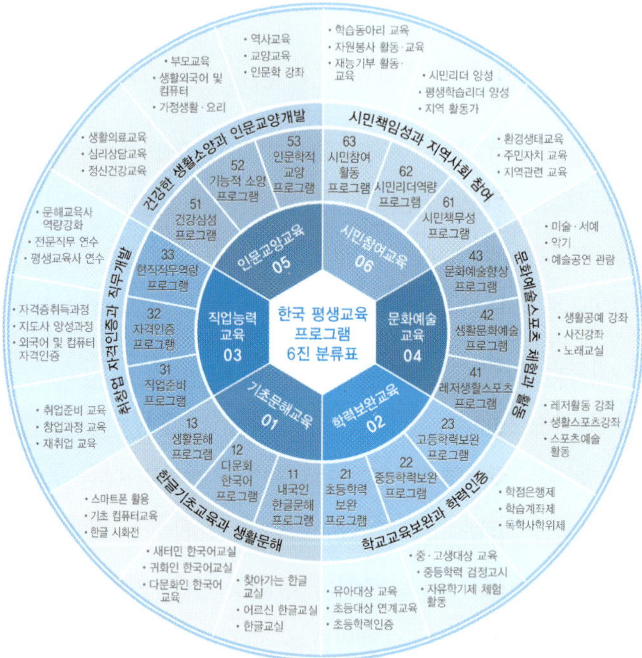

[그림 1-1] 평생교육 프로그램 6진 분류표

출처: 충북인재평생교육진흥원.

〈표 1-1〉 평생교육 프로그램 6진 분류

주제분류		하위분류(프로그램)
1	기초문해	문자해득, 기초생활기술, 문해학습계좌
2	학력보완교육	초등학력보완, 중등학력보완, 고등학력보완
3	직업능력교육	직업준비, 자격인증, 현직직무역량
4	문화예술교육	레저생활스포츠, 생활문화예술, 문화예술향상
5	인문교양교육	인문학적 교양, 건강심성, 기능적 소양
6	시민참여교육	시민책무성, 시민리더역량, 시민참여활동
합계	6	18

기초문해교육은 한글기초교육과 생활문해교육으로 국민 기초능력 향상과 사회적 통합을 실현하기 위해 저학력 성인들에게 제2의 교육 기회를 제공한다. 비문해 성인의 안정적 학습 환경 구축을 위해 추진되고 있으며, 성인문해교육의 법적 근거가 된다. 「평생교육법」 제2조에서는 "문자해득교육이란 일상생활을 영위하는 데 필요한 기초능력이 부족하여 가정, 사회 및 직장생활에서 불편을 느끼는 자들을 대상으로 문자해득능력을 갖출 수 있도록 하는 조직화한 교육프로그램"으로 보았다. 문해교육을 문자해득교육으로 이해하고 비문해는 일상생활에서 필요한 문장들을 읽고 쓰지 못하는 결손 상태를 말한다.

학력보완교육은 장애, 가정환경 등의 이유로 학력을 취득 못한 장애인에게 학교 외의 교육을 통하여 「초 · 중등교육법」 및 「고등교육법」에 명시되어 있는 학력을 인정받도록 지원하는 평생교육을 의미한다. 노란색 버스는 어린 학생들이 등교할 때 이용하는 친근한 상징처럼, 학력보완교육이 나이나 장애 여부, 환경적인 제약에서 관계없이 모든 사람에게 배움의 기회를 제공하는 포용적 체제를 의미하는 것이다. 모든 국민이 학교 교육의 체제를 행하는 과정에서 세상의 여러 지식과 기술을 배운 결과에 대하여 일정한 조건과 기준으로 인증하는 평생교육 체제라는 표현은 교육의 연속성과 포괄성을 담은 평생교육 체제의 철학과 비전을 잘 나타내고 있다.

직업능력교육은 직업인을 양성하고 기능적 성장을 지원하기 위한 목적으로 설계된 교육 형태로, 다음과 같은 특성과 발전 과정을 포함한다. 부연하면 산업의 구조와 기술변화에 따라서 현장에서 필요한 기능 양성과 정규교육에서 못 배운 기능을 익혀 재취업이 가능하도록 새로운 기술과 지식을 개발하는 교육의 성격까지 포함하게 되었다.

평생교육의 관점에서 직업능력교육은 개인이 직업의 세계를 탐색하며 적성, 능력, 흥미, 가치관, 신체적인 특성 등에 맞은 직업을 선택하여 거기에 부응하는 필요한 지식, 이해, 태도, 기능, 판단력과 일에 대한 습관 등을 개발하는 것이다. 현직에 종사자는 자기 일을 개선하고 유지할 수 있게 현장을 통해 능력을 개발하고 학교 교육, 사회교육 등을 포함한 전체 교육의 일부로 정의할 수 있다.

문화예술교육은 두 가지 중요한 방향성을 포함하는 폭넓은 개념으로, 예술을 위한 교육과 예술을 통한 교육으로 나눌 수 있다. 이 둘은 목적과 접근 방식에서 차이는 있지만, 인간의 성장과 삶의 질 향상을 목표로 한다는 공통점이 있다. 예술을 위한 교육은 예술 자체를 이해하고 감상하며, 창작 능력을 키우기 위한 교육이다. 반면에 예술을 통한 교육은 예술을 매개로 하여 창의력, 감수성, 자기표현 능력, 그리고 삶의 방식을 배우는 교육이다.

〈표 1-2〉 **예술을 위한 교육 vs 예술을 통한 교육**

구분	예술을 위한 교육	예술을 통한 교육
초점	예술 자체 (기술과 지식 습득)	예술을 통해 삶의 방식과 가치 배우기
대상	예술가, 예술 애호가	모든 사람(예술 경험 여부와 관계없이)
목적	전문성 향상, 예술적 소양 함양	창의성, 감수성, 삶의 질 향상
결과	작품 제작, 예술적 능력 강화	자기 성찰, 사회적 소통, 인간적 성장

문화예술교육의 포괄적 의미와 효과는 특정 기술이나 지식을 가르치는 것을 넘어, 예술이 지닌 감동과 경험의 힘을 통해 인간의 내적 성장과 사회적 통합을 이끌어 낸다. 좁은 의미에서의 예술 교육(예술을 위한 교육)은 전문성을 강조하고, 넓은 의미의 교육(예술을 통한 교육)은 모든 사람의 삶에 스며드는 예술적 경험을 제공한다. 현대사회에서 문화예술교육은 단순한 취미나 학습을 넘어, 개

인의 정체성 형성, 사회적 소통, 치유와 회복, 공동체 발전 등 다양한 차원에서 중요한 역할을 한다. 예술을 통한 창의적 학습과 자발적 참여는 더 풍요로운 삶과 인간다움의 실현으로 이어질 수 있다.

인문교양교육의 새로운 유형은 디지털화, 사회적 참여, 글로벌화 등의 요소를 반영한 교육 모델로, 실천적 인문학과 융합 교육을 통해 사회문제 해결을 위한 창의적이고 실용적인 사고를 함양하는 데 집중하고 있다. 디지털 인문학과 체험적 접근을 통해 대중적 참여를 유도하고, 사회적 책임감과 글로벌 시민의식을 고양하는 교육으로 자리 잡고 있다.

디지털 인문학 교육은 빅데이터, 인공지능, 인터넷 **아카이브** 등을 활용하여 고전 텍스트 분석, 문학적 작품의 디지털화, 온라인 학습 플랫폼을 통한 인문학 교육을 제공한다.

> **아카이브**
> 자료저장소

실천적 인문학은 인문학이 이론적 교육을 넘어서 사회문제 해결에 어떻게 기여할 수 있을지를 탐구하는 방향으로 발전하고 있다. 예를 들어, 환경문제, 사회적 불평등, 지속가능성 등을 다루는 인문학적 접근은 현대사회의 중요한 문제를 해결하는 데 초점을 맞추고 있다.

최근 한국 사회에서 촛불혁명과 촛불 민주주의는 새로운 시민운동의 전형을 제시하며 정권 교체와 함께 한국 민주주의의 발전을 이루어 낸 중요한 사건으로 평가된다. 이러한 과정은 현대 민주주의의 본질적 가치를 재조명하며, 시민교육과 시민참여의 중요성을 강조하는 계기가 되었다.

시민참여교육은 민주주의의 가치를 이해하고, 공동체의 일원으로서 권리와 책임을 자각하며, 자발적이고 적극적인 시민참여를 촉진하기 위한 교육을 의미한다. 이는 개인의 삶과 사회의 변화를 주도할 수 있도록 돕는 중요한 과정이며, 현대 민주주의와 지역사회 발전의 핵심적인 요소이다. 시민참여교육의 방식과 프로그램은 워크숍 및 세미나, 모의 의회 및 정책 실습, 봉사활동과 프로젝트 기반 학습, 디지털 참여 교육, 학교 및 평생교육 프로그램으로 초중등 교육과정에서 민주시민교육 통합, 성인 대상 평생교육 프로그램을 운영한다.

1) 평생교육제도

우리나라는 국제적 위상에 비하여 평생교육 제도화는 저조하다(양흥권, 2014). 전 세계 국가들도 1980년대 이후 다양한 변화를 겪고 있다. 평생교육 제도에도 여러 변화가 일어나고 있다. 앤디 그린(Andy Green)은 각국의 평생교육 제도의 특성에 따른 유형을 정리하였다. 국가들의 사회경제적 특성, 평생학습의 관리, 재정 확보의 특징에 의하여 프랑스는 국가주도형, 영국은 시장주도형, 독일은 사회협력모형으로 모형의 특징을 다음과 같이 설명한다. 국가주도형은 평생학습 기회의 제공과 재정적 지원을 국가가 중심적으로 이끌어 가는 방식이다. 평생교육 정책은 재정투자를 감소하고 불평등을 불러올 수 있기에 시장의 원리는 채택하지 않는다. 어떤 분야의 평생학습 기회를 만들고 관리와 경비 조달을 결정하는 데 중앙 · 지방정부, 공공기관이 주도적 역할을 담당한다. 그린의 평생교육제도 유형을 살펴보면 다음과 같다.

(1) 국가주도형(프랑스)

프랑스는 평생교육 정책으로 계속 직업훈련 사업을 꼽는다. 기업이 계속 훈련 비용을 부담하고 훈련의 계획과 시행은 국가인력위원회와 협의해서 진행한다. 국가관점에서 국가가 주도적으로 계획 · 관리하는 것이며, 이 방식을 통해 프랑스는 각 기업과 노동자들이 개인이 감당할 수 없는 시대의 경제 환경에 대응하는 것이다.

(2) 시장주도형(영국)

시장주도형은 국가주도형과 매우 다르다. 평생학습의 일차적 책임은 개인에게 있어 스스로 찾아서 참여해야 한다.

정부는 평생학습의 필요성을 강조하고 관련 조직들과 기관의 역할을 조정하는 정도에 머무른다. 결국, 평생학습은 시장원리에 따라 수요·공급이 이루어진다. 정부의 규제와 간섭은 철폐되어야 하며 이 모형에서 정부 간섭과 규제는 평생학습의 기회를 원활히 공급하거나 활동에 장애가 될 것이다. 영국은 전통적인 복지국가로 알려졌지만, 개혁 결과로 신자유주의가 도입되어 강화되면서 시장주도형의 평생교육 제도로 전환하였다. 영국제도는 이질적 요소들이 섞여 있고 과거와 비교하면 시장원리를 지향하고 있다.

1990년대에 정부는 다양한 평생학습과 훈련을 위한 비용을 개인과 고용주들이 부담하도록 정책을 강화하였다. 낮은 소득자나 직접 부담이 힘든 사람들에게 다양한 학습융자제도를 앞세워 개인 부담하도록 한다. 성인 직업훈련을 위해 공공재정 지출이 국내 총생산의 0.38%인 프랑스의 4분의 1 정도이다. 국가주도형과 시장주도형의 차이가 뚜렷하게 드러나는 것을 알 수 있다.

(3) 사회협력형(독일)

사회협력형은 평생학습에 이해관계를 가지고 있는 전문단체, 경제단체, 시민단체, 노동단체, 정부기관, 대학이 참여하여 정책 결정과 관계 조정한다. 이 모형은 개념상으로 국가주도형과 시장주도형의 사이에 위치하여 양자의 장점을 선택적으로 활용한다.

핵심적인 특징은 평생학습이 관련 있는 여러 단체가 서로 모여서 논의와 협력 속에서 실천한다는 것이다. 이 모형을 택하고 있는 독일은 적법성의 자격을 갖춘 조직과 단체의 평등성과 대표성 확보 및 공유에 주의를 기울인다. 그리고 절차의 적절성을 유리하도록 노력하고 있다.

평생교육 제도적인 특성은 교육활동에 대한 국가통제의 수준이자 비용부담의 주체를 중심으로 분류할 수 있다. 통제적인 수준 및 비용부담 주체를 두 축으로, 하나는 통제 수준의 강약을 다루고 다른 축은 비용부담을 공적 부담과 사적 부담으로 나타내는 네 가지의 유형이다. 통제모형으로 강한 통제와 사적인 부담모형, 사회주의모형으로 강한 통제와 공적인 부담모형, 시장주도모형으로 약한 통제와 사적인 부담, 복지모형으로 약한 통제와 공적인 부담으로 구분한다.

첫째, 통제모형(전제주의 국가)으로 교육의 목적, 대상, 내용을 국가가 결정하며 설치, 운영, 직영하면서 세밀한 부분까지도 엄격하게 통제한다. 우리나라는 모든 교육 활동을 국가가 통제하고 교육비 대부분을 학습자가 부담하는 제도로 설립된다. 그리고 교육과정, 교과서, 학사행정 등을 국가가 지도 및 감독하도록 법으로 규정 · 통제하며 감독하는 제도이다. 교육비 대부분을 학습자가 부담한다. 여러 교육기관의 자율역량 강화를 통하여 자율화 확대가 중요한 과제이다.

둘째, 사회주의모형(구사회주의 국가들)으로 교육은 국가 주도의 교육 시스템이며, 교육목적이 사회주의 이념에 부합하는 인간을 양성하는 데 초점을 맞추고 있다. 교육의 대상과 내용은 철저히 국가의 의도와 정치적 목표에 따라 결정된다. 개인의 자유로운 선택보다는 국가의 필요에 맞추어진 교육이 이루어진다. 성인교육 학습도 정치학습인 사회주의 이념교육이다.

셋째, 시장모형에서 아직은 순수한 시장모형을 적용하는 나라는 없다. **신자유주의**의 영향을 받으며 교육기관이 공급자로 학습자는 수요자로 규정된다. 수요와 공급의 원칙에 따라 자유롭게 선택한다. 수요 높은 교육은

> **신자유주의**
> 국가의 보호에 있었던 국민들이 더 이상 국가의 보호 없이 세계 자본에 직접적으로 마주하는 것을 의미

더 많이 공급되고 수요가 없는 교육은 곧 사라진다. 그러니 국가의 통제력은 약화하며 자유로운 수요공급이 확대된다. 교육비 대부분은 학습자가 부담한다. 시장모형의 사상적인 기초는 개인주의이며 교육은 사유재로 인식되는 것이다.

넷째, 복지모형은 북유럽 나라의 교육제도이며 복지모형에 속한 국가들은 무상 제공하거나 유상인 경우에도 국가가 지원하는 제도이다. 소득이 없는 사람에게는 공공 재정으로 지원하며 사상적 기반이 평등주의이다. 누구나 평등하게 누릴 수 있게 기본교육을 무상으로 실시한다. 국가재정으로 교육 기회를 제공하고 부담한다. 학습자의 학습 요구를 충족시킬 수 있으며, 선택 범위도 넓어서 지적 성장과 자아실현을 돕는 기본 방향이라고 할 수 있다(김신일 외, 2024).

「평생교육법」은 원격평생교육시설, 학교부설, 언론기관부설, 사업장부설, 시민사회단체부설, 지식인력개발사업 관련 평생교육시설 등의 여러 유형의 평생교육시설을 법제화하였다. 성인 학습자를 대상으로 하는 직업기술계통학원 등은 학점은행제와 연계를 통해 평생 직업교육기관으로 육성되도록 한다.

학교 형태의 평생교육시설은 교육과정과 시설 · 설비 등 중 · 고등학교와 유사한 시설로서 일정한 기준 이상의 여건을 갖추는 경우, 학력 인정 평생교육시설로 지정되고 있다. 경제적으로, 개인적 사정으로 상급학교에 진학 못한 근로청소년과 정규학교 탈락자나 출소자, 성인 등을 교육 담당한다.

학력 인정을 하는 평생교육시설은 교직원 인건비와 운영비 일부를 국가와 시 · 도 교육청에서 지원한다. 1년 3학기제를 도입하여 집중교육을 통해 2년 만에 중 · 고교의 3년 과정을 마칠 수 있게 되었다.

방송통신고등학교는 1974년부터 정규교육의 기회를 놓친 만학도나 학업을 중단한 이들에게 교육의 기회를 제공해 온 교육기관이다. 전통적인 라디오 방송 수업에 의존하던 방식에서 벗어나 사이버 교육 방법을 도입하여 수업의 질을 높이고 있다. 이를 통해 학습의 접근성과 효율성을 높였다. 따라서 사이버 교육 도입, 우수 콘텐츠 개발 및 제공, 대안학교로서 역할 강화, 제2외국어 사이버 교육으로 학습 기회를 확대하고, 학문적 다양성을 제공할 수 있는 기회를 만들고 있다.

방송통신고등학교는 전통적인 방송 수업 방식을 넘어, 교육의 질과 일반고 학생들까지 포용하는 확장된 교육 기회를 제공하려는 노력을 기울이고 있다. 이러한 변화는 학습의 유연성을 제공하며, 학업을 원하고 필요한 사람에게 또 다른 교육 기회를 열어 주는 역할을 하고 있다.

우리나라 교육은 학문 위주로 이끌어 왔기 때문에 직업교육훈련이 천대받아 왔다. 직업교육이 산업의 변화에 따라 산업체의 요구를 바르게 수용하지 못함으로써 사회적인 문제를 많이 발생시켰다. 문제해결 방안으로 제시된 처방은 대부분 선진국의 사례를 모델로 한 것이었다. 이 모든 것이 문제지만 가장 심각한 것은 이전 직업교육에 맞지 않는 현장성을 극복하기 위해 바로 사용할 수 있는 지식, 태도, 기술만을 극단적으로 직업교육훈련 과정에 포함한다는 점이다.

독일이 자격을 내세워 산업체의 즉각적인 요구에 부응해 온 것에 대해 프랑스가 비관적인 태도를 보이는 것은 중요한 시사점을 주는 것이다. 이는 산업체의 요구와 경쟁력 강화가 중요하긴 하지만, 개인의 삶과 복지 또한 동등하게 중요하다는 것을 잊지 말아야 한다는 메시지를 전달하는 것이다. 이러한 관점은 지속가능발전을 위한 균형 잡힌 접근이 필요함을 강조하고 있다.

2) 평생교육 방법

평생교육 방법은 개인의 생애 전반에 걸쳐 학습할 수 있도록 지원하는 다양한 교육 방식들을 의미한다. 평생교육은 개인의 경험과 요구에 맞는 학습을 제공하고, 계속해서 학습하는 태도를 키울 수 있는 교육적 접근이다. 평생교육의 방법은 주로 다음과 같은 방식으로 나누어진다.

(1) 자기주도 학습(Self-Directed Learning)

자기주도 학습은 학습자가 스스로 학습의 목표를 설정하고, 필요한 자료를 찾으며, 학습 과정을 조정하는 방식이다. 특징으로는 개인의 관심사와 필요에 맞춘 학습이 가능하며, 자발적으로 참여하는 학습법이라 할 수 있다. 이 방법은 학습자가 자기주도적으로 학습을 이끌어 가기 때문에 책임감과 자기 효능감을 증대시킬 수가 있다. 예를 들면, 독서, 온라인 강좌, 문제해결을 위한 자율적인 학습 등이 있다.

(2) 집단 학습(Group Learning)

집단 학습은 여러 명이 모여서 서로가 상호작용하며 공동 목표를 달성하기 위해 학습하는 방식을 말한다. 특징으로는 서로의 의견을 교환하고 협력하여 문제를 해결하는 과정에서 협동심과 사회적 기술을 키울 수 있다. 예를 들면, 워크숍, 세미나, 토론, 프로젝트 기반 학습 등이 있다.

(3) 교실 학습(Classroom Learning)

교실 학습은 전통적인 교실에서 강사와 학생 간의 상호작용을 통해 이루어지는 학습을 의미한다. 대면 학습의 특징으로 집중도와 지속적인 피드백을 제공한다. 교사는 지식 전달자 역할을 하며, 학생은 수업에 참여하고 질문을 통해 적극적으로 학습한다. 예를 들면, 전통적인 학교 교육, 학습 세미나, 전문 기술 교육 등이 있다.

(4) 온라인 학습(Online Learning)

온라인 학습은 인터넷을 이용해 언제 어디서든 접근할 수 있는 교육 방식이다. 시간과 장소에 구애받지 않으며, 다양한 온라인 콘텐츠와 자원을 활용할 수가 있다. 이를 통해 평생교육에 대한 접근성이 향상된다. 예를 들면, MOOC(대규모 온라인 공개강좌), 웹 세미나, 동영상 강의, 전자책 등을 통한 학습이 있다.

MOOC(대규모 온라인 공개강좌)
(Massive Open Online Course)의 약자

(5) 워크숍 및 세미나(Workshops & Seminars)

워크숍 및 세미나는 특정 주제나 기술에 대해 집중적으로 배우고 실습할 수 있는 짧은 기간의 교육 방식을 의미한다. 실습과 피드백을 통해 기술적 능력이나 문제해결 능력을 향상시킬 수가 있다. 학습자들은 구체적인 주제에 대해 깊이 있는 지식과 실천적 경험을 얻을 수가 있다. 예를 들면, 직무교육, 창의성 계발의 워크숍, 문화예술 관련 세미나 등이 있다.

(6) 모듈 학습(Modular Learning)

모듈 학습은 학습 내용을 작은 단위(모듈)로 나누어 점진적으로 학습하는 방식을 말한다. 학습자는 자신이 원하는 부분을 선택하여 학습할 수 있으며, 학습이 자율적으로 이루어진다. 이는 다양한 수준과 속도에 맞춘 교육이 가능하게 만든다. 예를 들면, 온라인 코스, 직업 훈련 프로그램 등에서 주로 사용된다.

(7) 문제 중심 학습(PBL, Problem Based Learning)

문제 중심 학습은 실제 문제를 중심으로 학습을 진행하는 방식이다. 학습자는 문제를 해결하는 과정에서 필요한 지식과 기술을 스스로 탐구하고 배운다. 학습자는 문제해결능력과 비판적 사고를 향상시킬 수 있으며, 실생활에 필요한 지식을 실용적으로 익힌다. 예를 들면, 실습 교육, 직장 내 교육프로그램, 특정 사회적 문제를 해결하는 팀 프로젝트 등이 있다.

(8) 체험 학습(Experiential Learning)

체험 학습은 경험을 통해 배우는 학습 방법이다. 학습자는 실제 경험을 통해 직접 체득한 지식과 경험을 바탕으로 학습한다. 학습의 몰입도가 높고, 실제 상황에서 즉각적인 피드백을 받을 수 있다. 또한 학습자가 주체적으로 활동에 참여하며 학습 효과가 장기적으로 지속된다. 예를 들면, 봉사 활동, 인턴십, 여행을 통한 문화 학습, 실험적 활동 등이 있다.

(9) 기술 기반 학습(Technology-Enhanced Learning)

기술 기반 학습은 다양한 디지털 도구와 기술을 활용하여 학습하는 방법이다. 모바일 앱, 인공지능(AI), **가상 현실**(VR), **증강 현실**(AR) 등을 활용하여 상호작용적이고 개인 맞춤형 학습을 제공할 수 있다. 예를 들면, VR/AR을 활용한 교육, AI 기반 학습 지원 시스템, 게임화된 학습 환경 등이 있다.

평생교육 방법은 학습자의 연령, 필요성, 상황에 따라 다양한 방식으로 제공될 수 있다. 자기주도 학습, 집단 학습, 온라인 학습, 문제 중심 학습 등 여러 가지 접근법이 결합되어 효과적인 학습을 지원한다. 평생교육은 이러한 다양한 방법을 통해 지속적인 학습을 유도하고, 개인의 지적 성장과 사회적 참여를 촉진할 수 있다.

> **가상 현실**
> 컴퓨터를 이용해서 어떤 상황을 실제로 겪는 것처럼 모의실험을 할 수 있는 가상의 세계

> **증강 현실**
> 컴퓨터로 생성된 이미지를 실제 환경에 겹쳐 씌우는 기술로, 현실을 증강시키는 대화형 경험

3. 평생교육의 특성

1) 본질적 특성

평생교육의 본질적인 특성으로 인해 교육의 핵심적인 접근 방식을 제공한다. 인간 존재와 삶의 전반에 걸쳐 지속적인 성장과 개인적 완성을 추구하는 과정으로, 이는 유목적인 행동과 자유로운 성취를 위한 학습의 본질을 강조한다. 평생교육의 본질적 특성과 그 이념적 기조는 교육이 단지 지식을 전달하는 수단을 넘어서 인간의 전인적인 발달과 균형 잡힌 인격을 향한 깊은 신뢰에 기초하고 있다. 평생교육의 본질적 특성으로 유목적 행동은 교육이 고정된 목표나 정해진 경로에 국한되지 않는다. 지속적인 탐색과 변화의 과정이라고 할 수 있다. 평생교육은 지식과 경험의 축적과 더불어 적응과 진화를 계속 추구하며 이는 개인의 성취와 자유로운 선택을 하게 한다.

비가시적, 비형식적 활동에서 교육은 형식적이지 않은 구체적으로 측정되거나 정의된 결과물이 아니라 인간의 깊은 내면적 성장과 관련된 활동이다. 평생교육은 전통적인 교실 교육 외에도 생활 속 경험을 통해 이루어지는 경우가 많다. 학습은 더 자연스럽고 유기적인 형태를 가진다.

전 생애적 과정에서 평생교육은 일정 기간에 끝날 수 없는 지속적인 과정이다. 개인이 생애 전반에 걸쳐 지속적인 학습을 하고 성장할 수 있음을 의미한다. 어떤 특정 시점에서 교육이 완료되지 않고 평생의 과정으로 이어진다는 특성을 말한다. 또한 전인적 인성 발달로 평생교육의 목적은 단순히 기술적 지식을 전달하는 것을 넘어서 인간 전체의 발달을 도모하는 것이다. 즉, 교육은 지적 발달뿐만 아니라 감성적, 도덕적, 사회적 측면까지 포함하여 균형 잡힌 인격을 연마하는 데 중점을 둔다. 그리고 자발성, 개별성, 학습자 중심으로 평생교육은 학습자가 자신의 학습을 주도할 수 있는 환경을 제공한다. 이는 개별적인 학습자의 욕구와 자율성을 존중하며, 학습자가 스스로 학습 목표를 설정하고 선택할 수 있는 기회를 만들어 준다. 교육은 개별적 필요성과 자발적 참여를 기반으로 이루어진다.

평생교육 이념적 기조에서 전인적인 인성 발달에 대한 신뢰는 평생교육이 인간의 잠재적인 성장을 믿고 그 발달 가능성을 최대한 실현하려는 신뢰를 바탕으로 진행된다는 것이다. 교육이 단지 지식이나 기술을 가르치는 것에 그치지 않고 인간 존재의 전체적인 발전을 목표로 한다는 점에서 중요한 이념적 기초를 제공한다. 평생교육은 형식적인 교육제도에 얽매이지 않고 다양한 경험과 상황을 통해 이루어진다. 공식적인 교실이나 규격화된 교육프로그램을 넘어서 개인이 살아가는 과정에서 비형식적이고 자발적인 학습이 가능하다는 점에서 차별화된다.

평생교육은 어느 특정 시점에서 끝나는 교육이 아니라 인간이 생애를 통해 계속 배우고 성장하는 과정으로 본다. 이 과정은 개인의 전 생애에 걸쳐 일어나며 학습은 일정한 나이와 시기에 구애받지 않는다. 그리고 평생교육의 핵심은 학습자가 주체적으로 학습에 참여하는 것이다. 교육의 방향과 방법은 학습자의 개별적인 요구와 목표에 맞추어져 있으며 자율적이고 개별적인 학습 경로가 보장된다. 결론으로 평생교육의 본질적 특성은 교육이 인간의 전 생애에 걸친 지속적 성장의 여정이며, 자발적이고 개별적인 학습자 중심의 방식으로 이루어진다는 점에서 그 중요성을 강조한다. 또한 전인적 발달과 균형 잡힌 인성의 형성을 목표로 한다. 교육은 형식적이지 않으며 비가시적이고 무형식적인 방식으로 이루어진다. 이러한 교육적 접근은 평생교육의 이념을 실현하며 인간의 지속적 성장과 사회적 기여를 촉진하는 역할을 하고 있다.

(1) 데이브의 관점

데이브의 평생교육 관점은 평생교육을 체계적이고 실용적인 학습 모델로 바라보며 주로 학습자의 경험과 필요에 중점을 두고 있다. 특히, 그는 실천적 교육에 대해 강조하며 자기주도적 학습과 지속성을 중요시한다. 데이브는 교육이 전통적인 교실 중심의 학습을 넘어서 전 생애적 학습 과정을 통해 이루어져야 한다고 주장했다.

자기주도적 학습, 실천적 학습, 전 생애 학습, 경험 학습 통해 학습자의 자기효능감과 문제해결 능력을 기를 수 있다고 강조한다. 특히 상호작용과 사회적 맥락을 통해 학습이 더 잘 이루어질 수 있다고 보았다. 학습자의 동기와 학습의 필요성에 맞춘 교육을 의미한다.

데이브의 평생교육 관점은 자기주도적, 실용적, 경험 기반 학습에 중점을 두었다. 이를 통해 학습자가 자기 발전과 사회적 요구에 적합한 역량을 강화할 수 있도록 돕는 과정으로 평생교육을 정의한다. 전 생애에 걸친 지속적인 학습과 개인의 경험과 필요에 맞춘 맞춤형 교육을 중심으로, 평생교육은 더욱 개별화되고 실용적인 방식으로 이루어져야 한다는 것이 그의 핵심적인 주장이다.

(2) 왓슨의 관점

왓슨(Watson)의 평생교육 관점은 주로 행동주의 심리학에 기반을 두고 있다. 학습자 행동의 변화를 중심으로 한 교육 접근을 강조한다. 왓슨은 학습이 관찰이 가능한 행동을 통해 이루어지며 그 학습이 환경에 의해 조정될 수 있다는 점을 강조하였다. 그의 이론은 주로 자극-반응 이론을 바탕으로, 학습이 외부 자극에 대한 반응을 통해 이루어진다는 관점에서 발전했다. 왓슨의 관점에서 평생교육은 다음과 같은 주요 특징을 가진다.

왓슨은 학습을 행동의 변화로 보았다. 따라서 평생교육도 지식을 전달하는 것이 아니라 학습자가 특정한 행동을 변화시키는 과정에 의미를 둔다. 평생교육은 학습자가 새로운 기술을 습득하거나 기존의 행동을 수정하여 보다 나은 성과를 달성할 수 있도록 지원하는 데 그 의의가 있다.

왓슨은 학습을 환경에 의한 반응으로 이해하며 외부 자극에 대한 반응이 학습의 본질이라고 보았다. 따라서 그는 학습 환경의 적절한 설계가 중요하다고 강조했다. 이는 평생교육에서도 마찬가지로 학습 환경이 학습 효과에 중요하게 영향을 미친다는 점을 보여 준다. 학습자가 최적의 조건에서 효과적으로 학습할 수 있도록 지원해야 한다. 예를 들어, 직장 내 교육이나 온라인 학습 환경 등에서 학습자의 행동을 유도하고 촉진할 수 있는 방식으로 환경을 설계해야 한다는 것이다.

왓슨은 강화를 학습의 중요한 요소로 보았다. 그는 학습자가 바람직한 행동을 할 때 보상을 주어 해당 행동을 유지 강화해야 한다고 주장했다. 평생교육에서는 학습자들이 학습에 참여하고 유지하도록 동기부여와 강화를 통해 적극적 참여를 이끌 수 있는 것이 필요하다. 예를 들어, 성과 기반의 보상 체계나 긍정적 피드백 등이 효과적인 방법이 될 수 있다.

왓슨은 학습이 즉각적이고 실용적인 목적을 가지고 있어야 한다고 강조했다. 이는 평생교육에서 매우 중요한 부분으로 실용적이고 즉각적인 결과를 얻을 수 있는 교육을 중시한다. 평생교육은 직업 훈련, 기술 습득, 사회적 기술 향상 등 실제 생활에서 바로 적용이 가능한 지식과 기술을 습득하는 데 초점을 맞추어야 한다는 것이다.

왓슨의 행동주의 이론에서 중요한 개념 중 하나는 모델링 또는 모방 학습이다. 학습자는 모델을 보고 그 행동을 모방함으로써 새로운 행동을 배우게 된다. 평생교육에서도 성공적인 사례나 전문가의 행동을 모델로 삼아 학습할 수 있도록 하는 것이 효과적이라고 할 수 있다. 이는 멘토링, 롤 모델링, 사례 기반 학습 등으로 적용할 수 있다.

왓슨은 학습이 이론적 지식 전달을 넘어서 실천적인 변화를 이끌 수 있어야 한다고 보았다. 평생교육은 이론보다는 행동 변화에 중점을 두어야 하며, 실제로 학습자는 행동을 변화시킬 수 있는 능력을 배양해야 한다. 학습자가 실제 상황에서 유용한 기술을 습득하도록 돕는 교육 방식이 필요하다. 결론은 왓슨의 평생교육 관점은 주로 행동주의적 접근을 기반으로 하여, 학습자가 환경에 반응하여 행동을 변화시키는 과정을 강조한다. 그의 이론에 따르면 평생교육은 학습자의 행동 변화, 환경조성, 강화 및 동기부여를 통해 이루어져야 하며, 실용적이고 즉각적인 학습을 통해 실제 생활에 적용이 가능한 지식과 기술을 배울 수 있도록 해야 한다.

2) 평생교육 사회의 특성

오늘날은 사회와 과학기술이 빠르게 변화 발달하므로 전통적인 학교 교육만으로는 적응하기가 만만하지는 않다. 즉, 교육은 정규학교 교육과 학교 교육 이후에도 지속적인 비형식, 무형식 교육이 필요하게 되었다. 전통적으로 교육이라는 용어를 사용하지만 가르치는 사람 중심의 표현으로서 공급자 중심, 교수자 중심 교육이라는 의미로 이해하고 있다. 하지만 현실은 수요자, 고객, 학습자 중심의 학습이란 말을 많이 사용한다.

성인의 경우는 연령적인 측면에서 자기주도적 학습이 가능하므로 교육보다는 학습이란 표현이 더 적절하다. 물론 교육자, 고용주, 사회는 주로 생산기술 개발에 초점을 맞추고 빠르게 변화하는 고도의 기술사회에서 구성원들에게 정보를 제공하고 있다. 이런 시각에서 본다면 교육과 학습이란 표현은 융합될 필요가 있다.

학습사회란 평생교육이 추구하고 있는 이상적인 사회로 여러 가지 삶의 질 중에 인간의 다채로운 정신세계에 삶의 질 향상을 위해 그 목적이 있다. 그럼, 학습이란 정보와 지식 생성의 핵심적인 요소로서 끊임없이 새로운 정보와 지식을 생산과정에 투입함으로써 재생산을 만들어 내고 있다. 이것은 21세기 사회에서 인간 삶에 필수 불가결의 관계라 할 수 있다.

현대사회는 인간 수명을 연장하고, 경제활동에서 고용구조의 변화, 정보화 기술, 세계화의 가속화에 대한 적응, 환경문제를 고려해야 한다. 또한, 문화 욕구의 증가, 자아실현의 강조, 삶의 질 향상, 새로운 생활양식, 노인, 아동, 여성, 장애인 등에 대한 지위 변화와 전통적인 학교 교육의 한계를 벗어나 새로운 패러다임의 평생학습을 강조하고 있다. 평생학습의 내용은 대상, 지역, 시대에 따라 여러 가지로 제시된다. 일반적으로 과학, 도덕, 예술, 윤리, 오락, 직업 등 사회생활의 전반에 걸친 문제를 포함한다(김내인, 2016). 우리나라의 「평생교육법」에 제시된, 평생교육의 내용들은 일정하게 규정할 수 없는 다양성을 가진다. 성별, 연령, 지역, 직업에 따라 교육의 내용들이 다르게 구성되어야 한다.

이 시대를 살아가는 개인은 한 분야의 전문적 지식과 기능에 의존해서 살 수 없으며 여러 경험이나 학문적 스펙트럼을 갖추어야 한다. 개인이 당면한 문제와 과제의 해결은 물론이고, 사회문제와 쏟아지는 정책에 분석과 판단 그리고 대안까지 선정, 학문 간에 사고력이 요청되고 있다. 물론 논리적 · 과학적 사고력을 갖춘 자기 분야의 전문가보다 여러 분야에 대한 지식이 깊고 감성과 지덕체의 여러 영역을 다양하게 가지고 있는 자의 판단을 더 신뢰하고 기대하는 사회가 되었다.

포스트모던(Postmodern) 은 현대 이후를 의미하는 철학적, 문화적, 사회적 개념.

21세기 **포스트모던** 사회는 국제화, 개방화 시대이기 때문에 전 세계 사람들과 교류하고 상대의 문화를 이해 · 수용하는 세계 시민의식이 요구되기도 한다. 네 기둥 교육의 이론이 교육체제 원리와 틀을 만드는 패러다임으로 학교의 교육 방향에 비전을 제시하였다. 삶의 질을 높이는 의미 있는 교육이 무엇인가에 대한 명료한 틀을 제시해 준다. 개인의 지적인 호기심을 만족시켜 주는 상대적인 지식관에 기반해 자기주도적 학습의 습득을 강조하고 있다. 개별화된 인지구조의 형성에 맞는 구성주의 학습관에 준거한 교수학습 과정이 실천되어야 한다는 것은 중요하다. 함께 살기 위한 학습 원리가 다문화사회에서 서로의 문화를 이해하고 원만한 공동체를 이루는 데 필수이다. 이는 다문화교육과 국제이해 교육의 기본 틀을 제공하며 다양한 문화 간의 상호이해와 협력을 촉진하는 중요한 가치를 지닌다.

3) 우리나라 대학의 평생교육 특성

우리나라 대학은 오랫동안 지역 주민들에게 다양한 평생교육 기회를 제공해 왔으며, 평생교육은 단순히 대학생을 위한 교육을 넘어, 대학이 지역사회와 일반인에게 교육프로그램을 제공하는 중요한 역할 수행하고 있음을 의미한다. 특히, 대학의 평생교육은 점차 학위과정 외의 다양한 교육프로그램을 포함하며 그 의미가 확장되었다. 최근에는 대학 평생교육의 실천 형태가 국가 정책적 차원에서 변화하고 있으며, 이는 대학이 사회적 책임을 다하고 평생학습 사회를 구축하는 핵심적인 기관으로서 역할을 강화하는 방향으로 가고 있다.

이러한 변화는 대학을 단순히 정규 학위과정을 제공하는 교육 기관을 넘어서 지역사회 평생교육을 중심으로 기능하게끔 유도하고 있다. 특히, 성인 학습자를 대상으로 하는 정규교육과정(대학과 대학원과정)의 운영은 이미 이전부터 대학에서 활발히 이루어져 왔으며 이는 고급직업교육과 사회적 기여를 동시에 실현하려는 노력으로 볼 수 있다(박성준, 2015).

성인 학습자는 고등학교를 졸업하거나 검정고시를 통해 학력을 인정받은 후, 직업 생활과 사회 경험을 거친 뒤 다시 대학에 진학하는 학습자를 의미한다. 이러한 학습자는 오늘날의 급격한 사회 변화와 교육제도의 변화 속에서 새로운 형태의 대학 평생교육을 나타내는 중요한 주체로 떠오르고 있다.

대학의 평생교육은 일반인 대상의 비학위 교육과정을 넘어서 대학의 전체 구조와 체제를 성인 학습자 친화적인 방식으로 개편하는 방향으로 발전하고 있다. 이 과정에서 성인 학습자에 대한 교육적 접근은 기존 대학의 구조적 개편을 통해 이루어지고 있으며 또한 새로운 성인교육 전담 대학의 설립을 통해 실현되고 있다. 그러나 이러한 변화가 성공적으로 이루어지기 위해서는 타당하고 바람직한 실행 방안을 구체적으로 마련하고, 성인 학습자의 특성과 요구에 맞춘 맞춤형 교육 환경을 구축하는 것이 중요하다.

기존에 구축된 다양한 대안적 고등교육 기회 제공 체제인 사이버대학, 시간제, 학생등록제, 학점은행제, 독학학위제 등의 활성화가 본격적으로 전개되고 있다. 이는 급변하는 사회적 환경에 대응하기 위해 사회의 구성원들이 전 생애에 걸쳐 지속적인 고등교육에 참여할 필요가 있다는 인식에서 비롯된 것이다. 특히, 성인 학습자들에게 고등교육의 기회를 제공하는 데 있어 대학의 역할은 더욱 중요해졌다. 대학은 전통적인 학위과정 외에도 비정규 교육 경로를 통해 학습자들에게 맞춤형 교육 기회를 제공하며, 성인 학습자들이 변화하는 사회적 요구에 적응하고 전문성을 강화할 수 있도록 지원해야 한다. 이러한 대안적 교육 모델들은 고등교육의 접근성과 유연성을 높이며, 대학이 평생학습 사회를 구축하는 데, 필요한 영향을 주는 토대를 준비한다. 대학은 이제 전통적인 교육기관을 넘어,

모든 연령층과 배경을 가진 학습자들에게 지속 가능한 교육 기회를 제공하는 핵심적인 역할 수행을 할 수 있어야 한다.

「평생교육법」의 제정은 고등교육에 대한 접근을 대폭 확대하는 중요한 전환점을 마련했다. 특히, 사내대학과 원격대학 제도의 도입은 모든 국민이 소정의 교육과정을 이수하면 전문대학, 대학 졸업자와 동등한 학력과 학위를 받을 수 있는 기회를 제공하는 데 큰 역할을 했다(교육부, 2020). 사내대학은 고용주가 교육 경비를 부담하여 자사의 종업원에게 고등교육을 제공하는 형태로, 산업체 근로자의 교육 욕구를 충족시키는 중요한 역할을 하고 있다. 또한, 이는 시간적·경제적 이유로 대학에 진학하지 못한 근로자들에게 지속적인 학습 기회를 제공하고, 고용주에게는 전문 직무교육을 통해 종업원들의 역량을 강화할 수 있는 기회를 제공한다.

우리나라 최초의 사내대학인 삼성전자공과대학교는 1989년에 설립되어 사내 반도체 전문가 양성을 목표로 운영되었으나 외환위기를 겪은 후 잠시 폐지되었고, 2001년 전문학사 과정으로 재설립되었다. 이후 2008년에는 학사과정으로 확대 개편되었으며, 현재는 다소 입학과 졸업이 어려운 것으로 알려져 있다. 그 외에도 사내대학은 다양한 산업체에서 운영되고 있으며, 예를 들어 LH토지주택대학교(학사과정), SPC식품과학대학, 대우조선해양공과대학, 삼성중공업공과대학, 포스코기술대학(전문학사 과정) 등이 있다. 이러한 사내대학은 기업의 종업원 복지 증진과 동시에 전문 인력 양성이라는 두 가지 목표를 동시에 달성할 수 있는 중요한 교육적 모델로 자리 잡고 있다.

Chapter 02

평생교육 프로그램 이해

02
Chapter

평생교육 프로그램 이해

평생교육의 진흥을 위해 평생교육 프로그램 및 관련 업무의 총체적 영역을 고민하고 학습자에게 체계적이고 전문적 교육 서비스를 제공하기 위해 질적인 평생교육 프로그램이 필요하다. 다양한 측면에서 평생교육을 주도하는 기관이 비전에 따라서 학습자의 성장 발전을 돕기 위해, 체계적인 개발을 하여 구축하는 지식과 경험을 포함한 모든 학습지원 활동을 계획하거나 실시하여 평가하는 데 이르는 모든 과정을 평생교육 프로그램이라 한다. 이 장에서는 평생교육 프로그램의 이해를 돕기 위해 평생교육 프로그램의 개념과 접근법, 모형에 대한 것들 살펴본다.

1. 평생교육 프로그램의 개념

평생교육 프로그램은 다양한 차원에서 정의되지만, 일반적으로 평생교육을 주도하는 기관들은 각 기관의 비전에 따라서 학습자의 성장과 발전을 적극적으로 지원한다. 이러한 지원 활동은 체계적으로 개발되어 수립된 지식과 경험을 바탕으로 모든 학습자가 더 효과적으로 학습할 수 있도록 돕는 사전계획과 기대 결과를 포함한다. 평생교육 프로그램은 학습활동이 이루어지는 중요한 부분이다. 성인 학습활동이 구조적으로 일어나는 기본바탕이 되는 일정한 목표를 가지고 있다. 또한 학습 내용으로 학습목적과 목표 그리고 대상 등 다양한 요소가 밀접한 관계를 형성하고 있는 하나의 체계로 본다. 정의마다 강조점이 판이하지만, 시스템, 계획, 구조화 등을 기초로 한다는 공통점은 같다.

교육프로그램은 교수자와 학습자가 대면하는 학습활동뿐만 아니라 국가가 정한 교육과정 역시 체계성이 담긴 교육프로그램으로 파악된다. 물론 광의적 교육프로그램 개념보다는 평생교육 영역에서 교육 활동 기본 단위로 상용되는 협의적 교육프로그램 개념에 충실해야 한다. 평생교육 프로그램의 성격을 살펴보면 다음과 같다.

첫째, 평생교육 프로그램은 학교 교육의 교육과정과 상동한 의미로 사용되기도 한다. 다만, 교육과정이 표준적이고 획일화된 개념으로 사용되는 데 비해, 평생교육의 프로그램은 제한과 틀에서 개방적이고 자유로운 편이며, 탄력적인 형태를 지닌다.

둘째, 평생교육 프로그램은 앞으로 일어날 거동을 예측하여 이를 기반으로 미래의 행동 방향을 사전에 구축하는 미래지향적인 성격을 지닌다.

셋째, 평생교육 프로그램은 제기되는 활동이 궁극적으로 구현하거나 달성하려는 결과로 명확한 목표가 제시되는 목표지향적인 성격을 가진다.

넷째, 평생교육 프로그램은 구체적인 목표를 합리적이고 효율적으로 달성하기 위해 구체적인 방안을 모색하는 수단적인 성격을 지닌다.

다섯째, 평생교육 프로그램은 목표 달성에 필요한 실제 활동을 전제로 하는 행동 지향적인 성격을 지닌다.

여섯째, 평생교육 프로그램은 같은 공간과 일정 동안 수행되어야 하는 활동이 변화 성장하는 연속상태를 내용으로 하는 동태적 성격을 가진다.

1) 프로그램 구성 범위에 의한 분류

평생교육의 가장 기본적인 프로그램은 단위프로그램이다. 보편적으로 활동시간을 기준으로 일정한 편성에 따라 구성되는 하나하나의 프로그램이 단위프로그램이 된다. 이 기준으로 평생교육 프로그램의 구성 범위에 따라 프로그램을 나누면, 단일프로그램, 연속프로그램, 통합프로그램, 종합프로그램으로 구분할 수 있다.

(1) 단일프로그램

단일프로그램은 특정 주제나 목표를 중심으로 구성된 교육적 활동으로 그 목표를 달성하면 프로그램이 종료되는 형태를 가진다. 이러한 프로그램은 간결하고 명확한 방식으로 진행되며 참여자에게 한정된 시간과 범위 내에서 특정한 경험을 제공한다. 예를 들어, 일회성 지역사회 봉사 프로그램, 탐방 및 견학 활동, 다양한 레크리에이션 프로그램 등이 이에 해당하며, 각 프로그램은 참여자들에게 단기적인 성취감과 함께 명확한 목적을 제공한다. 이와 같은 프로그램은 집중적이고 실용적인 학습을 제공하며, 참가자들이 일시적으로 특정한 경험이나 정보를 습득하도록 돕는 역할을 한다.

(2) 연속프로그램

연속프로그램은 하나의 주제를 여러 개의 세부 내용으로 나누어 일정한 순서와 논리적 흐름에 따라 연결된 프로그램이다. 이 프로그램은 각 세부 활동이 상호 연관성을 가지며 통합된 목표를 달성하기 위해 점진적으로 진행된다. 복합적인 목표를 추구하면서 각 단계는 강화되고 확장된 맥락 속에서 이루어져 참가자들이 점차적이고 깊이 있는 학습과 경험을 쌓을 수 있도록 설계된다. 이러한 프로그램은 장기적인 시간적 소요를 요구하며 주로 특정 분야의 기술 훈련이나 전문적인 기능 습득을 목표로 한다. 예를 들어, 기술적 숙련도 향상, 직무 능력 개발, 전문성 강화를 위한 단계적 학습 등이 그 목적에 부합하며, 각 단계의 학습 내용이 이전 내용을 토대로 점차 발전해 나가는 구조를 가진다.

(3) 통합프로그램

통합프로그램은 하나의 주제를 세분화하여 여러 관련 활동들을 적절히 연결하고 결합함으로써 다양한 요소들이 조화를 이루는 형태로 구성된 프로그램이다. 각 활동은 기본적인 성격을 그대로 유지하면서 서로 연관된 내용들을 유기적으로 통합하여 하나의 일관된 경험을 창출한다. 이러한 프로그램은 다양한 활동의 조화를 통해 전체적인 목표를 달성하고 참여자에게는 심화된 학습과 경험을 제공한다. 특히, 가치관 개발, 태도 형성 그리고 사회적 문제해결을 목표로 하는 청소년 프로그램에서 자주 활용되고 있다. 이를 통해 참여자들은 다양한 사회적, 개인적 과제를 탐구하며 사회적 책임감과 문제해결 능력을 함양할 수 있다. 통합프로그램은 복잡한 문제를 다루면서도 그 속에서 참가자들의 심리적, 인지적 성장을 이끌어 주는 중요한 교육적 접근법으로 자리 잡고 있다.

(4) 종합프로그램

종합프로그램은 다양한 영역의 활동들을 하나의 조직 속에서 통합하여 진행하는 프로그램으로, 각 분야의 고유한 목표와 성격을 유지하면서도 상호 관련성과 연계성을 기반으로 종합적으로 구성된다. 이 프로그램은 다양한 활동들이 공통적인 문제나 주제를 중심으로 유기적으로 결합되어서 각 활동이 서로 보완하며 총체적인 목표를 달성하도록 설계된다. 마치 오케스트라의 여러 악기가 각기 다른 역할 수행을 하면서 하나의 곡을 만들어 가는 것처럼 종합프로그램은 각기 다른 분야의 활동들이 하나의 큰 틀 속에서 조화롭게 작동하는 구조적 통합을 지향한다. 이를 통해 참여자는 다양한 관점에서 문제를 해결하고 여러 가지 상호 관련된 경험을 통해 종합적인 사고와 학습을 촉진할 수 있다.

2) 프로그램 목적에 의한 분류

평생교육 프로그램의 목적에 따른 6가지 유형은 세계유산도시기구 아태지역과 유네스코 아태지역사무처에서 제안된 분류로 모든 사회구성원을 위한 교육을 목표로 설정하고 있다. 이 유형은 각 프로그램이 달성하고자 하는 목표에 따라 다음과 같이 구분된다.

(1) 문해교육 프로그램

문해교육 프로그램은 학습자의 기본적인 문해력, 수리력 그리고 문제해결력을 지속적으로 계발하고 발전시키는 데 초점을 둔 평생교육의 핵심적 유형이다. 이 프로그램은 학습자가 지역사회에서 능동적이고 만족스러운 사회구성원으로서의 역할과 기능을 수행할 수 있도록 지원하며 이를 통해 사회적 자립과 참여를 도모한다. 특히, 보편적이고 기초적인 업무수행능력을 신장시키는 것을 주요 목적으로 하며, 모든 학습자가 사회 속에서 소속감을 느끼고 실질적인 기여를 할 수 있도록 돕는다.

예를 들면, 성인 문해교육 프로그램은 기초 읽기와 쓰기, 기본 수학 능력 교육을 제공한다. 그리고 초등교육과정 지원으로 정규교육에서 소외된 학습자를 위한 초등과정 보완 교육을 말한다. 이와 같은 문해교육 프로그램은 개인의 학습 욕구를 충족시키는 동시에 사회통합을 촉진하며, 전 생애 학습의 기초를 다지는 중요한 발판 역할 수행을 한다.

(2) 학력 인정프로그램

학력 인정프로그램은 기존의 일반적 형식교육이나 직업 중심 교육의 한계를 보완하는 대안적 평생교육 프로그램으로 학습자들에게 공식적인 학력 인정과 연결되는 학습 기회를 제공한다. 이 프로그램은 학업의 단절, 경제적 여건, 시간적 제약 등으로 전통적인 교육과정을 이수하지 못한 이들에게 새로운 학습의 장을 열어 주며, 교육적 형평성을 제고하는 데 기여하고자 한다.

특히, 학력인정 프로그램은 평생교육의 사회적 기능을 강화하며, 학습자가 정규 학력을 취득함으로써 개인의 사회적 자립과 직업적 기회를 확장할 수 있도록 돕는다.

대표적 사례로, 중등학교 졸업 인증 프로그램은 정규 중등교육과정 이수를 위한 대안적 경로라고 할 수 있다. 그리고 방송통신학교 경우에는 원격교육을 통해 학업과 병행이 가능한 학력 인정 교육을 제공한다. 이와 같은 프로그램은 개인의 잠재력 실현과 동시에 사회적 통합을 지향하며, 평생학습사회의 기반을 다지는 중요한 교육적 역할 수행을 한다.

(3) 소득증대 프로그램

소득증대 프로그램은 학습자들이 직업과 관련된 실질적이고 전문적인 기술을 습득하고 향상할 수 있도록 지원함으로써 경제활동 참여와 소득증대에 기여하고자 하는 평생교육 프로그램이다. 이 프로그램은 다양한 방식으로 제공되며 특히 소외계층을 대상으로 하는 맞춤형 직업기술훈련과 직업능력 개발을 포함한다. 기술훈련은 특정 산업 분야에서 요구되는 실무 중심의 기술 교육을 제공한다. 그리고 자격증 과정은 전문 자격 취득을 통해 취업과 경력 개발을 지원한다. 맞춤형 직업교육 또한 개인의 역량과 지역사회 필요를 반영한 교육 설계이다. 이를 통해 학습자들은 경제적 자립과 사회적 참여를 강화하며 지속 가능한 발전에 기여할 수 있는 역량을 갖추게 된다.

(4) 삶의 질 향상 프로그램

삶의 질 향상 프로그램은 학습자들이 개인적 성장과 지역사회 발전의 주체로서 삶의 질을 높일 수 있도록 돕는 평생교육 과정이다. 이 프로그램은 기본적인 지식, 올바른 태도, 가치관 형성, 실질적인 기술 습득을 통해 학습자의 전인적 성장을 지원한다. 기초 소양 교육은 건강, 환경, 재정관리 등 일상생활에 필요한 기본 역량을 강화한다. 사회적 기술 함양에서는 원활한 대인관계 및 지역사회 참여를 위한 커뮤니케이션과 협력 기술 교육을 제공한다.

가치관 형성에서는 지속 가능한 삶을 지향하는 긍정적이고 윤리적인 사고방식 개발을 돕는다. 실용 기술 습득 부분에서는 가정, 여가, 문화생활 등 실생활에서 활용이 가능한 기술을 제공한다. 이 프로그램은 학습자가 삶의 다양한 영역에서 균형을 이루고, 더 나은 삶을 설계할 수 있도록 하는 데 목적이 있으며, 예를 들면 전통예술 강좌, 현대 예술 워크숍 등이 있다.

(5) 개인의 욕구 충족 프로그램

개인의 욕구 충족 프로그램은 학습자가 자신의 정신적, 신체적, 사회적, 문화적, 예술적 욕구를 스스로 충족하기 위해 참여하고 학습하는 교육적 활동을 말한다. 이 프로그램은 개인의 관심과 필요를 기반으로 설계되어 학습자의 자율성과 창의성을 강조하며 전인적 성장을 지원한다.

(6) 미래지향적 프로그램

사회·기술 변화 대응 교육은 모든 국민이 급변하는 사회적·기술적 환경에 적응하고 효과적으로 대응할 수 있도록 최신 기술과 지식, 실질적인 기법 등을 제공하는 교육과정이다. 이 프로그램은 개인과 사회의 지속 가능한 발전을 위해 변화하는 시대적 요구를 반영하며 평생학습의 기반을 강화하는 데 초점을 둔다.

최신 기술 습득으로는 디지털 기술, 인공지능(AI), 데이터 분석 등 혁신적 기술 교육을 말하며 새로운 지식 제공에는 변화하는 사회 구조, 경제 동향, 글로벌 이슈에 대한 이해를 제공한다. 또한 실질적 기법 교육에는 문제해결 능력, 창의적 사고, 혁신적 업무의 방식을 익히는 교육이며, 직업능력 개발에서도 미래 직업 변화에 대비한 전문 역량 강화와 재교육을 들 수 있다. 사회적 적응력 함양은 변화하는 환경에서 필요한 사회적·문화적 감수성 및 협력 능력을 증진하는 것이다.

평생교육 프로그램은 교수자와 학습자가 상호 협력하여 계획된 시간 안에 구조화된 교육 내용과 학습의 활동을 통해 교육 목표를 체계적으로 달성하는 교육적 실체를 의미한다. 이는 학습 결과를 명확히 확인할 수 있는 구체적이고 실용적인 교육의 과정으로, 학습자의 전인적 성장과 사회적 참여를 지원한다. 평생교육 프로그램 분류는 관련된 정보를 효율적으로 관리하고 교류하기 위해, 프로그램을 일정한 기준에 따라 체계적으로 구분한 체계를 말한다. 이는 교육 제공자와 학습자 모두에게 효율성과 접근성을 높이며, 평생교육의 질적 향상에 기여하고자 한다.

3) 프로그램 내용과 대상에 따른 분류

평생교육 프로그램이 시행 목적과 주체에 따라 다양하게 설계될 수 있으나 프로그램의 내용과 대상을 기준으로 한 분류도 평생교육 체계를 이해하고 운영하는 데 중요한 역할을 한다.

(1) 평생교육의 대상

평생교육은 사람이 살아가는 전 생애를 대상으로 하며 발달단계와 삶의 현장이라는 두 가지 측면에서 대상이 다양하게 구분될 수 있다. 발달단계에 따른 대상으로 먼저 유아는 초기 발달을 돕는 창의적 놀이, 언어 교육, 사회성 함양을 위한 프로그램이 있다. 청소년도 학업 지원, 진로 탐색, 자기 계발, 대인관계 기술 및 리더십 교육 등이 있다. 성인 역시도 직업능력 개발, 개인적 성장, 건강관리, 취미와 여가 활동 중심의 교육이 있다. 그리고 노인은 건강 유지, 여가 선용, 사회적 소통, 삶의 만족도를 높이는 교육이 있다.

삶의 현장에 따른 대상으로 먼저 직업인은 전문 기술 습득, 직무 능력 향상, 경력 개발을 위한 프로그램, 실직자는 재취업 지원, 창업 교육, 새로운 기술과 지식 습득을 위한 재교육 프로그램, 농민으로는 농업 기술 향상, 스마트 농업 도입, 지역사회 활성화를 위한 교육 등이다. 이처럼 평생교육의 대상은 생애주기와 사회적 역할에 따라 세분화하여, 각 대상의 요구와 상황에 맞춘 맞춤형 프로그램을 통해 평생학습의 실질적 효과를 극대화한다.

(2) 프로그램 내용

평생교육의 내용은 매우 다양하며 「평생교육법」에서는 이를 체계적으로 분류하여 6진법에 따라 다음과 같이 구분하고 있다.

- 인문교양교육
  인문학적 소양을 함양하고, 개인의 내적 성장을 도모하는 교육으로 철학, 역사, 문학 등 인문학 강의와 심리학, 자기 계발 등의 프로그램이 있다.
- 문화예술교육
  예술적 감수성과 창의력을 높이는 교육으로 음악, 미술, 연극, 영화, 무용, 전통문화 체험 등 다양한 문화예술 활동프로그램이 있다.
- 학력보완교육
  정규 교육과정을 보완하거나 학력을 취득할 수 있는 교육으로 검정고시 대비, 고등학교 · 대학 과정 지원 등 학업 성취를 위한 프로그램 등이 있다.
- 기초문해교육
  일상생활에서 필요한 기본적인 읽기, 쓰기, 셈하기 능력을 제공하는 교육이다. 성인문해교육, 디지털 리터러시, 금융 문해 등 사회적 적응력을 높이는 학습을 말한다.
- 직업능력교육
  직업 기술 향상과 새로운 직무 능력을 개발하기 위한 교육으로 자격증 취득, 창업 지원, 최신 직무 기술 교육 등을 말한다. 산업별 맞춤형 직업능력개발로는 항공 정비사 훈련, 반도체 설계 전문가 과정을 예로 들 수 있다.

- **시민참여교육**

  민주적 가치관과 사회적 책임을 강화하는 교육으로 인권 교육, 환경 보호, 지역사회 봉사, 다문화 이해 등 시민의식 향상 프로그램 등이 있다. 이와 같은 평생교육의 내용은 학습자의 다양한 요구와 사회적 변화에 유연하게 대응하며 전 생애에 걸친 학습과 성장을 지원한다.

2. 평생교육 프로그램 개발의 접근법

프로그램 개발의 의미를 구조적, 절차적, 행위적 측면으로 정리해 보면 구조적 측면은 프로그램 개발의 관념이 어디까지를 프로그램 개발로 정할 것인지와 관계가 있다. 타협적으로 프로그램 계획으로만 이해할 수 있다. 더 광의적 의미로 프로그램 계획과 운영하며 또 프로그램을 실제로 운영한 후에는 프로그램에 대한 총체적 평가를 포함할 수 있다(Kowalski, 1988). 프로그램 개발이란 프로그램 계획과 프로그램 설계 비전의 관념을 동의한다. 프로그램 설계는 교육목적, 내용, 경험, 구성, 평가를 다루는 기능만을 역설한다.

프로그램 개발은 프로그램을 계획-설계-시행-평가하는 도구와 방법까지를 포함하는 광의적 개념으로 규정하는 것이 일반적이다(Boone, 1985). 물론, 프로그램 개발이란 이상적인 프로그램 활동의 구성과 운영을 기반으로 하는 실천적 활동으로 잠재적 학습자와 평생교육기관이 함께 노력을 통하여 자원과 정보를 획득하고 이것을 일정한 절차에 맞게 적절하고 효율적인 경로로 프로그램을 설계하고 학습자에게 제공하여 궁극적으로 효과를 평가 후에 프로그램을 수정하는 과정까지를 포괄하는 것이다.

절차적 측면에서 프로그램 개발은 광범위한 영역, 사건, 절차를 내포하고 있는 종합적인 성격을 나타내고 있다(Long, 1987). 이런 관념에서 평생교육 개발이란 프로그램 개발자가 평생교육 프로그램을 기획-실행-평가를 진행하는 모든 과정에 활동 순서와 일정하게 규정되는 일련의 과정이라고 할 수 있다. 또한, 개발자가 준비의 과정부터 최종적 평가 및 수정단계까지 광범위한 영역, 사건, 절차를 하나씩 밟아 가는 것을 프로그램 개발이라 한다. 그러므로 프로그램 개발자는 절차나 단계를 체계적으로 이해하며 실천할 수 있는 능력이 요구되어야 한다.

교육프로그램에 적용해 살펴보면, 절차적 면에서 교육프로그램 개발은 체계적이며 과학적인 개발을 위해 프로그램 개발 전문가가 이행하는 모든 활동 절차 및 단계로 규정된 일련의 과정을 말한다. 정리하면, 대상자의 요구분석을 통하여 목표설정, 프로그램 설계, 자원획득, 프로그램 홍보, 실행하는 것들의 일련의 과정들을 프로그램 개발로 보는 것이다.

행위적 측면에서 프로그램 개발이란 프로그램 개발자의 역할이나 행위에 주안점을 두고 프로그램을 만들어 내는 협동적이고 실천적인 연구행위로 규정한다. 서베로(Cervero)와 윌슨(Wilson)은 프로그램 개발이 이루어지는 구성적 맥락을 주장하여, 프로그램 개발자가 권력관계에 따라서 구조화된 조직체 형편 속에서 관심사를 타협하는 사회적 활동으로 규정한 바 있다.

프로그램 개발자는 단순히 기술적 설계를 수행하는 역할에 그치지 않고 자신의 행동과 결정이 사회에 미칠 영향을 깊이 고려해야 한다. 프로그램 개발 과정에서 개발자의 역할과 책임을 권력, 관심사, 타협, 그리고 책임감이라는 개념으로 재구성함으로써 프로그램 개발자의 본질적 역할을 보다 명확히 이해할 수 있다. 행위적 측면의 프로그램 개발은 프로그램 개발자의 역할과 내용으로 직면하는 문제해결의 일련의 과정을 뜻한다.

교육프로그램 개발에 도입해 보면, 현장에서 교육프로그램 개발은 개발자가 프로그램을 만들어 가기까지 담당자의 모든 역할과 행위로 협동적 · 실천적인 연구행위로 정의할 수 있다.

현상적 측면에서 프로그램 개발이란 교수와 학습자 사이에 상호작용하는 내용을 창출하고 선정하여 조직과 개발하는 행위를 의미한다. 교수와 학습자의 상호작용하는 내용은 학습자의 성장 발달은 당연하고 그들의 문제를 해결하기 위한 실제적인 도움으로, 유용한 지식과 정보를 뜻한다. 지식이나 정보를 얻어 내고, 그중에서 프로그램 과정에 포함할 내용을 합리적이고 논리적으로 구성하여 하나의 매체화 자료로 개발하는 것이 프로그램 개발이다.

현상적 측면에서의 교육프로그램 개발이란 학습자가 성장 발달에 바람직한 지식과 정보 그리고 기술을 합리적으로 선택하고 구성하며 매체화한 일련의 과정을 의미하는 것이다. 프로그램 개발은 프로그램 개발자가 일반적으로 지켜야 할 방침이라든지 실제 사용할 수 있는 여러 형식과 전략을 말한다. 접근 방법은 학자에 따라 다양하게 유형화되어 왔다. 코왈스키(Kowalski, 1988)가 제시한 유형으로는 선형적 접근법, 비선형적 접근법, 통합적 접근법, 비통합적 접근법, 체제분석적 접근법 등의 다섯 가지가 있다.

1) 선형적인 접근법

선형적인 접근법으로는 프로그램 개발에 있어 가장 많이 사용되는 방법으로 교육 현장에서 전통적으로 활용한 방법이다. 이 접근법은 프로그램 개발을 단계별로 체계적으로 수행한다. 한 단계를 완료 후 다음 단계로 연속적으로 전개하는 방식이다. 부연하면 선형적 접근법은 프로그램 개발의 제1단계인 요구분석을 통해 학습자, 특정 교육기관, 지역사회의 교육 요구를 분석하고, 이를 목표로 전환하여 달성하기 위해 프로그램의 내용과 방법을 체계적으로 선정하고 조직하는 중요한 설계과정을 거치게 된다. 프로그램의 실행에 필요한 예산과 자원을 확보하고 프로그램 실행에 필요한 각종 조치를 하는 일련의 과정을 거치게 된다는 것을 말한다. 여기의 대표적인 학자로서는 놀즈(Knowles)와 보일(Boyle)이 있다.

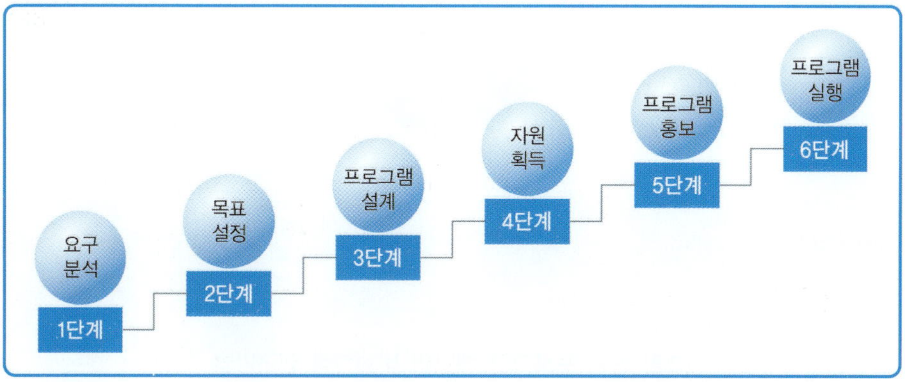

[그림 2-1] **프로그램 개발의 선형적 접근방법**

2) 비선형적 접근법

비선형적 접근법은 프로그램 개발에서 고정된 절차에 따라 단계적으로 진행되는 선형적 접근법과는 달리 유연하고 역동적인 방식으로 작업을 수행하는 접근법이다. 이것은 프로그램 개발 과정이 정해진 순서대로만 이루어지는 것이 아니라 개발자의 경험과 상황적 요구에 따라 다양한 단계와 절차가 동시에 또는 반복적으로 이루어질 수 있음을 의미한다. 프로그램 개발의 단계마다 하나의 절차만이 아니라 동일 시간에 여러 개의 단계나 절차가 동시에 수행될 수 있다. 부연하면 프로그램 개발자의 경험을 통해 다양한 과정이 동시에 또는 순환적으로 진행되는 점을 말한다.

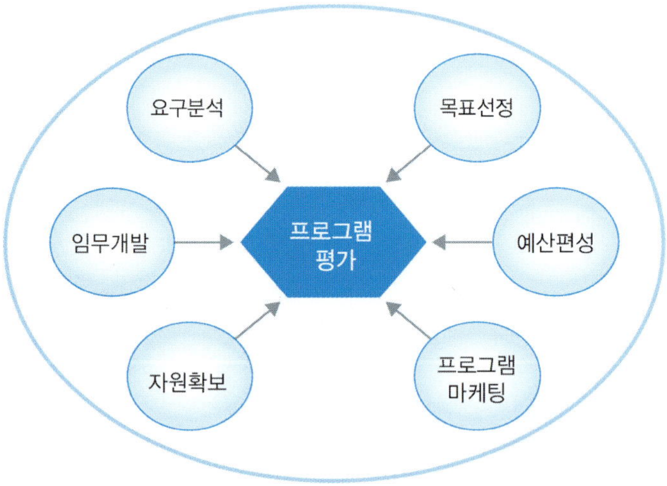

[그림 2-2] 프로그램 개발의 비선형적 접근방법

출처: 최은수 외(2022).

3) 통합적 접근법

통합적 접근법은 프로그램 개발에 영향을 미치는 다양한 요인을 종합적으로 고려하며 설계하고 실행하는 방식을 중시한다. 이 방법은 프로그램 개발 중에 학습자와 연관된 설계의 기술적 요소를 다루는 것을 넘어 학습자의 요구, 학습자의 동기, 물리적 환경 등을 고려함과 동시에 프로그램을 구사하는 기관의 목표와 정책, 자원 등도 함께 반영한다. 또한, 이 방법은 총체적으로 분석하고 통합하는 특징을 가진다. 프로그램 개발에 있어 전문적인 능력이 요구된다.

4) 비통합적 접근법

비통합적 접근법은 프로그램 개발 과정에서 개별 요소들이 비교적 독립적으로 작동하는 특징을 가지고 있다. 이 접근법은 프로그램을 새롭게 개발하기보다 기존에 개발된 프로그램을 활용하거나 새롭게 개발한 프로그램을 그대로 모방하여 사용하는 방식을 중심으로 한다. 중심적인 접근법은 이미 존재하는 프로그램의 구조와 내용을 직접 인용하거나 응용하는 특징을 가진다. 우리나라 대부분의 평생교육기관들이 사용하고 있는 방법이기도 하다.

5) 체제분석적 접근법

체제분석적 접근법은 프로그램 개발과정에서 조직, 환경, 개인적 가치 및 욕구를 일시에 감안하고 프로그램 개발단계에 나타나는 각종 상황을 체계적으로 반영하는 점에서 평생교육 프로그램 개발의 초기 단계부터 사용되었다. 또한, 프로그램 개발단계는 투입-과정-산출의 기본 구성으로 이루어져 있다. 프로그램 개발의 과정이 하나의 교육 목표를 설정, 내용과 방법을 선택하고 구성하는 것이 아니라 프로그램이 개발되는 기관의 보편적 차원을 강조한다. 이러한 체제분석적 접근법에 따라서 평생교육 프로그램 개발을 하고자 한 것이다. 체제분석적 접근법을 대표하는 학자로는 하울(Houle)이 있다.

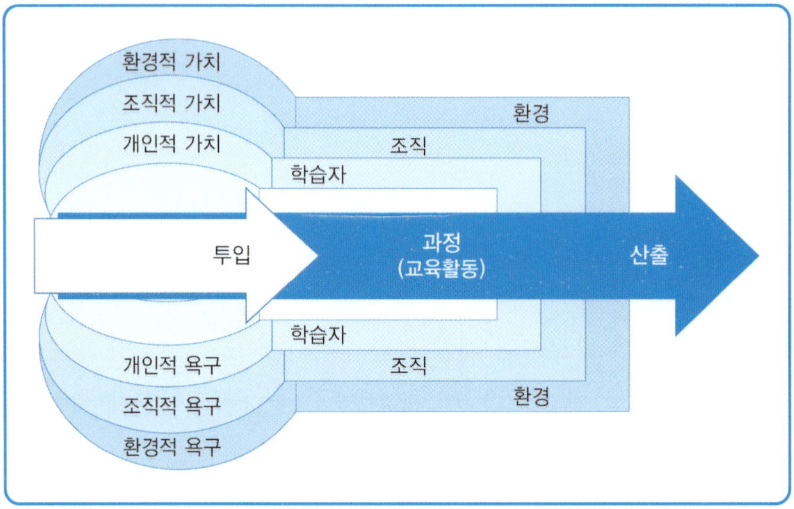

[그림 2-3] 프로그램 개발의 체제분석적 접근방법

출처: Kowalski(1988).

3. 평생교육 프로그램의 모형

프로그램 개발 모형은 프로그램 개발자에게 프로그램을 개발하는 방침이나 안내도 같은 역할을 한다. 프로그램 개발 모형이 자원을 더 적절하고 효율적으로 이용할 수 있게 하며 일상의 업무를 더욱 쉽게 함으로 프로그램 개발에 유용하다고 하였다. 또한, 프로그램 개발 모형이 프로그램 개발의 순서와 방법을 체계적으로 나타내고 실질적 상황의 수행을 단일화하여 제기하는 것이라고 한다. 프로그램 개발을 위해서는 일정한 절차나 방법을 가지고 모형에 근거하게 된다.

즉, 프로그램 개발 모형이란 개인의 욕구를 지원하기 위한 프로그램의 개발자의 교육 내용과 활동을 '기획-설계-실행-평가' 하는 일련의 과정에 의한 방침이나 안내도라고 할 수 있다.

1) 타일러의 모형

타일러(Tyler)의 합리적 교육과정 개발 모형은 전통적인 교육과정 개발의 대표적인 모형이다. 논리적이며 체계적인 교육과정 개발을 안내하기 위해 교육기관의 교육 교수설계 분야에서 쓰이고 있다. 과정과 수업프로그램을 해석, 분석을 위한 이론적 근거로 나타내고 있다. 교육과정과 수업은 한 과정이며, 교육과정 개발 모형은 합리적모형, 목표중심모형, 평가중심모형 등으로 지칭되고 있다. 이 세 모형의 특징을 간단히 비교분석 해 보면 다음과 같다.

(1) 합리적모형

합리적모형은 교육과정을 개발할 때, 학생들의 학습 목표와 학습경험을 중심으로 고려하는 모형이다. 이 모형은 교육과정을 개발하는 과정에서, 학습 목표와 학습경험을 분석하고, 이를 바탕으로 교육과정을 구성한다.

(2) 목표중심모형

목표중심모형은 교육과정을 개발할 때, 학생들의 학습 목표를 중심으로 고려하는 모형이다. 이 모형은 교육과정을 개발하는 과정에서 학습 목표를 설정하고 이를 바탕으로 교육과정을 구성한다.

(3) 평가중심모형

평가중심모형은 교육과정을 개발할 때 학생들의 학습 결과를 중심으로 고려하는 모형이다. 이 모형은 교육과정을 개발하는 과정에서 학습 결과를 평가하고 이를 바탕으로 교육과정을 구성한다.

이 세 모형은 각각 장단점이 있으며 교육과정 개발 과정에서 어떤 모형을 선택할지는 교육과정 개발자의 목적과 상황에 따라 다를 수 있다. 목표 달성에 제일 도움이 될 활동과 조직의 종류를 선정하고, 선정 · 조직된 학습경험이 어떤 결과를 가져다주는가를 평가함으로써 효과적인 학습이 이루어지기 위한 단계를 제시하였다. 교육과정 모형은 구체적인 목표를 정하고 학습경험을 선정, 학습경험을 조직, 평가하는 순서로 모형이 이루어져 있다.

2) 위긴스 & 맥타이의 모형

위긴스와 맥타이(Wiggins & McTighe)의 교육과정 개발 모형은 '백워드 설계(Backward Design)' 접근법으로 잘 알려져 있다. 교육 목표를 중심으로 설계를 역방향으로 진행하는 특징을 가진다. 이 모형은 절차적 측면에서 타일러 모형의 체계성을 참고하고, 내용적 측면에서는 브루너(Bruner)의 지식 구조를 활용하여 학습의 깊이를 더했다. 이 모형은 세 가지 주요 단계로 구성되고 목표 및 기준 확인, 수용 가능한 증거결정, 학습경험 및 수업계획으로 구분하며 특징은 다음과 같다.

첫째, 학습 목표를 명확히 정의한 후, 목표 달성을 위한 교육 활동을 거꾸로 설계한다.

둘째, 단순 암기보다는 이해와 전이를 강조하여 학습자가 실제 삶에서 지식을 적용할 수 있도록 유도한다.

셋째, 평가 설계를 수업 설계 이전에 진행하여, 모든 교육 활동이 목표와 평가 기준에 일치하도록 보장한다. 교육과정 개발 모형을 다시 설명하면 다음과 같다.

(1) 목표나 기준을 확인하는 것

첫 번째 단계는 교육과정을 통해 학생들이 이해하고 알아야 하는 것으로 목표와 기준을 확인하는 단계이다. '학습자들이 무엇을 이해하고 있으며 무엇을 알고 있는지, 무엇을 할 수는 있는지', 즉 목표 설정과 영속적 이해가 필요하다. 영속적 이해는 학습자들이 상세한 내용을 잊어버린 후에도 머리에 남아 있는 크고 중요한 개념을 의미한다.

이해를 6가지 측면으로 구체화하면 공감, 관점, 설명, 자기지식, 적용, 해석을 말한다.

- 공감은 타인의 감정이나 세계관을 수용하는 능력
- 관점은 비판적, 통찰력이 있는 견해를 제시할 수 있는 능력
- 설명은 어떻게, 왜 중심으로 서술할 수 있는 능력
- 자기지식은 자신이 무지를 스스로 알고 사고와 행위를 반성하는 능력
- 적용은 지식을 새로운 환경에서 여러 맥락으로 효과적인 사용을 할 수 있는 능력
- 해석은 의미를 제공하는 서술과 번역, 숨겨진 의도를 도출하는 능력

(2) 수용할 만한 증거를 결정하는 것

두 번째 단계는 목표를 달성하기 위한 학습경험을 설계한다. 이를 위해 다양한 교육 방법과 자료를 활용한다. 학습자들이 결과를 성취했는지 확인, 내용 기준을 이해하고 수용할 만한 증거를 결정하는 평가를 계획하는 단계이다. 평가를 계획했으면 다음은 수업 활동을 계획한다. 결과물을 내기 위해 학습자가 무엇을 배워야 하는지에 초점을 두어야 한다.

(3) 학습경험과 수업을 계획하는 것

세 번째 단계는 앞의 단계를 기초로 학습경험과 수업을 효율적이고 구체적으로 계획하는 단계이다. 따라서 목표의 중요함을 강조하였다. 이에 도달 지점을 확인할 수 있다.

목표는 배울 만한 가치가 있는 주제와 아이디어로 학습자가 적극적으로 참여할 수 있다. 교실 외에서도 유지하는 가치를 지닌다. 학문의 중심에 해당하는 지속적 이해를 이끌어 내는 내용이어야 한다. 바라는 목표를 확인하는 시작점이 되어야 도달점을 확실히 이해하고 현재의 위치와 앞으로의 방향을 이해할 수 있게 된다. 분명한 목표를 가지고 계획한 핵심을 분명히 행하도록 돕는 것이다. 목적을 위한 행위로 안내하는 중요한 부분이다.

이 모형도 장점과 한계를 가지고 있으며, 장점으로는 다음과 같다.

첫째, 목표-평가-수업의 일관성이며, 모든 단계가 서로 유기적으로 연결되어 학습 효과를 극대화한다.

둘째, 이해 중심의 심층 학습이다. 따라서 학습자가 학습 내용을 제대로 이해하고, 실제 상황에 적용할 수 있도록 지원한다.

셋째, 명확한 평가 기준을 수업 이전에 설계함으로써 학습 목표 달성 여부를 정확히 측정 가능하다.

다음은 한계 부분이다. 먼저, 복잡한 설계과정으로 모든 단계를 역방향으로 설계해야 하므로 초기 설계과정이 복잡하고 시간이 소요된다. 그리고 교사의 전문성을 요구하는 부분이다. 목표 설정, 평가 설계, 수업 개발을 통합적으로 수행하기 위해 교사의 높은 전문성이 강조된다.

3) 타바의 모형

타바(Taba, 1962)의 개발 모형은 교육 현장에서 교사의 역할과 참여를 강조한다. 구체적인 단원 설계를 통해 실질적인 교육과정을 개발하려는 시도를 보여준다. 이 접근법은 현장 적합성과 유연성을 통해 교육과정의 실효성을 높이고, 지속적인 개선을 가능하게 하는 것을 말한다. 이 모형은 교육과정 개발이 상위 수준에서 시작되는 것이 아니라 교수-학습 단원의 개발로부터 출발해야 한다는 점을 중점적으로 제시하고 있다. 타바는 교육과정을 체계적으로 개발하기 위한 5단계의 과정을 다음과 같이 제안한다.

첫 단계는 시험적인 단원 개발이다. 교육과정 개발은 구체적인 단원부터 시작해야 함을 강조한다. 교사들이 교육 현장에서 사용할 수 있는 교수-학습 단원을 설계하고 개발하며, 학습 목표, 내용, 학습경험, 평가 계획을 명확히 포함하고 있다.

두 번째 단계는 개발된 단원을 실제 교육 현장에서 시범적으로 실행하는 것을 말한다. 교사와 학생의 상호작용을 관찰하고 학습 효과를 분석하고, 단원이 교육 목표를 효과적으로 달성하는지 평가를 한다.

세 번째 단계는 시험적인 단원의 수정 및 보완이다. 실행 결과를 바탕으로 단원의 문제점과 한계를 파악하고, 학습 내용, 방법, 자료 등을 수정하여 단원의 질을 개선한다. 그리고 교사와 학생의 피드백을 반영하여 단원을 보완한다.

스코프
교육 목표를 능률적으로 달성하기 위하여 학습 활동을 일정한 영역에 한하여 집중시킨 교과 과정의 범위

시퀀스
연속된 하나의 장면 설정.
교육학에서는 학습 단원(學習單元)의 배열

네 번째 단계는 **스코프**(Scope)와 **시퀀스**(Sequence)에 따른 단원 배열이다. 스코프는 교육과정 요소들의 넓이와 배열을 의미하며, 특정한 시점에서 학생들이 배우게 될 교과 내용 및 교과의 폭과 깊이를 나타낸다. 시퀀스는 교육 내용을 조직하는 것을 의미한다. 즉, 수정된 단원들을 교육과정 전체의 범위와 계열에 따라 조직화한다. 그리고 단원 간 논리적 연결성을 확보하여, 학습 내용이 체계적으로 배열되도록 구성한다.

다섯 번째 단계는 새로운 단원의 보급이다. 개발된 단원을 다른 학급, 학교, 지역사회 등으로 확대하여 보급한다. 그리고 보급 과정에서 교사 연수를 통해 새로운 단원 활용 방법을 지원한다.

이 모형의 특징으로는 다음과 같다.

첫째, 현장 중심적 접근이다. 교육과정 개발이 이론적 설계가 아니라, 교실 현장에서 교사가 시작하는 실천적 과정임을 강조하고 있다.

둘째, 체계적 단원 개발이다. 교육과정 개발이 추상적 목표 설정이 아니라, 구체적 단원 설계로부터 출발한다. 단원 간의 연계성과 체계를 고려하여 교육과정을 구성한다.

셋째, 반복적 수정 과정이다. 시험 실행과 피드백 과정을 통해 단원을 점진적으로 개선한다. 이를 통해 프로그램의 완성도를 높인다.

이 모형의 장점은 다음과 같다.

첫째, 교사의 적극적 참여이다. 교사가 직접 단원을 개발하므로, 교육과정과 교수-학습 활동의 일관성을 확보한다.

둘째, 현장 적합성 강화이다. 교육 현장의 요구와 학습자의 특성을 반영한 실

질적 교육과정 개발이 가능하다.

셋째, 유연성과 적응성이다. 실행과 수정 과정을 반복함으로써 변화하는 교육 요구에 유연하게 대응한다.

타바의 교육과정 개발 모형의 한계는 다음과 같다.

첫째, 시간과 자원 소모이다. 단원의 개발, 실행, 수정 과정이 반복되기 때문에 많은 시간과 자원이 필요하다.

둘째, 교사의 전문성 의존이다. 단원 개발 과정에서 교사의 높은 전문성과 역량이 요구된다.

셋째, 확산의 어려움이다. 현장 중심적 접근으로 인해 보급 과정에서 일관성을 유지하기가 어려울 수 있다.

타바의 교육과정 개발 모형은 개발자가 따라야 할 절차를 제시하는 점에서 처방 모형이다. 단원 개발에서 시작하여 교과 형성으로 이어진다는 점이 귀납적 모형이며, 계속적 요구 진단을 통해 교육과정 요소들이 상호작용을 한다는 점에서 역동적 모형에 가까운 것이 특징이다.

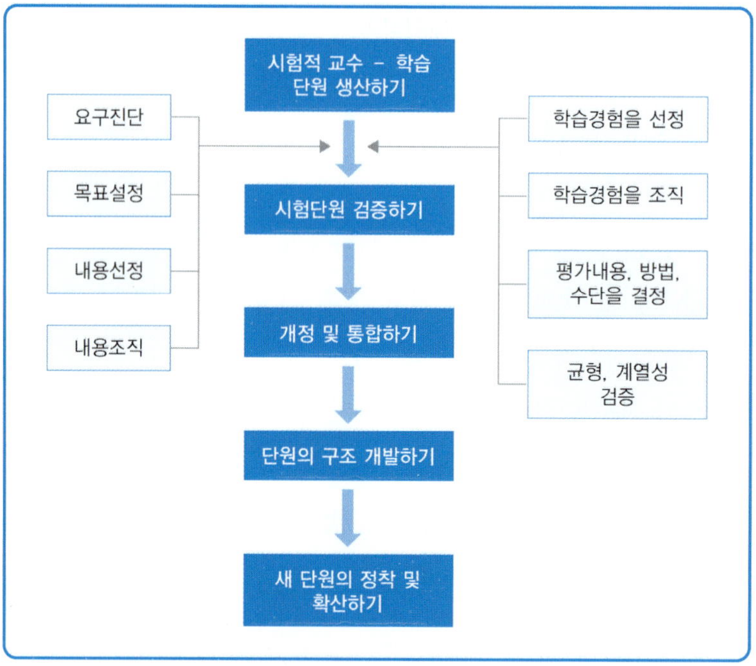

[그림 2-4] 타바의 교육과정 개발 모형-확장모형, 교사중심모형

출처: 에듀위키.

4) 보일의 모형

보일(1982)은 그의 저서 『더 나은 프로그램 계획(Planning Better Program)』에서 개인, 집단, 조직 차원에서 평생학습을 촉진하기 위해 프로그램 개발의 중요성을 강조하였다. 그는 프로그램 개발이 효과적으로 이루어지기 위해서는 기초적인 개념 15가지를 고려해야 한다고 제시하고 있다.

(1) 요구 분석(Needs Assessment)

프로그램 개발은 학습자와 지역사회의 요구를 철저히 분석하는 것으로 시작해야 한다.

(2) 목표 설정(Goal Setting)

프로그램이 달성하고자 하는 명확한 목적과 목표를 정의한다.

(3) 학습자의 참여(Learner Participation)

프로그램 개발 과정에 학습자를 적극적으로 참여시켜야 한다.

(4) 자원 분석(Resource Analysis)

사용할 수 있는 자원(재정, 인적, 물적)을 평가하고 최대한 활용한다.

(5) 정책 결정(Policy Decision)

프로그램 개발 및 실행에 영향을 미칠 수 있는 정책을 고려한다.

(6) 조직 및 관리(Organization and Administration)

효과적인 프로그램 실행을 위한 조직 구조와 관리 체계를 설계한다.

(7) 내용 개발(Content Development)

프로그램의 목표를 달성하기 위해 적절하고 체계적인 학습 내용을 설계한다.

(8) 방법 및 전략(Methods and Strategies)

학습자의 요구와 환경에 적합한 교수-학습 방법과 전략 선택을 한다.

(9) 평가 설계(Evaluation Design)

프로그램의 효과성과 효율성을 측정하기 위한 평가 체계를 구축한다.

(10) 재정 계획(Financial Planning)

프로그램 운영에 필요한 재정적 지원 계획과 관리를 한다.

(11) 시간 관리(Time Management)

프로그램 개발 및 실행에 필요한 시간과 일정을 체계적으로 관리한다.

(12) 홍보 및 마케팅(Promotion and Marketing)

학습자와 지역사회의 참여를 유도하기 위한 효과적인 홍보 전략를 세운다.

(13) 사회적 연계(Social Linkages)

프로그램이 지역사회 및 기타 조직과의 관계를 유지하고 강화한다.

(14) 혁신과 창의성(Innovation and Creativity)

새로운 아이디어와 접근법을 도입하여 프로그램의 질을 높인다.

(15) 지속 가능성(Sustainability)

프로그램이 단기적 효과에 그치지 않고 장기적으로 지속 가능하도록 설계한다.

보일 모형의 특징을 살펴보면, 첫째, 체계적 접근으로 프로그램 개발을 하나의 구조적이고 체계적인 과정으로 보고 각 단계를 명확히 제시한다. 둘째, 학습자 중심으로 학습자 요구와 참여를 핵심으로 강조하며, 학습경험을 중심으로 프로그램을 설계한다. 셋째, 실용적이고 포괄적인 관점에서 프로그램 개발 과정에 필요한 다양한 요소들인 재정, 시간, 홍보 등을 포괄적으로 다룬다. 넷째, 지속가능성을 강조하며, 프로그램의 효과가 장기적으로 유지될 수 있는 설계 중요성을 인식한다.

Chapter 03

프로그램 개발 기획과 요구분석

03
Chapter

프로그램 개발 기획과 요구분석

1. 프로그램 기획의 개념과 절차

기획의 개념을 먼저 알아본 후 그 절차를 살펴보기로 한다.

기획의 사전적 의미는 '기발한 계획'이라 한다(네이버사전). 평생교육 프로그램 개발에서 기획은 생애사적 차원에서 출발하는 것을 고려해야 한다. 평생교육적 차원에서 '어떤 도움을 줄 수 있는가?', '무엇 때문에 필요한가?'라는 기본적인 교육 철학에서 출발해야 하는 것이 바람직하다. 이는 평생교육 프로그램의 성공적인 목표 달성과도 연계되기 때문이다.

일반적으로 기획은 목표를 달성하기 위해 계획을 세우고 조직적으로 진행하는 활동이다. 이는 개인적인 목표부터 기업의 전략 수립에 이르기까지 다양한 영역에서 이루어지며, 효율적이고 효과적인 결과를 도출하기 위해 필수적인 단계이다. 기획의 주요 개념은 다음과 같다.

첫째, 목표 설정과 계획 수립이 매우 중요하다. 기획은 먼저 원하는 목표나 결과를 명확하게 설정하고 이를 달성하기 위한 전략과 방법을 계획하는 과정에 해당한다. 목표 설정 단계에서는 SMART 기준에 따라 목표를 구체적으로 정의하고, 이를 달성하기 위한 일련의 단계를 계획해야 한다.

둘째, 리소스 관리가 중요하다. 효과적인 기획은 제한된 자원을 효율적으로 활용하는 것을 포함한다. 이는 예산, 시간, 인력, 장비 등의 제한된 자원을 최대한 활용하여 목표를 달성하기 위한 계획을 수립하는 것을 의미하기 때문이다. 리소스 관리는 기획의 성패를 좌우하는 중요한 요소로 신중한 검토와 관리가 필요하다.

셋째, 위험 요소를 고려해야 한다. 모든 기획은 불확실성과 위험을 동반한다고 볼 수 있다. 따라서 효과적인 기획은 이러한 위험을 사전에 파악하고 적절한 대응책을 마련하는 것을 포함하도록 한다. 위험 관리는 계획의 성공을 보장하기 위한 필수적인 요소이며 기획 과정에서 지속적으로 고려되어야 한다.

넷째, 협력과 소통이 필요하다. 기획은 종종 여러 이해 관계자들 간의 협력과 소통을 필요로 한다. 따라서 효과적인 기획은 다양한 이해관계자들 간의 의견을 수렴하고 공유하는 것을 포함할 필요가 있다. 이는 기획의 목표를 명확히 함은 물론 이행 과정에서 발생할 수 있는 문제를 해결하기 위해서 필수적이라 할 수 있다.

이러한 기획의 개념을 토대로 기획의 특징을 정리해 보면,

1. 기획은 현재보다 미래지향적이어야 한다.
2. 기획은 성인학습자뿐만 아니라 교육기관의 효율성을 향상시킨다.
3. 기획은 다양한 정보를 수집하고 분석할 수 있다.

4. 기획은 협업과 협동적이다.
5. 기획은 교육기관 경영 측면에서 사전 예방적이다.

또한 기획의 유형은 다양하게 나타날 수 있다. 먼저 조직 위계 수준과 시간 차원에 따른 유형을 정리하면 위계 기준의 최상에 해당하는 최고관리층은 일반적으로 해당 조직의 목표를 설정과 정책 결정의 권한으로 목표달성을 위한 인적·물적 자원 동원이 가능하고 목표 달성을 위한 통제·조정·통합하는 기능을 수행한다. 이때 기획은 조직대상, 장기적, 단기적으로 진행할 수 있다. 다른 한편으로 시간 차원별 기획은 1년 이하의 사업계획으로 세부적이고 실천 가능한 시행에 관한 것과 3년~10년 또는 그 이상의 기획으로 이는 조직 내·외부 환경에 영향을 받기에 주기적으로 목표와 목적에 합당한 기획을 작성해야 한다.

〈표 3-1〉 **기획의 개념**

위계수준별	
위계수준	기획 유형
최고관리층	조직대상 기획 장기적 기획 단기적 기획
중간관리층	부문별 기획 부서별 기획
감독층	구체적 기획 운영기획
실무자	일상 업무기획

시간차원별	
단기기획	장기기획
1년 미만의 사업기획	3년, 5년, 10년 또는 그 이상의 기간상의 기획
매우 세부적이고 실천 가능한 시행방법에 관한 기획	내·외부 환경 영향을 토대로 주기적으로 목적과 목표에 타당한 기획

이 밖에도 기획은 다른 차원으로 나누어 볼 수 있다. 오세덕 등(2008)의 유형은 좀 더 세부적으로 기획의 유형을 지역 수준별, 대상 분야별, 종합성 정도별, 고정성 여부별, 강제성 정도별 등으로 나누었음을 알 수 있다.

〈표 3-2〉 오세덕 등(2008) 기획 유형 발췌

구분		내용
지역 수준별	지방	도시 또는 농촌의 지역사회 단위로 시·군·구 단위
	지역	지역 간 균형적·중점적 발전을 위해 설정된 권역들을 대상
	국가	국가 자원을 지역적 대상으로 하는 계획으로 경제개발, 사회개발, 국토 개발 등에 초점
	국제	다수의 국가가 연계된 경제 수준의 기획
대상 분야별	경제	경제의 성장, 균형발전, 안정화 등의 기획
	물적	공간 및 자연 개발과 공중편익 증진을 위해 수립하는 등의 기획
	방어	군사작전 및 민간 부문의 조직적 동원에 초점을 둠
종합성 정도별	사업별	개발계획의 가장 초보적인 단계
	통합적	공공부문의 투자만큼은 체계적으로 연결되고 총괄적으로 분석된 형태
	종합	통합적 공공 투자계획과 민간 부문 계획을 포함한 총괄적 형태
고정성 여부별	고정	대부분의 발전계획들을 계획 기간으로 고정
	연동	계획 집행상의 융통성을 유지하면서 계속 수정·보완하기 위한 일종의 제도적 장치
강제성 정도별	민주적 경쟁 기획	공공 부문의 생산 및 투자에 대한 상세한 목표를 제시하며 민간 부문에 대해서도 계획 또는 예측 목표를 제시
	유도 기획	정부의 일방적인 계획 수립 집행 방식을 지양하고 민·관 협조와 간접적인 영향력 행사로 국가계획 작성·운영
	예측 기획	거시적 수준의 경제 전망을 전문적·통계적 추정에 의해 제시

지금까지 기획을 '기발한 아이디어'에서 출발하여 구체적인 개념과 유형에 대하여 알아보았다. 다음으로 평생교육 프로그램 기획의 절차에 대하여 알아보고자 한다. 모든 일에는 절차적인 부분이 존재한다. 단순한 절차에서부터 구체적인 절차로 나누어 볼 수 있다. 평생교육 프로그램 개발에 대한 절차적인 부분은 일반적인 기획의 절차와 다소 다를 수 있다. 적정한 기획의 절차는 긍정적인 프로그램을 시행하는 성공적인 과정이 될 수 있다. 학자들에 따라 5단계, 7~10단계 등으로 구성된 일련의 절차적인 과정으로 설명하고 있다. 먼저 요크(York, 1983)

의 기획과정은 크게 4단계로 구성하였다. 이는 문제확인 단계, 목표설정 단계, 프로그램 설계 단계를 거쳐 마지막으로 평가의 단계로 구성되었다.

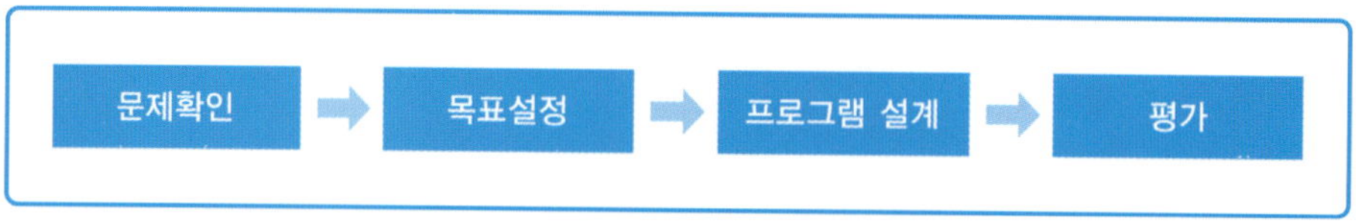

[그림 3-1] 요크(1983)의 기획 단계

단계		내용
1단계	문제 정의 및 요구 확인	• 전체 의사결정 과정의 방향을 재설정하는 단계 • 문제와 요구를 확인하는 목적은 합리적으로 한정된 시간과 자원을 가지고 성취하기를 바라는 활동을 규정
2단계	관련 정보 확인	• 조직, 기관 내·외의 관련 정보를 획득하기 위한 조사활동 단계 • 수집한 정보들은 의사결정상의 수행을 추정할 수 있도록 분류 • 대안적 행동 방침을 판단할 수 있는 기준 마련 • 기준은 조직 또는 특정 사업 목표에 근거를 둔다.
3단계	해결대안의 개발 및 평가	• 목표 및 잠정적·현실적 제약사항을 고려하여 일련의 대안적 행동방침 개발 • 비교 가능한 방식을 대안으로 분류 • 각 대안에 대한 객관적인 분석이 이루어져야 한다.
4단계	최선의 대안 선택	• 대안의 행동방침을 수립 • 명확한 기준에 따른 대안의 상대적 장단점을 평가 • 대안적 행동 방침의 성공 가능성에 대한 합리적 예측에 근거 • 실용적, 윤리적 측면까지 고려해야 한다.
5단계	대안의 실행	• 이용 가능한 자원 분배, 조직화, 성공적 해결에 필요한 활동 등 다양한 요인이 대안의 실행과 최선의 해결책에 영향을 미친다.
5단계	피드백 (Feedback)	• 평가 단계로 자원을 가장 효율적, 효과적인 사용을 위해 지속적으로 평가하는 단계

[그림 3-2] 기획의 단계

한편, 이러한 기획 단계 거치면서 평생교육 프로그램 개발은 진행되고 있다. 그러나 기획의 한계점 또한 분명히 존재한다. 먼저 여러 가지 제약 상황에서 발생할 수 있는 창의성 저해 부분이다. 기획자의 판단은 구체적일수록 창의성이 저해될 수 있다. 또한 급진적으로 변화하는 평생교육 현장에서 미래를 정확하게 예측하기 어려운 부분이 있기 때문이다. 두 번째는 계량화하기에 어려움이 있을 수 있다. 자료의 성질상 계량화하기 곤란한 경우 많은 시간과 비용이 필요할 수 있다. 그리고 기획자와 이해당사자, 집단 간의 목표가 불일치될 경우 갈등유발의 원인이 되는 점이다. 마지막으로 필요로 하는 자료나 정보의 부족이다. 충분한 자료와 정보를 바탕으로 기획을 수립하는 것이 보편적이나 지원금, 인적, 물적, 시간적 자원이 불충분할 경우 왜곡되어 제한적일수 있다.

기획의 한계점을 최소화하면서 합리적으로 기획을 구상할 수 있는 전략적인 면은 다양한 문제를 해결하고 빠른 사회 변화를 예측, 충분한 자료를 검토하여 상상력과 창의성을 발휘하여 미래 사회가 요구하는 평생교육 프로그램 개발에 임하는 독창적 전략을 수립해야 하는 것이 필요하다. 또한 기획 시 필요한 자료와 정보의 문서화는 물론 기존 기획 벤치마킹 등을 통해 수정 보완하여 혁신적인 기획이 가능하도록 해야 한다. 마지막으로 합리성을 전제로 한 객관적이고 중립적 가치를 기준으로 한 고도의 전문화된 기획자에 대한 대우로 비합리적인 요소를 배제하도록 할 필요성이 있다.

2. 프로그램 요구분석의 개념과 유형

프로그램을 개발하기 위해서는 사용자의 요구사항을 명확히 이해하고 문제를 해결하기 위한 솔루션으로 설계해야 한다. 이를 위해 필요한 작업이 요구분석이다. 평생교육 프로그램 개발에 있어서 요구는 프로그램 개발의 시작단계에 해당한다. 먼저 요구분석의 개념을 살펴보자.

먼저 요구(Need)란 무엇인가? 사전적 의미에서 명사로서의 요구는 '받아야 할 것을 필요에 의하여 달라고 청함 또는 그 청'이며, 이러한 요구로 현재 상태와 바람직한 상태 또는 미래의 상태 간의 격차를 확인하여 현재 상태보다 향상된 상태의 미래를 형성할 수 있다. 요구에 대한 개념은 학자마다 다르다.

모네트(Monette, 1979)는 성인교육에서 프로그램 요구조사에 대한 연구가 부재함을 지적하면서 요구란 학습자가 원하는 그 무엇이라고 진술하기보다 가치가 있는 복합적인 수준이라고 주장하였다. 또 조대연(2006)은 요구(Need)와 자신이 원함(Want)의 차이로 원함은 현재 상태와 바람직한 상태의 차이로 설명하나, 요구와의 의미는 같은 것으로 보이나 요구는 내재된 의미에서 가치를 포함하고 있기에 '원함분석'이 아니라 '요구분석'이라는 것으로 설명하였다.

1) 요구분석의 개념

요구분석은 평생교육 프로그램 개발에서 가장 기본이 되는 필수적 단계이다. 그 이유로 프로그램 개발의 정당성을 확보할 수 있고, 요구 분석의 결과를 토대로 프로그램 개발의 단계마다 합리적인 의사결정의 기초를 확인할 수 있다. 또한 요구 분석의 결과를 기반으로 한 잠재적 학습자의 요구와 평생교육기관의 목표를 충족시킬 수 있다. 그리고 프로그램 운영에 필요한 예산 부분의 기준을 마련하여 합리적인 예산을 편성할 수 있을 뿐만 아니라 지역사회 내의 평생교육 관련 기관 간의 상호 의존도 및 협력적 연계 가능성 탐색이 가능하다. 이 밖에 다음의 요구분석으로 목적을 달성할 수 있다.

첫째, 프로그램의 전반적인 방향성을 설정하기 위한 것이다.
둘째, 잠재적 학습자들이 가장 갈망하는 교육프로그램을 선별하여 우선순위를 정하기 위한 것이다.
셋째, 기존의 프로그램의 평가에서 필요한 보조자원을 얻을 수 있다.
넷째, 이미 실시하고 있는 프로그램에 대한 수정 및 보완을 통해 개선하여 사용할 것인지 폐기할 것인지를 결정할 수 있는 근거를 얻기 위함이다.
다섯째, 평생교육 기관의 목표와 비전 그리고 행동강령 등을 확인하는 기준이 되며 교육방법 등을 파악한다.

2) 요구분석의 유형

평생교육 프로그램 개발에서 요구분석은 프로그램이 학습자와 사회에 실질적인 효과를 발휘하도록 기획하는 중요한 과정이다. 요구분석은 학습자 및 교육환경에 대한 이해를 기반으로 하며, 다음과 같은 주요 유형으로 나눌 수 있다.

(1) 표출된 요구(Expressed Needs)

표출된 요구는 학습자 또는 관련 이해 관계자들이 구체적으로 요청하거나 표현한 요구를 말한다(김남선, 2010). 표출된 요구는 학습자 또는 관련 이해 관계자들이 구체적으로 표현하고 요청한 교육적 필요를 의미한다. 학습자가 현재 상황에서 부족하다고 느끼는 역량이나 지식을 개발하기 위해 직접적인 필요성을 인식하고 요구하는 경우가 많다.

예를 들어, 직장 내에서 특정한 기술이나 능력이 필요하다고 느낄 경우 이를 향상시키기 위해 관련 교육이나 훈련을 요청하는 것이 표출된 요구이다. 이러한 표출된 요구는 다양한 상황에서 나타날 수 있다.

직무 역량 강화 요청은 학습자가 자신의 직무와 관련된 특정 기술을 향상시키기 위해 교육을 요구하는 경우이다. 컴퓨터 프로그래밍 기술이 부족한 IT 직원이 프로그래밍 언어 교육을 요청하거나, 데이터 분석에 대한 역량을 강화하고자 하는 마케팅 부서의 직원이 관련 워크숍을 요구할 수 있다.

자격증 취득 및 직업적 발전 요구는 특정 자격증이 있어야만 수행할 수 있는 업무나 승진에 필요한 조건이 있는 경우, 이를 충족하기 위해 학습자가 자발적으로 자격증 교육을 요청하는 것도 표출된 요구에 해당한다. 또한 법무나 회계와 같은 전문 직무에서 자격증 취득이 요구될 때, 해당 자격증 교육을 요청하는 것은 매우 구체적이고 실질적인 요구이다.

개인적 관심사와 관련된 요구는 학습자가 특정 관심사에 대해 더 깊이 학습하고자 할 때도 표출된 요구가 발생한다. 역사에 대한 관심이 높은 성인이 한국사 강의를 요청하거나, 음악에 흥미가 있는 사람이 악기 연주 교육 프로그램을 찾는 경우이다. 이러한 요구는 개인적인 성취감이나 취미 개발의 욕구에서 비롯될 수 있다.

커뮤니티나 사회적 필요에서 발생한 요구로 사회적 요구나 지역사회 내 필요에서 비롯된 요구도 표출된 요구로 나타날 수 있다. 특정 지역에서 고령화가 진행되면서 노년층을 대상으로 하는 건강관리 프로그램이나 스마트폰 활용 교육에 대한 요구가 늘어나는 경우로 지역사회 또는 커뮤니티의 변화에 따라 교육에 대한 직접적인 요청이 증가할 수 있다.

특정 표출된 요구는 학습자들이 직접적으로 느끼고 필요성을 자각한 요구라는 점에서 매우 명확하고 구체적인 형태를 띠게 된다. 이 요구는 구체적이고 현실적이기 때문에 수요가 확인되면 프로그램 개발이나 제공에 바로 반영하기 용이하다. 이처럼 수집된 의견은 표출된 요구를 파악하는 중요한 방법이다. 또한, 표출된 요구는 평생교육 프로그램 개발에 있어 우선순위가 높은 요구로 간주되는 경우가 많다. 명확하게 드러난 필요성이기 때문에 학습자나 이해 관계자들의 요구를 신속히 반영하여 만족도를 높이는 데 기여할 수 있다.

(2) 비표출된 요구(Unexpressed Needs)

비표출된 요구는 학습자가 직접적으로 인식하지 못했으나 교육 전문가나 프로그램 기획자가 파악할 수 있는 요구이다(박성희, 2007). 교육 전문가나 프로그램 기획자들은 학습자의 배경, 환경, 직무 특성, 사회적 변화 등을 종합적으로 분석하여 이러한 숨겨진 요구를 발견하고 이를 기반으로 교육 프로그램을 설계해야 한다. 비표출된 요구를 파악하는 것은 장기적이며 미래지향적인 프로그램 개발에 중요한 역할을 수행한다. 다음과 같은 경우에 비표출된 요구가 드러날 수 있다.

직무 변화나 산업 트렌드에 따른 요구는 학습자가 현재 인식하지 못하더라도 사회와 산업이 빠르게 변화하면서 미래에 필요한 기술이나 역량을 요구하게 되는 경우이다. 자동화와 AI 기술이 확산되면서 데이터 분석 능력이나 코딩 능력의 필요성이 증가하고 있지만 일부 직장인들은 아직 이에 대한 필요성을 충분히 느끼지 못할 수도 있다. 교육 전문가들은 이러한 산업 트렌드를 반영하여 미래에 중요해질 역량을 선제적으로 제공하기 위해 비표출된 요구를 프로그램에 반영할 수 있다.

사회적 요구와 변화에서 발생하는 비표출된 요구로 고령화, 환경 문제, 다문화 사회의 확산 등 사회적 변화에 따라 학습자들이 인식하지 못한 새로운 요구가 발생할 수 있다. 예를 들어, 고령화 사회에서 고령층을 위한 디지털 문해 교육이 필요할 수 있지만 많은 고령층이 스마트폰이나 컴퓨터에 대한 교육 필요성을 자각하지 못하는 경우로 프로그램 기획자는 사회적 요구에 기반해 디지털 격차를 줄일 수 있는 교육을 제공할 필요성을 인식할 수 있어야 한다.

학습자 특성에 따른 잠재적 학습 필요에 따른 요구는 학습자의 특성에 따라, 이들이 인식하지 못한 학습 필요가 있을 수 있다. 새로운 직장에 입사한 신입사원들은 직무 수행을 위해 필요한 기본적인 직무 기술 외에도, 조직 내 갈등 관리나 협업 능력 같은 소프트 스킬이 중요한 역량이라는 사실을 미처 깨닫지 못할 수 있다. 이러한 경우 교육 담당자나 인사부서가 이를 파악하고 신입사원에게 필요한 소프트 스킬 교육을 제공하는 것이 비표출된 요구를 충족하는 것의 좋은 사례에 해당한다.

■ 특정 커뮤니티나 지역사회 내 특정 집단의 요구

특정 지역이나 커뮤니티의 구성원들이 인식하지 못한 필요성도 비표출된 요구에 해당될 수 있다. 다문화 가정 자녀가 많은 지역에서는 그들이 언어적, 문화적 적응을 돕기 위한 특별한 교육 프로그램이 필요할 수 있다. 이들 학습자들은 이를 학습 필요로 인식하지 못할 수 있지만 교육 기관이나 지역사회는 이를 중요하게 여겨 다문화 가정 자녀를 위한 언어 지원 프로그램을 제공할 수 있다.

비표출된 요구의 특징으로 주로 전문가의 관점에서 파악되고 분석되는 것이 특징이다. 학습자나 관련 집단이 스스로 필요를 인지하지 못한 경우가 많기 때문에 교육 전문가가 학습자나 환경에 대한 심층 분석을 통해 도출해야 하는 경우가 많다고 할 수 있다. 이 과정에서는 환경 분석, 직무 분석, 사회 변화 예측 등이 활용된다. 비표출된 요구는 학습자와 사회의 잠재적 필요를 미리 준비하여 제공함으로써 변화하는 환경에 적응할 수 있도록 돕고 장기적인 학습 효과를 증대시킬 수 있어야 한다.

(3) 상대적 요구(Relative Needs)

상대적 요구는 특정 집단과 다른 집단을 비교하여 나타나는 부족한 학습 요소를 의미한다(강석우 · 홍영재, 2015). 이는 비교를 통해 발견되며 한 집단이 타 집단에 비해 격차를 겪고 있는 학습적 필요를 충족하기 위해 계획하는 교육 프로그램의 중요한 근거가 될 수 있다. 상대적 요구는 사회적 평등을 촉진하고, 교육 격차를 줄이며 모든 사람이 학습 기회를 균등하게 가질 수 있도록 돕는 데 필수적인 역할을 하게 된다.

지역 간 교육 자원 격차 요구인 상대적 요구는 종종 지역 간 교육 자원 차이에서 발생하기도 한다. 도시와 농촌 지역 간의 교육환경을 비교할 때 농촌 지역은 도시 지역보다 교육 자원이 부족할 수 있다. 교육 시설, 교재, 교사 자원, 기술적 기반이 상대적으로 부족한 농촌 지역에서는 이 같은 교육적 격차를 해소하기 위한 학습 자원이 필요하며 이를 위한 요구가 상대적 요구로 나타난다. 이러한 격차를 해소하기 위해 농촌 지역에 전자 학습 시스템을 구축하거나, 도시에서 제공되는 프로그램을 원격으로 제공하는 방안이 필요할 수 있다.

연령대 간 디지털 격차에 따른 요구로는 디지털 기술의 보급에 따라 다양한 세대가 이를 활용해야 하는 상황이 늘어나고 있다. 그러나 고령층과 젊은층 사이에는 디지털 기기 사용에 있어 큰 격차가 존재한다. 고령층은 디지털 기술 접근성이나 사용 능력이 상대적으로 낮아 디지털 문해 교육에 대한 필요성이 높다. 이는 젊은 세대와 고령층 사이의 디지털 접근성과 사용 능력의 차이에서 비롯된 상대적 요구로 볼 수 있으며, 고령층을 위한 스마트폰 사용법, 인터넷 활용법 등의 교육 프로그램이 필요하다.

소득 수준 차이에 따른 교육 기회 격차 요구는 경제적 배경에 따라 교육 기회에서의 격차가 발생하기도 하는데 경제적으로 여유가 있는 가정의 자녀들은 사교육을 통해 학습을 보충하거나 다양한 활동을 통해 능력을 개발할 기회를 더 많이 가지는 경우가 많다. 반면, 경제적 여건이 어려운 가정의 자녀들은 이런 기회를 상대적으로 적게 가질 수 있다. 따라서 저소득층 가정의 자녀들을 대상으로 공교육 내 보충 학습 프로그램을 제공하거나, 무상 교육을 통해 평등한 학습 기회를 제공하는 것이 이러한 상대적 요구를 충족하는 방안이 될 수 있다.

다문화 가정 학생들의 교육적 요구는 그들의 한국어 능력이 상대적으로 부족하여 학업에서 어려움을 겪는 경우가 많다. 비다문화 가정의 학생들과 비교했을 때, 언어적, 문화적 장벽으로 인해 학습에 어려움을 느낄 수 있으며, 학교생활 적응에도 상대적 불이익이 발생할 수도 있다. 이를 해결하기 위해 다문화 학생들을 위한 맞춤형 한국어 교육, 심리적 지원 프로그램, 학습 보조 프로그램 등이 필요하다. 다문화 가정 학생들이 다른 학생들과 같은 수준의 학습 기회를 갖도록 하는 데 중요한 역할을 한다.

장애인 학습자의 교육 기회 요구로 비장애인 학습자와 장애인 학습자 간에도 교육 기회에서 상대적 요구가 발생할 수 있다. 장애인 학습자들은 학습을 위해 별도의 지원이나 접근성이 높은 교육 환경이 필요하다. 예를 들어, 청각 장애를 가진 학습자에게 수화 통역이나 자막 지원이 제공되지 않는다면, 이들은 비장애인 학습자와 동일한 교육 기회를 가지지 못하게 된다. 이러한 상대적 요구를 충족하기 위해서는 장애인 학습자를 위한 특수한 학습 지원 서비스나 보조기기 지원이 필요하다.

상대적 요구는 특정 집단의 교육적 요구를 다른 집단과 비교하면서 드러나는 특성이 있다. 이는 명확한 비교 기준을 통해 드러나기 때문에 교육 정책 수립이나 프로그램 기획 시 객관적인 근거로 사용되기 용이하다. 또한, 사회적 평등과 교육 기회의 균등을 도모하는 데 중요한 기초 자료가 되며 교육 불평등을 해소하고자 하는 평생교육 프로그램에 있어 중요한 요소로 간주된다. 상대적 요구를 기반으로 한 교육 프로그램은 단순히 한 집단의 필요를 충족하는 데 그치지 않고, 전체 사회의 학습 기회와 자원의 공평한 분배를 가능하게 하여 교육적 형평성을 높이고 사회적 통합을 이루는 데 기여할 수 있어야 한다.

(4) 규범적 요구(Normative Needs)

규범적 요구는 특정 기준 또는 표준에 근거해 도출된 요구로, 국가 또는 기관에서 정한 교육 정책이나 기준에 따라 정의된다(김영순, 2018). 이는 사회적으로 합의된 목표나 기준을 충족하기 위해 필요한 학습 요구를 의미하며, 교육 기관이나 정책 입안자들이 정한 교육 기준을 따른다. 예를 들어, 법률에 의해 정해진 필수 교육 내용이나 산업 표준에 따라 특정 자격을 갖춰야 하는 경우 이를 충족하기 위해 필요한 교육이 규범적 요구에 해당된다. 다음의 사례를 통해 구체화될 수 있다.

국가 또는 지방자치단체의 법적 기준에 따른 필수 교육 요구는 특정 직무에 필요한 자격을 국가에서 법적으로 규정하는 경우, 이를 충족하기 위한 학습이 필요한데 한국에서 초·중·고등학교 교사는 교육부에서 정한 교원 자격증을 필수로 취득해야 하며 의료계 종사자들도 특정 자격증을 취득해야 직무를 수행할 수 있다. 이 경우 법적 기준에 의해 규정된 교육 요구는 규범적 요구로 간주된다.

산업 표준과 기술 규격에 따른 직무 교육 요구는 산업 분야에서는 특정 기술 표준을 충족해야 하는 경우가 많다. 예를 들어, 전기 산업에서는 전기 기술자들이 안전 관리 기준을 준수하도록 자격 요건을 충족해야 하며, 정보 보안 분야에서도 각종 보안 인증 규정을 준수할 수 있는 교육을 받아야 한다. 산업 표준을 충족하기 위한 직무 교육이 규범적 요구가 된다.

국가 수준에서 정한 평생교육 정책에 따른 요구는 「평생교육법」에 따라 일정 연령 이상의 성인을 대상으로 제공되는 기초 문해 교육이나 취약 계층을 위한 교육 프로그램 또한 규범적 요구의 일환에 해당한다. 정부가 저소득층 성인을 대상으로 경제적 자립을 위한 직업 교육을 지원하는 프로그램을 의무화할 경우, 이는 국가의 사회적 평등 목표에 따라 규범적 요구로 정해진다고 볼 수 있다.

학교 교육과정에 포함된 필수 학습 기준에 따른 요구는 정규 학교 교육과정에서는 교육부에서 정한 국가 수준의 교육과정을 따르게 되어 있다. 예를 들어, 초·중·고등학교의 학생들이 필수적으로 이수해야 하는 과목이나 교과서에 포함된 학습 내용들은 규범적 기준에 따라 정해진 것이다. 이러한 기준은 국가 차원에서 모든 학생이 기본적으로 갖춰야 할 학업 성취 수준을 규정한 것으로 규범적 요구에 해당된다.

국제 기준에 따른 전문 자격 요구로 일부 자격증은 국제적으로 인정받기 위해 세계 표준을 따라야 한다. 국제 회계 기준(IFRS: International Financial Reporting Standards)이나 국제 품질 관리 기준(ISO: International Organization for Standardization)을 충족하기 위해 특정 자격 시험이나 교육을 이수해야 하는 경우 이를 위한 학습이 규범적 요구로 분류된다. 이러한 국제 표준에 부합하는 교육은 해당 산업에서 국제적인 경쟁력을 유지하는 데 필수적이다.

이렇듯 규범적 요구는 특정 집단이 사회적·산업적 기준을 충족하는 데 필요한 학습을 의미하므로 표준에 의해 그 필요성이 명확히 정의되어 있다. 이러한 요구는 자율적인 선택의 범주를 넘어 법적·정책적으로 의무화된 경우가 많아, 학습자가 반드시 이수해야 하는 요구로 인식한다.

규범적 요구는 교육의 일관성을 보장하고, 학습자들이 공통된 기준에 맞춰 균등한 학습 기회를 가지도록 하는 데 중점을 둔다. 사회적 안전, 직업의 질적 향상, 평등한 교육 기회 제공 등에 기여하며 장기적으로는 교육의 질을 유지하고 사회의 안정성 확보에도 중요한 역할을 한다.

(5) 미래지향적 요구(Futuristic Needs)

미래지향적 요구는 사회 변화와 기술 발달 등 미래 환경을 고려해 예상되는 학습 요구를 말한다(이승준, 김수정, 2019). 현재에는 명확하게 드러나지 않을 수 있지만 미래 사회에서 중요한 역량이나 지식이 될 가능성이 높다. 특히, 평생교육에서 미래지향적 요구를 반영한 프로그램 설계가 중요하다. 현대사회는 기술 발전 속도가 빠르고 직업 환경 또한 급속하게 변화하고 있기 때문에 학습자들이 미래에 대비할 수 있도록 도와주는 교육이 요구된다.

디지털 전환과 기술 역량 강화 필요에 따른 요구는 기술 발전에 따라 AI, 데이터 분석, 클라우드 컴퓨팅 등의 디지털 기술이 사회 전반에 걸쳐 빠르게 확산되고 있다. 이에 따라 다양한 산업 분야에서 디지털 기술의 이해와 활용능력이 필수적으로 요구된다. 실사례로 AI 기술을 활용한 자동화 시스템이 제조업에 도입된다면 제조업 종사자들은 기존 기술 외에 AI 및 데이터 분석에 대한 기본적인 이해와 활용능력을 갖춰야 할 필요가 생긴다. 이러한 변화에 대비하여, 평생교육 프로그램은 디지털 문해력과 최신 기술을 배우고 적용하는 과정을 포함하는 것이 필요하다.

고령화 사회에 대비한 헬스케어 및 웰니스 교육에 대한 요구로 세계적으로 고령화가 진행됨에 따라 고령층의 건강 관리, 심리적 지원, 재무 관리 등의 필요성이 높아지고 있다. 고령화 사회에서는 고령층이 스스로 건강을 관리하고 경제적으로 안정된 생활을 유지할 수 있도록 돕는 다양한 프로그램이 요구될 것이다. 특히 웰니스 교육은 신체적, 정신적, 정서적, 사회적 건강을 증진시키기 위해 개인이 자신의 건강 상태를 이해하고 관리하는 데 필요한 지식과 기술을 교육하는 과정이라 할 수 있다. 미래를 대비해 평생교육 프로그램은 고령자들에게 필수적인 디지털 건강 관리 기술, 스마트 기기 활용법, 심리적 안정감을 제공하는 방법 등을 포함하는 것이 바람직하다.

지속 가능성과 환경 교육에 대한 요구는 환경 문제가 전 세계적으로 심각해짐에 따라, 지속 가능성을 위한 학습도 미래 사회에서 중요한 요구가 되고 있다. 이에 따라 평생교육에서는 기후 변화, 에너지 절약, 지속 가능한 소비와 같은 주제에 대해 학습할 기회를 제공하는 것이 필요하다. 이러한 교육은 환경 보호에 기여할 뿐만 아니라, 개인의 일상생활 속에서도 지속 가능성을 실천하도록 해야 한다. 가정 내 에너지 효율을 높이거나 폐기물 줄이기를 위한 실천 교육을 예로 들 수 있다.

다양한 직업 변화에 대한 대처 능력 배양에 대한 요구로 미래 사회에서는 직업의 형태가 다변화되고, 기존 직업들이 사라지거나 새로운 직업이 생겨날 가능성이 높다. 이에 따라 특정 직업을 위한 지식뿐 아니라 문제 해결력, 창의력, 협업 능력, 비판적 사고 능력 등 다양한 직무에서 공통적으로 필요할 것으로 예상되는 역량을 기르는 교육이 중요해진다. 평생교육에서는 이와 같은 미래지향적 요구를 반영하여 학습자들이 다양한 환경에서 유연하게 대응할 수 있도록 기초 역량 강화 프로그램을 설계할 필요가 있다.

글로벌화(Glocalization)가 가속화되고 문화적 이해능력에 대한 요구가 증가하면서 다양한 문화에 대한 이해와 국제적 의사소통 능력이 필수적인 역량이 되고 있다. 학습자들이 국제 사회에서 상호작용하고 협력할 수 있는 능력을 배양하는 것은 점점 더 중요해질 것이다. 예를 들어, 외국어 학습, 다문화 이해 교육, 글로벌 경제에 대한 기초 지식 등은 글로벌 시대에 필요한 미래지향적 요구에 부응하는 학습 내용이다.

이처럼 미래지향적 요구는 현재의 필요가 아니라 다가올 사회적, 기술적 변화에 대비해 학습자들에게 장기적이며 지속 가능한 학습을 제공하는 것을 목표로 해야 한다. 이 요구는 특히 평생교육에서 중요한 의미를 가지며, 학습자들이 미래에 맞설 준비를 함양하도록 도와준다. 빠르게 변화하는 현대사회에서 학습자들이 미래에 대비할 수 있도록 하는 평생교육 프로그램은 변화에 유연하게 적응할 수 있는 인재를 양성하여 사회의 지속 가능성과 경쟁력을 높일 수 있기 때문이다.

3. 프로그램 요구분석 우선순위 결정

프로그램 요구분석에서 우선순위 결정을 하는 것은 다양한 요구 중에서 어떤 요구를 먼저 충족해야 할지를 판단하는 중요한 단계이다. 이 과정은 특히 요구분석의 정확성을 높이고 실질적인 교육 목표를 수립하는 데 기여하며 이는 평생교육의 실효성을 높이기 위해 중요한 작업에 해당한다(이승준 · 김수정, 2019). 모든 요구를 동일하게 다룰 수는 없기 때문에 제한된 자원 안에서 가장 시급하고 영향력 있는 요구를 파악하여 효율적으로 교육 프로그램을 설계할 수 있도록 해야 한다. 또한 우선순위 결정은 학습자와 이해 관계자의 기대에 부합하고, 프로그램의 성과와 효과를 높이며 교육 기회에서 발생할 수 있는 불균형을 줄이고자 함이다.

1) 우선순위 결정의 필요성

교육 프로그램 기획에서 우선순위 결정은 필수적인 과정으로 교육 기관이나 프로그램 기획자는 자원 제약과 다양한 요구를 고려하여, 어떤 요구를 먼저 충족시킬지를 신중하게 결정해야 한다. 이는 교육 프로그램이 효과적으로 운영되고 학습자의 실제 필요에 부합하는 방향으로 진전될 수 있다. 우선순위 결정을 통해 프로그램의 목표를 명확히 하고, 자원의 낭비를 줄이며 학습자의 기대에 맞춘 교육을 제공할 수 있다. 이러한 필요성은 크게 자원 제약, 효과성, 평등성 측면에서 설명될 수 있다.

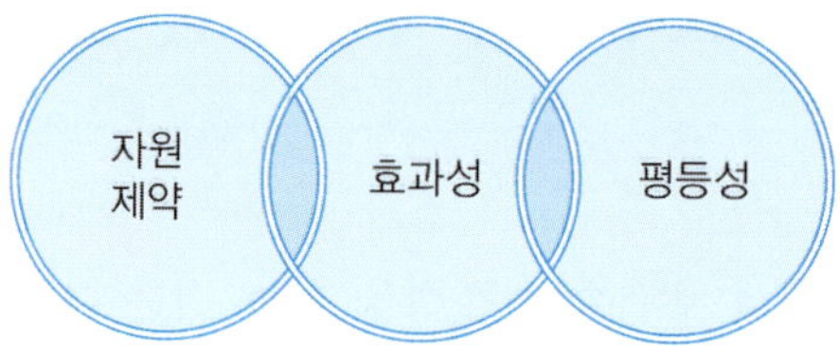

[그림 3-3] 우선순위 결정 요인

(1) 자원 제약

현실적으로 교육 프로그램을 운영하는 데는 예산, 인력, 시간 등의 자원이 제한적이다. 이러한 자원을 효율적으로 분배하지 않으면 프로그램이 목표한 바를 달성하기 어려울 뿐만 아니라, 자원 낭비로 이어질 수 있다. 우선순위 결정을 통해 교육 기획자는 자원의 한계를 극복하고 가장 중요한 요구를 충족시키기 위해 필요한 최소한의 자원을 집중적으로 배분할 수 있어야 한다.

① 예산 제약

많은 교육 기관은 한정된 예산 내에서 프로그램을 운영해야 한다. 예산이 부족할 경우 프로그램의 모든 요구를 충족하기 어려우므로 시급하고 중요한 요구부터 우선적으로 반영해야 한다. 예를 들어, 직무능력 향상 교육을 제공할 때 가장 긴급한 직무의 기술 변화나 새로운 자격증 취득을 위한 교육을 우선 제공하는 것이 필요하다.

② 인력 제약

제한된 인력 자원으로 다양한 프로그램을 동시에 운영하기 어렵다. 각 프로그램에 적합한 전문인력을 배치하기 위해서는 우선순위를 고려하여 인력을 효율적으로 배치해야 한다. 만약 디지털 교육과 관련된 전문가가 부족하다면 디지털 교육에 대한 수요 충족이 우선시되어야 한다.

③ 시간 제약

교육시간 역시 제한적이기 때문에 시간의 효율적 사용이 필요하다. 주어진 시간을 어떻게 분배하느냐에 따라 프로그램의 성공 여부가 달라질 수 있다. 따라서 단기적으로 가장 큰 효과를 기대할 수 있는 학습 요구를 우선적으로 다루는 것이 중요하다.

(2) 효과성

우선순위 결정을 통해 시급한 요구부터 충족함으로써 프로그램의 효과를 극대화할 수 있다. 교육 목표를 실현하기 위해서는 학습자의 현재 상황과 필요에 맞는 교육을 우선적으로 제공하는 것이 중요하다. 이는 교육 효과가 직접적으로 높아지는 결과를 가져올 수 있다.

① 시급한 요구의 충족

학습자가 겪고 있는 가장 긴급한 문제나 필요를 우선적으로 해결하는 것이 교육 프로그램의 효과를 극대화하는 방법이다. 예를 들어, 재직 중인 직원들이 변화하는 산업 환경에 즉시 대응할 수 있도록 업데이트된 직무 기술 교육을 제공하는 것처럼 시급한 기술 변화나 자격 증명 등을 우선적으로 다뤄야 한다.

② 긴급하지 않지만 중요한 요구

시간이 부족하거나 예산이 제한적일 때, 이른 시일 내에 해결할 수 없는 요구는 뒤로 미루고, 교육 효과를 최적화할 수 있는 요구가 먼저 다루어진다. 예를 들어, 미래지향적 역량 개발은 중요하지만 해당 요구는 급박하게 해결해야 할 문제는 아니므로 시간이 흐른 후 진행할 수도 있다.

(3) 평등성

우선순위 결정을 통해 교육 기회 격차를 줄이고 누구에게나 동등한 학습 기회를 제공할 수 있도록 해야 한다. 평생교육의 목적 중 하나는 모든 학습자에게 공평한 기회를 제공하는 것이다. 우선순위를 설정할 때 일부 학습자나 집단이 소외되지 않도록 균형을 맞추는 것이 중요하다.

① 취약 계층 지원

교육 기회가 부족한 지역이나 소득 계층에 속한 사람들에게 교육 기회를 우선적으로 제공함으로써 사회적 평등을 이루는 것이 필요하다. 디지털 소외계층을 위한 기초 컴퓨터 교육을 우선적으로 제공하는 것처럼 학습 기회를 가장 많이 필요로 하는 집단에 대한 지원이 중요하다.

② 지역 간 교육 격차 해소

도시에 비해 농촌 지역이나 지방에서는 교육 기회가 부족한 경우가 많다. 우선순위를 결정할 때는 지역적 격차를 고려하여, 교육 기회가 상대적으로 부족한 지역에 교육 프로그램을 집중적으로 제공함으로써 균등한 기회를 제공해야 한다.

③ 성별, 연령별, 계층별 고려

성별이나 연령, 사회적 계층에 따라 교육 기회가 다를 수 있다. 특히, 여성 교육, 고령자 교육, 장애인 교육 등 사회적 약자에게 더욱 집중할 필요가 있다. 이러한 계층을 고려하여 우선순위를 설정하면 교육의 포용성을 높일 수 있다.

결론적으로 우선순위 결정을 통해 자원 제약을 효율적으로 관리하고 효과적인 교육 성과를 달성하며, 평등한 학습 기회를 보장하는 것은 평생교육 프로그램이 성공적으로 운영될 수 있도록 하는 중요한 과정이다. 각 요구의 특성과 시급성, 중요성을 종합적으로 평가하여 가장 필요한 교육 기회를 제공하는 것이 평생교육의 목적을 달성하는 데 핵심적인 역할을 한다. 이번 장에서는 프로그램 개발 기획과 요구분석의 중요성에 대해 살펴보았다.

Chapter 04

평생교육 프로그램 목적과 목표설정

Chapter 04

평생교육 프로그램 목적과 목표설정

평생교육 현장에서 교육행위는 뚜렷한 목적을 가지고 이루어져야 효과적이다. 효과적인 목적을 달성하기 위해서 평생교육자는 프로그램을 개발하는 과정에 반드시 프로그램의 일반적인 목적과 학습자와 직접적으로 관련된 구체적인 교육목표의 설정을 포함시켜야 한다.

1. 목적과 목표의 이해

1) 목적 및 목표의 개념

목적과 목표를 엄밀하게 구분하여 규정하는 것은 쉬운 일이 아니지만 구별 해 본다면 목적은 보다 포괄적이고 궁극적이며 일반성을 갖는다. 목표는 구체성을 가지며, 다수의 항목으로 세분되는 것으로 볼 수 있다.

(1) 목표의 개념

목표는 우리가 흔히 말하는 목표(objective), 타깃(target), 목적(goal) 등으로, 서로 구분하기도 혼용하기도 한다. 공통적으로 목표는 행동의 기대결과, 이루고자 하는 상태나 얻고자 하는 지위이다. 듀이(Dewey)는 목표란 예견된 목적이며 바로 활동으로 연결된다고 하였고 목표를 도달하고자 하는 목적과 피해야 할 목적에 따라 최종적으로 얻게 되는 것이라고 하였다. 그래서 목표는 변하고 개선되어야 할 상황에서 제시된다.

(2) 프로그램 목표의 개념

프로그램 목표는 교육 대상자가 프로그램 종료 후에 습득해야 할 지식, 기능, 태도 등이라 말할 수 있다. 카파렐라(Caffarella, 1994)는 프로그램 목적(program gola)과 프로그램 목표(program objective)를 다음과 같이 분류하여 설명하였다.

목적은 프로그램의 전반적인 개발 의도를 의미하며, 목표는 프로그램의 실행으로 얻어질 구체적인 결과를 말하는 것이다.

〈표 4-1〉 프로그램의 목적과 목표

프로그램 목적	프로그램 목표
• 주로 교육 프로그램에서 제시하는 목적 및 의도에 대한 일반적인 기술	• 교육 프로그램의 실시로 인한 성취가 기대되는 결과의 명료한 서술 • 특정한 시점에 평생교육 기관이 개발한 프로그램이 추구하는 교육적 결과 • 직접 측정 및 관찰이 가능하고 결과를 얻기까지의 시간 및 평가기준을 명시

2) 프로그램 목표의 기능

프로그램 목표 기능은 다음과 같다.

첫째, 프로그램 목표는 프로그램의 목적 성취를 위해 설계되는 교육프로그램의 범주를 규정해 주는 기능을 갖는다. 예를 들어, 지역사회에서 재취업 교육에 참여한 학습자 30명이 프로그램 종료 후 6개월 이내 50%가 취업에 성공하는 것을 프로그램 목표로 설정할 수 있다. 이처럼 측정 가능한 목표를 명시함으로써 프로그램의 목표 달성 범주를 분명하게 제시한다.

둘째, 프로그램 목표는 교육 프로그램에서 다루게 될 학습내용, 학습유형, 교수-학습방법, 기간, 자원 활용 수준 등에 대해 안내해 주는 역할을 한다. 즉, 프로그램 목표 달성을 위해 선정된 교육 방법과 교육 기간을 알려주고 프로그램에 대한 인적·물적 자원의 제공 규모 등에 대한 정보를 제공해 준다.

셋째, 프로그램 목표는 학습자로 하여금 희망하는 변화를 얻을 수 있다는 기대와 동기부여하는 역할을 한다. 따라서 학습자는 스스로 선택하여 참여한 프로그램을 통해 지식, 기술, 행동, 태도, 가치의 변화를 획득할 수 있다는 의욕을 가지므로 학습을 촉진하는 효과를 얻을 수 있다. 또한 명확한 프로그램 목표는 잠재적 학습자의 참여를 유도하여 프로그램의 운영을 더 원활하게 한다.

넷째, 분명한 프로그램의 목표는 프로그램 평가의 준거를 명료화하는 역할을 한다. 프로그램에 참여한 학습자가 프로그램 종료 시에 과연 얼마나 학습 목표를 달성했는가를 판단하기 위한 평가 기준, 평가내용과 방법, 평가 결과의 활용 방안 등을 명시함으로써 학습자가 자신의 학습 결과의 평가가 어떻게 진행될 것인지를 정확하게 알 수 있도록 정보를 제공해 준다.

2. 프로그램 목표 설정

1) 프로그램 목표 방향설정

프로그램 개발가는 기관차원에서 기대하는 목표에 따라 프로그램 내용을 잘 구성하고 효과적인 교육활동을 지원하는 것을 가장 중요하게 생각해야 한다. 따라서 좋은 프로그램을 개발하기 위해서는 정확한 요구분석과 다양한 요소에 대한 목표를 설정하는 것에서부터 시작되어야 한다. 프로그램 목표 설정을 위해 수행되어야 할 과제는 다음과 같다.

첫째, 프로그램의 정체성과 개발의도를 분명하게 확인하는 것이다. 프로그램의 목표는 평생교육 기관의 설립 이념과 가치, 비전, 운영 방향과 조화를 이루도록 설정할 필요가 있다. 또한 평생교육 프로그램을 개발하는 시점의 전반적이고 다양한 상황 및 변화 추세, 교육이념 및 정책과도 조화를 이룰 필요가 있다. 새로운 변화에 적응하며 개인의 성장과 사회발전을 모색하는 평생교육 고유의 기능이 프로그램 개발 목표에 반영되도록 한다.

둘째, 평생교육 기관이 속한 지역사회, 잠재적 학습참여자를 비롯한 이해 당사자 및 타 기관에 대한 사전 조사가 요구된다. 지역사회를 중시하는 마을 공동체 의식이 확산됨에 따라 지역과 함께하는 프로그램 개발의 모색은 시대적 요구를 반영하는 것이라 할 수 있다. 지역사회의 요구와 문제를 파악하고 충족과 해결을 위한 지역사회의 자원을 이끌어 낼 수 있다면 성공적인 지역밀착형 프로그램 개발이 가능할 것이다.

셋째, 정부와 지방자치단체, 민간 및 자원단체 등 다양한 주체와의 협력관계를 강화하는 동시에 타 평생교육 기관의 프로그램 제공 상황을 파악하고 경쟁을 통해 함께 성장하는 것을 모색할 수 있다. 또한 평생교육 프로그램의 주 대상자인 성인학습자의 특성, 참여유형 및 참여 저해 요인을 파악하고 이를 반영하여 목표를 정하는 것이 필요하다.

넷째, 프로그램의 운영과 유지를 결정짓게 될 재정 자원 및 인적 자원의 확보 방안에 대한 정확한 검토를 바탕으로 목표를 설정하는 것이 요구된다.

2) 프로그램 목표 설정 시 고려사항

프로그램 목표를 올바르게 설정하기 위해서는 프로그램이 지향하는 바를 명확하게 인식하여야 한다. 따라서 다음과 같은 고려사항이 필요하다.

첫째, 프로그램의 정체성을 확인한다.

둘째, 프로그램의 잠재적 고객집단을 파악한다.

셋째, 프로그램 참여자들의 교육 요구를 정확하게 분석한다.

넷째, 실현 가능한 요구를 선정한 후 구체적인 프로그램 목표를 진술한다.

다섯째, 프로그램 목표가 평생교육 관련 환경의 변화추세, 운영주체, 프로그램 제공기관이나 후원 단체 등과 조화를 이루도록 설정한다.

여섯째, 프로그램운영과 유지를 위한 인적 · 물적 자원을 파악하고 확보한다.

일곱째, 프로그램의 정당성 확보를 위한 지역친화 · 밀착형 프로그램의 개발 가능성을 확보한다.

여덟째, 프로그램의 적절한 규모와 범위 및 기간을 결정한다.

아홉째, 측정 · 관찰이 가능하도록 프로그램 목표를 설정하고 그 결과를 홍보에 활용할 있도록 계획을 수립한다.

3) 프로그램 목표의 설정

참여하는 주체 및 대상에게 프로그램 개발 의도가 납득될 수 있도록 프로그램 목표를 평생교육 기관의 이념, 자원 및 운영 측면을 고려하여 프로그램이 지향하는 내용을 구체적으로 제시한다. 또한 잠재적 학습자 집단이 프로그램에 참여함으로써 달성할 수 있는 변화들을 중심으로 프로그램 목표를 설정하는 것이 좋다. 프로그램 결과가 예측 가능, 또는 예측하기 어려운 부분을 모두 고려하여 프로그램 목표를 수정하는 단계를 거치는 것이 바람직하다. 이런 과정을 거쳐 설정된 프로그램 목표는 프로그램 개발과정의 일관성과 타당성을 확보하는 기초가 된다.

이처럼 다양한 기준이 반영된 프로그램의 목표는 전반적인 프로그램 개발의 방향성을 제시하고 어떤 활동들을 중심으로 프로그램 개발이 진행될 것인지를 안내하는 역할을 하게 될 것이다. 프로그램 목표를 설정할 때 실제적 측면을 미리 검토할 필요가 있으며 검토사항은 다음과 같다.

첫째, 요구 조사를 통해 파악된 결과는 잠재적 학습자들의 요구를 충실히 반영하는가?

둘째, 평생교육 기관이 프로그램 목표가 전반적인 사회적 맥락, 교육정책 및 기관의 비전과 조화를 이루는가?

셋째, 평생교육 기관의 프로그램 목표가 기관의 전반적 역량, 즉 인적자원 및 재정 자원의 규모 등을 판단으로 실행 가능한 것인가?

넷째, 프로그램 목표를 구체적 행동 용어로 기술할 수 있는가?

다섯째, 프로그램 목표에 구체적 예산 내역 및 평가 기준이 포함되어 있는가?

4) 프로그램 목표의 요소 및 진술방법

(1) 프로그램 목표의 요소

프로그램의 목표를 수립할 때는 인적자원과 관련된 인적요소, 환경 및 상황과 관련된 환경요소, 투입 비용 등 여러 요소들을 고려하여 결정한다.

① 인적요소

인적자원이 보유하고 있는 전문 지식이나 기술을 구체적으로 파악하여 관련 분야에 대한 풍부한 경험이나 뛰어난 능력을 가진 인력을 활용하는 것이 바람직하다.

② 환경요소

지역사회 내의 여러 기관들, 학습자 및 관계자 등 프로그램에 관련된 다양한 상황에 대한 분석이 필요하며, 시설, 설비, 과업, 직무 특성과 의사소통 체계도 함께 고려되어야 한다.

③ 비용요소

프로그램에 투입 가능한 시간, 재정, 인력 등을 총체적으로 고려하여야 하며, 초과비용에 대한 대안도 함께 준비하여야 한다.

(2) 프로그램 목표의 진술 방법

프로그램 목표의 진술은 프로그램 참여자인 학습자들에게 구체적으로 제시하는 부분이다. 즉, 어떤 프로그램을 제공할 것인지, 궁극적으로 달성하려는 프로그램의 결과가 무엇인지를 명확하게 표현되어야 한다. 프로그램의 목표 진술의 원칙 중 활용되는 기법으로 'To-By-For'가 있다. '어떤' 프로그램에 의하여 '누구에게'를 중심으로 프로그램 목표를 진술하는 것이다.

〈표 4-2〉 **프로그램 목표의 진술 원칙**

To	프로그램을 통해 달성하려는 구체적 목표 (To achieve specific objectives)
By	학습자에게 제공될 프로그램의 유형 (By providing program)
For	학습자(For identified learner)

출처: 김진화(2001).

프로그램 목표를 진술하는 데는 상황·대상·내용·의도 등 네 가지 요소가 포함된다. 상황은 참여자가 처해 있는 현재 상태를 말하며, 대상은 프로그램의 참여자(학습자)를, 내용은 학습자가 경험하게 될 프로그램의 내용을 일컫는다. 의도는 학습자가 프로그램 종료 후 성취할 궁극적인 기대 효과를 각각 명시한다.

5) 학습 목표의 설정

(1) 학습 목표 설정의 의의

학습 목표는 학습자의 인지적 · 정의적 · 신체 운동적 변화를 일으키기 위한 구체적인 학습활동을 의미하는 것이다. 보일(1981: 196-198)은 학습 목표 설정이 갖는 의의를 다음과 같이 기술하였다.

첫째, 학습 목표의 설정은 프로그램이 지향하는 학습의 방향을 제시해 준다. 교수자 · 학습자 모두 분명한 학습 목표를 가지고 시작하는 것은 목적지를 알고 출발하는 것과 같기 때문에 분명한 학습 목표를 인식하는 것이 중요하다.

둘째, 학습 목표는 학습 경험을 선정하기 위한 기준을 제시해 준다. 교수자가 학습자의 발달에 유용한 학습 경험을 제공하는 것은 프로그램의 성공을 위함이며, 학습방향을 잃지 않도록 학습 목표는 명료하게 정립될 필요가 있다.

셋째, 학습 목표는 프로그램의 평가기준을 제공한다. 학습 목표는 프로그램의 가치 및 성과를 판단하는 데 있어 중요한 기초자료이다. 프로그램의 평가는 반드시 목표를 근거로 수행되어야 한다.

(2) 학습 목표 설정의 기초

평생교육 프로그램 개발과정에서 구체적 학습 목표를 설정할 때 반드시 고려해야 할 요소가 있다. 많은 학자들은 지역사회 및 잠재적 학습자와 관련된 상황을 분석하고 요구나 문제를 분석하여 학습 목표를 구체화하기 위한 세 가지를 제시한다(차갑부, 2002).

첫째, 학습자이다. 프로그램 개발가는 학습자의 요구와 관심분야를 측정해야 하며, 학습 목표는 학습자의 요구와 상황 분석에 기초하여 설정된다. 따라서 학습자는 수업목표 설정의 중요한 원천이 된다.

둘째, 사회 변화이다. 프로그램 개발가는 사회변화를 읽고 사회추세 분석을 통해 파악된 요구는 실용적이고 현실적인 평생교육의 학습 목표로 연결할 수 있다.

셋째, 교과 영역이다. 구체적인 학습 목표는 특정 학문 영역의 내용이 설정될 수 있다. 구체적으로 많이 연구되는 주제를 수업 목표로 설정했다면 그 원천은 그 주제가 속한 교과 영역이 된다.

(3) 학습 목표의 설정 방법

학습 목표를 설정하는 방법으로는 크게 DLO 방식, C/L 방식, DMLC 방식, ISN 방식, LON 방식 및 LEN 방식을 들 수 있다(Dean, 1994).

① 희망 학습 결과 방식(DLO: Desired Learning Outcomes)

가장 전통적인 방법으로 학습자가 원하는 학습 결과에 기초하여 학습 목표를 설정하는 방식

② 면허 및 인증 시험 방식(C/L: Certification/Licensure test)

면허 시험 및 자격 인증에 기초하여 학습 목표를 설정하는 방식

③ 의사결정자 중심 방식(DMLC: Decision Maker Learning Context)

의사결정자에 의해 학습 맥락이 형성된 후에 학습 목표가 설정되는 방식

④ 교수자 강점/요구 중심 방식(ISN: Instructor's Strengths/Needs)

교수자 자신의 강점 및 요구에 따라 학습 목표가 설정되는 방식

⑤ 학습자의 관찰된 요구 중심 방식(LON: Learners's Observed Needs)

학습자의 관찰된 요구에 기초한 학습 목표의 설정 방식으로 여러 방식 중 가장 바람직한 것으로 인식된다.

⑥ 학습자의 표현된 요구 중심 방식(LEN: Learner's Expressed Needs)

학습자의 표현된 요구에 기초하여 학습 목표가 설정되는 방식

(4) 학습 목표의 영역

학습에는 다양한 영역이 존재한다. 기계적 단순 반복 학습에서 복잡한 문제해결 학습에 이르기까지 각기 다른 교수 방법과 평가 기법을 필요로 한다. 따라서 학습영역 및 수준을 파악하고 분류하는 것은 학습 효과를 향상시키기 위한 중요한 과제라 할 것이다.

■ 블룸의 학습 목표 영역

블룸(Bloom, 1956)은 학습 목표 영역을 크게 인지적 영역, 정의적 영역 및 신체 운동 영역의 세 가지로 구분한 분류학을 제시하였다.

〈표 4-3〉 학습 영역 단계별 학습 목표 영역(블룸의 분류학-Bloom's Taxonomy)

학습 목표 영역		내용
인지적 영역 (Cognitive Domain)	지식	• 이미 배운 내용의 기억
	이해력	• 내용의 의미를 이해 · 추론 · 해석하는 능력
	적용력	• 학습 내용을 새롭고 구체적인 과정 및 장면에 활용하는 능력
	분석	• 부분들 간의 관계 및 조직의 구조를 이해하기 위해 내용을 세분하는 능력
	종합	• 새로운 형태나 구조를 구성하기 위해 자료의 내용과 요소를 정리 · 조직하는 능력

학습 목표 영역		내용
		• 부분과 전체를 형성하는 요소를 종합하는 능력
	평가	• 기준에 맞추어 사실을 판단하는 능력 • 어떤 목적과 의도를 위해서 주어진 내용의 가치를 판단하는 능력
정의적 영역 (Affective Domain)	수용	• 단순 지식의 습득이나 신념 · 가치 · 태도 등 특별한 자극이나 현상에 대한 학습자의 인식과 수용
	반응	• 제시된 정보에 긍정적 · 부정적 반응 • 특정 자극 또는 활동 부분에 대한 능동적 참여 행동
	가치화	• 특정대상 · 활동현상 · 행동에 대한 주관적 가치 부여
	조직화	• 가치 · 신념 · 태도 간의 상관관계 결정 • 서로 다른 가치를 비교 · 연계 · 종합화 하는 것
	인격화	• 개인적 가치 체계 및 일반적 적응 기제의 선택으로 내면화된 행동 • 개인적 철학이나 세계관
신체운동적 영역 (Psycho-motor Domain)	반사운동 또는 지각	• 감각을 통한 사물의 인식 • 개인의지와 무관함 • 학습 목표로 설정될 수 없으나 더 높은 수준의 운동기능의 기초가 됨
	초보적 기초 운동 또는 준비도	• 반사운동과 반사운동의 통합 (잡기 · 서기 · 걷기와 같은 조작 · 위상 · 이동 동작) • 특정 운동에 대한 준비도
	반응 유도	• 감각 기관을 통해 지각해석하고 환경에 대처 · 적응하는 기능 • 복잡한 과업의 요소인 구체적 기술행동 수행
	기계화	• 모델링한 행동이 학습자에게 숙달됨 • 연속적인 숙달에 필요한 기초기능(장거리 경주 · 역기 · 레슬링)
	숙련된 운동 기능	• 복잡한 과업에 참여하여 주저 없이 행동함 • 동작에 능률성 · 숙달성 · 통합성이 포함된 기능
	동작적 의사 소통 또는 적용	• 신체적 동작을 통해 감정 · 흥미 · 의사 · 요구를 표현 (창작 운동기능, 표현, 해석 동작 등) • 예기치 않은 상황에 대한 반응이나 학습내용의 응용

출처: 신용주(2004).

(5) 학습 목표의 진술

학습 목표의 명확한 진술은 학습자로 하여금 지식을 확장하고 사고 능력을 키우고 신체 운동 기술을 개발하고 태도, 가치 및 정서적 변화를 경험하도록 하는 데 매우 중요하다(Bloom, 1956). 따라서 학습 목표의 진술은 프로그램 목표에 기초하여 학습이 시작되기 전에 이루어져야 한다.

학습 목표의 진술은 여섯 가지 원칙을 따른다(차갑부, 2002).

① 교수자의 행동이 아닌 학습자의 행동으로 진술되어야 한다.
② 구체적이고 명료한 행동 용어(Behavioral terms)로 진술되어야 한다.
③ 행동 영역과 교과 내용 영역이 함께 포함되어야 한다.
④ 수업 종료 후 학습자에게 발생할 수 있는 변화의 과정에 대한 내용이 포함되어야 한다.
⑤ 실현 가능한 것이어야 한다.
⑥ 하나의 학습 목표 속에는 하나의 개념만 포함되는 단일 문장으로 진술되어야 한다.

타일러(1946b)의 학습 목표의 진술 방식을 소개한다. 테일러는 학습 목표에는 반드시 세 가지가 구체적으로 기술되어야 한다고 설명하였다. 다음은 사용한 기술의 사례이다.

학습자는	중요한 경제지표들을	기억할 수 있다.
(학습자)	(수업자료)	(도달점 행동)

① 수업자료
② 학습자
③ 도달점 행동

메이거(Mager, 1997)의 학습 목표 진술은 세 가지 조건이 충족되어야 한다고 제안하였다. 다음 사례는 목표 진술 요소를 반영하여 외현적 행동을 명시한 행동 용어와 구체적인 준거를 토대로 학습자의 도달점 행동 목표를 제시하여 진술하였다.

① 수업을 통해 달성하려고 하는 도달점 행동(terminal performance)
② 도달점 행동이 발생되어야 할 조건(condition)
③ 도달점 행동이 성공적인지를 판단하기 위한 준거(criterion)

수험생은 영어 듣기시험 시간에 방송으로 들려주는 대화 내용의 의미를 파악한 후	
(조건)	
제시되는 20문항 중 15문항 이상의	옳은 답을 고를 수 있다.
(준거)	(도달점 행동)

이상으로 학습 목표 진술을 구성하는 요소에 관한 학자들의 의견을 정리하면 다음과 같이 네 가지 요소가 공통적으로 포함되어 있음을 확인할 수 있다. 따라서 프로그램의 학습 목표를 설정할 때는 이러한 요소들을 모두 갖추고 있는지를 파악하고 목표를 설정하는 것이 바람직하다.

① 학습자
② 외현적으로 나타나는 행동
③ 그 행동이 발생할 수 있는 조건
④ 평가의 수준

3. 프로그램 교수설계

교과와 교수학습은 밀접한 관계를 가지므로 교과를 최적의 상태로 가르치기 위해서는 적절한 교수방법이 필요하다. 교수설계란 교과교육의 지식을 효율적이고 의미 있게 가르치고자 하는 일련의 의도된 노력과 행위이다.

교수(teaching)란 지식을 전달하고 학습자의 특정한 태도와 행동을 형성하기 위한 의도적·조직적 활동이다. 어떤 특정한 조건하에서 특정한 행동을 습득하거나, 특수한 상황에 대해 반응하거나 학습이 일어날 수 있도록 개인의 환경을 계획적으로 관리하는 전 과정을 교수라 정의(Corey, 1971)하였다. 라이겔루스(Reigeluth, 1983)는 교수를 "수업에 비해 포괄적인 것으로서 구체적으로 설계·개발·적용·관리·평가를 포함하는 것"이라 정의하였다(변영계, 2003).

1) 교수설계 개념

교수설계(Instructional Design)는 교육과 학습의 효율성을 높이기 위해 교육과정을 체계적으로 계획하고 개발하는 과정으로, 학습자의 필요와 목표를 고려하여 교육내용을 구조화하고 전달방법을 설계하는 데 중점을 둔다. 교육활동을 전개하기 이전에 계획된 강의를 하는 것이 그렇지 않은 경우와 비교했을 때 많은 차이가 난다. 따라서 교육활동이 실제로 전개되기 이전에 구체적인 학습 목표나 내용이 결정되어야 하며, 세부적인 교수설계가 계획되어야 한다.

또한 실제로 교수활동으로 실행되기 위해서는 교안이 개발되어야 하며, 교안은 교수계획에 있는 대로 개발되어야 한다. 교수자는 교안을 가지고 교수활동을 하는 것이 마땅하다.

2) 프로그램 설계의 개념

프로그램 개발 과정 중 모든 과정이 중요하다고 할 수 있지만 가장 중요하면서 핵심적인 단계는 프로그램 설계과정이다. 프로그램 기획 단계에서 확인된 교육 요구를 토대로 프로그램 내용을 선정하여 하나의 문서로 조직화시키는 과정을 프로그램 설계라 한다.

문서로 조직화시켜야 할 프로그램의 형태는 교육체계, 교재, 교수요목, 교육활동계획표 등으로 평생교육자는 프로그램 설계단계에서 프로그램의 실체를 구체적으로 어떤 형태로 구성할 것인가를 결정하고 프로그램을 설계해야 한다.

프로그램 설계는 프로그램의 형태에 따라 접근방법이 달라진다. 예를 들어, 프로그램 개발 목적이 교과과정 편성인 경우 교육기관의 이념과 교육목적을 성취하기 위해 교과목이나 주제별 교육내용을 체계적으로 편성하여야 한다. 또한 프로그램의 실체가 교과서 개발인 경우 학습자와 교수자가 교수-학습활동에 필요한 교육내용을 체계적으로 단원화 하여 구성해야 할 것이다.

3) 교수설계 목적

학습자 개개인의 학습을 촉진시키고 최적의 교수-학습환경을 조성함으로써 학습자의 학습 성과를 극대화하는 데 그 목적이 있다.

4) 교수설계 원리

교육목적을 달성하기 위해서는 목적달성에 적합한 훌륭한 교수계획이 필요한 교수설계 원리는 다음과 같다.

- 교수계획은 교육목적에 부합해야 한다.
- 교수계획은 계속성을 유지해야 한다.
- 교수계획은 학습자 성장을 위한 발전요소를 포함해야 한다.
- 교수계획은 학습자의 개인적 · 사회적 필요에 관련된 것을 포함해야 한다.
- 교수계획은 각 교과 간의 관련성을 고려해야 한다.
- 교수계획은 융통성이 있어야 한다.

5) 프로그램 설계의 원리

프로그램의 실질적인 설계는 계획되어진 시간 안에 계획된 프로그램의 실행을 위한 행동들을 계획하고 이러한 행동들에 입각해서 프로그램을 실행한다. 프로그램을 실행하는 데 다음과 같은 사항을 유의해야 한다.

첫째, 계획된 프로그램은 학습대상자들의 요구를 만족시켜 줄 수 있는 주요한 수단이 된다는 것을 항상 숙지하여야 한다.

둘째, 계획된 프로그램은 상대적으로 긴 시간 동안 학습자가 교육을 받은 후 행동 변화에 대한 비전을 제시할 수 있도록 설계되어야 한다.

셋째, 계획된 프로그램은 참가하는 요원들의 배치, 전개, 사용에 대한 정당성을 제공할 수 있어야 한다.

넷째, 청소년들의 요구, 생각들을 수행할 수 있는 전략을 결정할 때 방향성을 제시할 수 있어야 한다.

다섯째, 프로그램 설계는 훌륭한 대안 관계가 형성될 수 있는 활동장소가 될 수 있도록 설계하여야 한다.

여섯째, 프로그램 설계에서 비교적 단시간에 만족할 수 있도록 변화전략들을 체계적으로 개발하는 데 도움을 줄 수 있어야 한다.

마지막으로 설계된 프로그램을 실제 실행할 수 있도록 인력자원들을 확인하고 모집하여 개발할 수 있는 기초를 제공할 수 있어야 한다.

6) 교수설계 모델

교수설계는 '교수의 분석, 설계, 개발, 실행, 평가단계가 포함된 조직적인 절차'이다. 인간의 학습과 수행에 초점을 두는 교수설계의 특성으로 기술과 지식의 발전에 의해 변화된다. 전형적인 교수설계 과정(ADDIE 모형)은 분석, 실행, 개발, 설계, 평가의 다섯 단계로 구성된다. 이 다섯 가지 요소들은 대부분의 교수설계 모형에서 발견되는 핵심적인 활동이며, 기초개념으로 받아들여진다. 본 장에서는 교수계획의 과정을 ADDIE 모델로 살펴본다.

〈표 4-4〉 ADDIE 모형 절차

단계	절차	내용
분석 (Analysis)	요구분석	• 학습자와 교수조건, 가용한 자원에 대한 분석과 프로그램 일정수립
	학습자분석	• 학습자들이 습득한 지식이나 기능의 수준 • 나이, 성별, 사회적 지위, 학습동기 수준 • 학습자 개별적으로 선호하는 학습방법
	환경분석	• 새로운 내용을 습득하는 학습환경의 특성분석 • 습득한 지식, 기능, 태도를 활용하는 직무환경 분석
	직무 및 과제분석	• 요구분석에서 나타난 직무와 과제의 영역을 세부적으로 분석하고 나누는 단계
설계 (Design)	수행목표 설계	• 학습자들이 성취해야 할 목표를 명시적으로 나누고 세부적으로 진술
	평가도구 설계	• 수행목표의 달성 여부를 판단하기 위한 수단으로서 평가도구 개발 • 평가준거는 수행목표
	내용설계	• 목표달성을 위한 학습내용과 학습활동이 제시되고 수행되는 내용설계
	교수전략 설계 및 매체선정	• 수행목표를 가장 효과적으로 성취할 수 있는 교수 전략과 교수매체 선정
개발 (Development)	교수자료 개발	• 구체적인 교육목표 및 내용을 추출하고 달성할 수 있는 최적의 교수-학습방법 및 교수전략, 교수 전달 매체 선정
	형성평가 및 수정	• 분석에서 교수자료개발 단계 후 수정보완을 위한 형성평가 실시
	제작	• 형성평가 후 수업자료, 프로그램 제작
실행 (Implementation)	사용 및 설치	• 교수-학습과정 실시 • 설계되고 개발된 프로그램을 현장에 사용 • 커리큘럼(교육과정)에 적용하고 계속적으로 유지하고 변화 관리
	유지 및 관리	• 프로그램의 지속적인 유지 및 관리
평가 (Evaluation)	총괄 평가	• 교육훈련프로그램 및 교수설계과정의 가치를 평가

7) ADDIE 모형 과정

분석단계 → 설계단계 → 개발단계 → 실행단계 → 평가단계

(1) 분석(Analysis)단계

분석(Analysis)단계는 교수를 통해서 해결할 문제를 찾는 과정이다. 현재 상태와 바라는 상태를 정확하게 설명하고 원하는 상태에 도달하는 데 영향을 주는 상황 맥락적 요소를 점검하는 것이 목적이다. 분석과정의 목적은 수행의 차이에 대한 원인을 규정하는 것이다(Branch, 2009). 분석단계에는 요구분석, 학습자 분석, 환경 분석, 직무 및 과제분석으로 구성된다.

① 요구분석

요구(needs)란 현재의 상태나 수준과 바라고 원하는 소망상태나 수준 간의 차이(discrepancy)를 말한다. 즉, 개인이 느끼고 있는 어떤 결핍을 충족시키기 위하여 필요로 하거나 원하는 상태 또는 상황을 의미한다.

요구분석(needs assessment)이란 인간의 욕구에 관련된 자료를 수집하고 그 수집된 자료를 분석하는 기법을 말하며, 교육과 관련된 요구분석은 학습자가 희망하는 학습내용에 대한 학습욕구를 조사, 분석, 조정하는 전체과정을 의미한다.

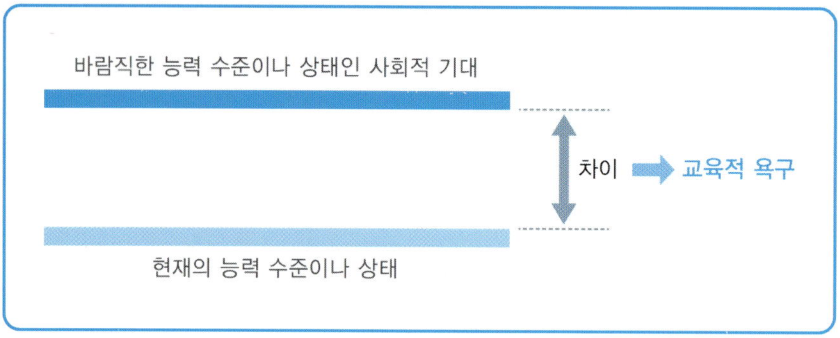

[그림 4-1] 교육적 욕구

교수자는 학습자들의 니즈에 대한 사전 조사와 분석을 통해 학습자들이 알고자 하는 관심사를 강의에 적극 반영하여야 좋은 강의가 될 수 있다. 요구분석에서 결과가 나오면 그 다음 구체적으로 강의의 목표, 내용, 방법 등을 정한다.

② 학습자분석

학습자분석이란 학습에 참여할 학습자들을 분석하여 눈높이를 맞추는 것이다. 따라서 교수자는 강의를 하기 전에 학습자분석을 하여 눈높이에 맞는 수업을 준비하여야 한다. 학습자의 수, 연령분포, 성별, 지식수준 등을 사전에 파악하여 최적의 강의기법을 구현할 수 있도록 철저한 준비가 요구된다.

③ 목적분석

'학습자는 어떤 기대를 하고 학습에 참여하는가?'라는 질문을 기억한다. 즉, 학습자가 학습결과에 만족할 수 있도록 학습자 개인의 니즈에 대한 사전 조사와 분석이 필요하다.

④ 환경분석

강의환경의 분석을 통해 교육자료, 기타보조자료 등이 달라질 수 있으므로 환경분석이 필요하다. 강의 장소를 답사하여 현장 분석을 실시하는 것이 좋다.

(2) 설계(Design)단계

교수설계 과정에서 설계단계는 요구를 확인하고 목적을 설정한 후에 교수 설계자가 내용전문가와 함께 프로그램의 교수 전략과 학습할 내용을 구성하는 단계이며, 설계 단계의 목적은 바라는 수준을 확인하고 적절한 테스트 방법을 결정하는 것이다(Branch, 2009).

설계단계에는 수행목표 설정, 내용설계, 교수전략 및 매체 선정, 평가도구설계로 구성된다(윤옥한, 2017).

① 수행목표(학습 목표) 설정

학습 목표는 세 가지로 구분하여 정의한다(Knowles, 1980).

- **일반목적**(General purposes): 평생교육 활동에 있어 성취해야 할 폭넓은 사회적 목적 및 기관적 목적을 수립하는 것이다.
- **프로그램 목표**(Program objectives): 교육적 결과 및 실행적 결과가 기술된 일정한 기간으로 전체 프로그램이 설정된 것을 의미한다.
- **학습 목표**(Learning objectives): 집단에 속하는 학습자들이 특별한 학습을 통해 추구하고자 하는 행동의 변화를 의미한다. 학습 목표가 수립되지 않으면 강의에 중심점이 없어 교수자·학습자 모두 혼란을 가져올 수 있다.

② 내용설계

학습 목표를 달성하기 위하여 교수자는 필요한 교수내용과 기타 자료를 수집하고 분석하여야 한다. 교수자는 기존의 교재 및 참고도서를 참조할 수 있으며,

각종 학술지, 전문서적들을 읽고 분석 · 정리하여야 한다. 내용과 관련된 자료가 수집되면 그 내용의 정확성과 최신성을 검토하면서 학습자의 요구와 학습 목표에 맞는 최종 내용을 설계한다.

③ 교수전략 및 학습매체 선정

교수방법의 종류는 다양하며 교수자에 따라 강의의 방법이 다를 수 있지만 최적의 교수방법은 있다. 최적의 교수방법에 영향을 미치는 것으로는 내용, 교수자, 학습자, 목적, 환경과 기관의 성격, 분위기가 있다.

내용을 주로 지식을 전달하는 것이라면 강의식 교육이 효과적이고 기능 전달이 목적이면 시범 실습식이 적합하다. 또한 태도의 변화를 요하는 내용이라면 토의식이 적합할 것이다.

교수방법이 정해지면 교수방법을 실행하는 데 필요한 각종 교수자료 및 매체들을 수집, 개발하여 강의 보조자료로 활용한다. 교수 현장에서 사용될 자료들은 학습 목표와 내용에 맞게 논리적이고 명확하며 구체적으로 개발되어야 한다. 다양한 매체를 사용하여 강의의 효과를 높이기 때문이다.

④ 평가도구 설계

평가도구 계획은 설계 단계에서 수립되어야 하나 실제로 평가는 강의 후에 이루어진다. 준비단계인 설계에서 어느 단계까지 어떤 방법으로 평가할 것인가를 설계하여야 한다. 평가는 커크패트릭(Kirkpatrik)의 4단계 평가방법을 설명하고자 한다.

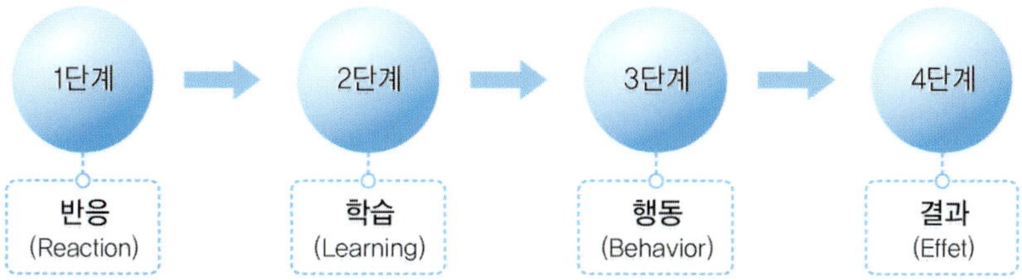

1단계: 반응평가로 학습자의 교육에 대한 만족도를 조사
2단계: 학습평가로 목표하였던 지식, 기능, 태도가 얼마나 습득되었는지를 평가
3단계: 행동평가로 학습하였던 내용대로 행동의 변화가 되었는지를 평가
4단계: 기여도평가로 학습 후 조직이나 기관에 얼마나 기여하는가에 대한 평가

(3) 개발(Development)단계

개발단계는 교수목표, 설계의 세부내용, 기존 교수자료의 유무, 교수전달체제 등의 다양한 조건에 따라 유효한 학습 자원을 선택하고 생산하며 계획한 교수과정을 실천하는 데 필요한 도구를 고안하는 활동이다. 개발단계를 통해서 교수자료, 교재·교안제작, 평가도구 등의 결과물을 생산해야 한다(윤옥한, 2017).

① 교안 제작

효과적인 교수활동을 위한 교안을 개발하여야 한다. 표준화된 교안을 통해 학습자에게 일관된 정보를 전달하기 위함이다. 튼튼하고 안전한 집을 짓기 위해서 훌륭한 설계도가 필요한 것처럼 좋은 수업을 위해서 교안(교수자용 매뉴얼)이 필요한 것이다. 교안의 구성요소와 교안작성방법을 이해해 보기로 한다. 교안의 구성요소는 교과목명, 과정 교육체계, 교과주제의 흐름도, 과목 교육 운영일정, 교과의 목적, 개요, 소요시간, 각 단원별 교안이 포함된다.

② 교안작성법

교안은 교수자-학습자 간 학습활동의 기반이 되는 학습지도안으로 학습내용을 빠짐없이 교수할 수 있으며 교수활동의 일관성을 유지할 수 있어야 하므로 구체성, 명확성, 실용성, 평이성을 토대로 작성해야 한다.

- **구체성**: 교안은 구체적으로 작성하여야 충실하고 여유 있는 강의를 할 수 있다.
- **명확성**: 명확하게 볼 수 있도록 깨끗하게 바르게 기록 · 작성한다.
- **실용성**: 교안은 실질적으로 사용될 수 있도록 학습내용의 배열과 교수활동 실시 순서대로 작성한다.
- **평이성**: 교안은 쉽게 작성하여 학습 진행 중 당황스런 상황이 발생하지 않도록 한다.

③ 교안작성 예시

▣ 마을평생교육 디지털(SNS)안내사 양성

<table>
<tr><th>프로그램 명</th><th colspan="4">평생교육 디지털(SNS)안내사 양성</th></tr>
<tr><th>프로그램 내용</th><td colspan="4">• 디지털기기활용 연계망 기술교육
• 키오스크를 활용한 예매의 생활화 교육
• 길 찾기 앱 활용을 위한 스마트폰 앱 교육
• 맞춤형 이력서 및 자소서 작성 교육 프로그램</td></tr>
<tr><th>대상 및 인원(수)</th><th>일시</th><th>장소</th><th>총시간(주 회)</th><th>소요예산</th></tr>
<tr><td>15명</td><td>2024. ~ 2024.</td><td>실습실 3</td><td>20(주 5회)
(일 2시간)</td><td>천원</td></tr>
<tr><th>프로그램 차시
(날 짜)</th><th colspan="3">세부 교육내용</th><th>운영방법</th></tr>
<tr><td>1~2차시
(4월15일 월요일)
19:00~21:00</td><td colspan="3">노인에 대한 이해, 디지털생활문해와 미래전망</td><td>강의</td></tr>
<tr><td>3~4차시
(4월16일 화요일)
19:00~21:00</td><td colspan="3">키오스크의 사전적 의미와 스마트기기 상세설명
이력서작성과 자기소개서작성, 교안작성</td><td>강의, 실습</td></tr>
<tr><td>5~6차시
(4월17일 수요일)
19:00~21:00</td><td colspan="3">민원발급 업무실제
(공문서 및 부동산등기 증명서 발급 실습)</td><td>강의, 실습</td></tr>
<tr><td>7~8차시
(4월18일 목요일)
19:00~21:00</td><td colspan="3">예매업무의 생활화
(예매티켓 발권, 영화예매 확인, 취소 등)</td><td>강의, 실습</td></tr>
<tr><td>9~10차시
(4월19일 금요일)
19:00~21:00</td><td colspan="3">카페 키오스크 주문
패스트푸드 이용</td><td>강의, 실습</td></tr>
<tr><td>11~12차시
(4월22일 월요일)
19:00~21:00</td><td colspan="3">모빌리티 활용
(지하철, 카카오, 대중교통 이용 등)</td><td>강의, 실습</td></tr>
<tr><td>13~14차시
(4월23일 화요일)
19:00~21:00</td><td colspan="3">고속버스 예매
(키오스크 예매, 현장 발권, 승차권 확인 및 취소)
코레일 예매
(키오스크 발권, 스마트폰 예매 및 취소)</td><td>강의, 실습</td></tr>
<tr><td>15~16차시
(4월24일 수요일)
19:00~21:00</td><td colspan="3">트위터 기본과 활용/ 페이스북 기본과 활용</td><td>강의, 실습</td></tr>
<tr><td>17~18차시
(4월25일 목요일)
19:00~21:00</td><td colspan="3">인스타그램 이용하기/ 밴드 활용하기</td><td>강의, 실습</td></tr>
<tr><td>19~20차시
(4월26일 금요일)
19:00~21:00</td><td colspan="3">개인 교안을 토대로 발표 후 따른 평가(각 5분)</td><td>개별평가</td></tr>
</table>

▣ 웰다잉: 성공적 노화, 아름다운 마무리(주차별 수업계획서)

회차(날짜)	제목	주요 내용		강사	시간
1(2/14)	죽음의 이해	죽음이란 무엇인가	2H	000	10:00~12:00
2(2/21)		죽음교육의 필요성	2H	000	10:00~12:00
3(2/28)		용납 가능한 죽음	2H	000	10:00~12:00
4(3/7)	죽음이 밝히는 삶	웰다잉 의미	2H	000	10:00~12:00
5(3/14)		웰다잉과 죽음현실	2H	000	10:00~12:00
6(3/21)		웰다잉의 실천	2H	000	10:00~12:00
7(3/28)	노후의 삶과 죽음	노년기의 이해	2H	000	10:00~12:00
8(4/4)		노후 준비	2H	000	10:00~12:00
9(4/11)	존엄한 마무리	좋은 죽음의 요건	2H	000	10:00~12:00
10(4/18)		내게 남은 시간, 드림리스트 I	2H	000	10:00~12:00
11(4/25)		내게 남은 시간, 드림리스트 II	2H	000	10:00~12:00
12(5/2)		연명의료결정제도, 호스피스	2H	000	10:00~12:00
13(5/9)		장례 문화 죽음산업	2H	000	10:00~12:00
14(5/16)	아름다운 마무리	삶의 정리, 유언상속	2H	000	10:00~12:00
15(5/23)		엔딩노트	2H	000	10:00~12:00
16(5/30)		사진으로 쓰는 자서전 I	2H	000	10:00~12:00
17(6/13)		사진으로 쓰는 자서전 II	2H	000	10:00~12:00
18(6/20)	과정정리	평가 및 과정요약	2H	000	10:00~12:00

▣ 디지털 동행 수업계획서

<table>
<tr><td>프로그램명</td><td>능력이 뿜뿜~행복이 솔솔~</td><td>강사명</td><td>OOO</td></tr>
<tr><td>교육 기간</td><td colspan="3">2024. 8. 19. ~ 2024. 12. 20.</td></tr>
<tr><td>요일 및 시간</td><td colspan="3">매주 화요일 10:00-12:00</td></tr>
<tr><td colspan="4">강 의 소 개</td></tr>
<tr><td>강의목표</td><td colspan="3">• 디지털 대전환 및 기술혁신에 따른 지식의 폭발적 증가로 평생학습을 통한 디지털 교육을 통해 생활의 적용 및 만족도 및 삶의 질 향상</td></tr>
<tr><td>수강요건</td><td colspan="3">• 대구 00 지역 내 거주하시는 만 60세 이상 어르신들 중 00 행복센터 회원으로 수강신청 및 등록된 자</td></tr>
<tr><td>수업방법</td><td colspan="3">• 이론(PPT) 수업
• 실습 수업(참여학습)</td></tr>
<tr><td>수업인원</td><td colspan="3">• 30명</td></tr>
<tr><td>교 재 명</td><td colspan="3">□ 있음 (   )   ■ 없음</td></tr>
<tr><td>소요기자재</td><td colspan="3">빔프로젝트, USB(학습자 개인소지)</td></tr>
<tr><td>준비물</td><td colspan="3">강의수료 후 수료증 발급(80% 출석 충족 시 수료증 발급)</td></tr>
</table>

(4) 실행(Implementation)단계

실행단계는 학습환경을 준비하고 학습자를 참여시키는 과정으로서 실제의 학습환경에 진입하는 것이다. 실행단계가 시작되었다는 것은 교수와 학습 과정을 실행에 옮기는 과정 개시를 의미한다. 교수자는 실행단계에서 습득된 다양한 교육방법, 교수기법 등을 사용하여 효과적으로 시행하여야 한다.

(5) 평가(Evaluation)단계

평가는 ADDIE 모형의 마지막 단계로서 실행단계의 교수 결과물과 교수 과정의 품질을 사정하고 평가기준 및 평가도구의 선정과 평가 실행의 과정을 모두 포함하는 활동이다. 또한 문제에 대한 해결책이 적합했는지 결정하며, 실질적으로는 교수설계 과정의 모든 단계에서 이루어진다.

① 평가의 목적

교육평가는 교육목표의 달성, 학습성과 확인, 교육효과의 확인을 목적으로 한다. 또한 교수-학습을 개선하고 학습자에게 학습증진에 도움이 되는 정보를 피드백하여 학습효과의 극대화를 지향하고자 한다.

② 평가의 종류

교육의 목적과 방법이 다양한 것처럼 평가의 대상이나 종류가 다양하다. 이 장에서는 평가의 시기에 따른 구분을 학습하기로 하고 자세한 내용은 제7장에서 다루기로 한다.

- **진단평가:** 프로그램이 실시되기 전 학습자의 특성과 학습상태를 평가하여 학습자들에게 적합한 학습 편성과 학습실패의 원인을 발견하여 대책을 마

련하는 데 목적이 있다.

- **형성평가:** 프로그램 실시 도중에 이루어지는 것으로 학습과정을 수시로 평가하여 학습속도의 조절과 교정학습의 기회를 제공하는 데 그 목적이 있다. 설문조사, 이해력 검사, 퀴즈, 온라인 평가 등을 활용한다.
- **총괄평가:** 프로그램 종결 시 최종적으로 이루어지는 것으로 프로그램의 효과를 종합적으로 평가하여 프로그램을 계속 또는 종료할 것인지를 판단하는 것이다. 시험, 보고서, 프레젠테이션 등의 방법을 활용한다.

Chapter 05

프로그램 마케팅과 홍보

05
Chapter

프로그램 마케팅과 홍보

1. 프로그램 마케팅 개념

1) 프로그램 마케팅의 이해

마케팅이란 기업이나 조직에서 고객의 요구를 연구하고, 고객이 원하는 제품(상품, 아이디어, 서비스)를 개발하며, 그것에 효과적인 가격을 책정하고, 고객이 쉽게 구매하도록 유통시키면서 고객과 지속적인 관계를 유지하는 일련의 활동이다.

프로그램 마케팅(program marketing)이란 평생교육 프로그램을 잠재적 고객들에게 가장 효과적으로 어떻게 제공할 수 있느냐 하는 방법에 대해 연구·분석하고 판단하는 포괄적인 개념을 의미한다(Konx, 1989).

한편, 마케팅과 구별되는 용어로 광고와 홍보가 있는데, 마케팅 전략 중의 하나로 이해된다. 광고(advertising)란 경제적 비용을 지출하여 프로그램을 진흥시키는 방법으로 신문에 게재된 광고, 우편물, 책자 등이 있다. 홍보(publicity)란 프로그램을 진흥시키기 위해 별도의 소요비용 없이 잠재적 고객에게 전달되는 것으로 신문, 방송에서 기사화된 것이나 인터뷰 등이 해당한다.

〈표 5-1〉 마케팅과 광고, 홍보의 비교

광고	홍보	마케팅
• 경제적 비용지출 • 신문, 우편물, 책자 • 마케팅 목적을 달성하기 위해 사용하는 촉진 기술	• 대중들에게 널리 알리는 행위 • 경제적 비용지출 없음 • 기사, 인터뷰 • 마케팅 목적을 달성하기 위해 사용하는 촉진기술	• 잠재고객에게 효과적으로 전달하기 위해 분석하고 판단하는 포괄적인 개념 • 고객의 필요, 행동, 가치 등 강조 • 광고, 홍보를 포함

2) 마케팅 개념의 역사

시대의 경제와 사회구조적 변화에 따라 마케팅의 개념도 변화되어 왔다. 산업화 초기 시장 상황이 수요를 초과하는 상태에서는 기관중심 개념이 주를 이루었고, 공급과잉 상태로 변화됨에 따라 고객중심 개념으로 변화되었다.

시장중심적이고 고객중심적인 마케팅 개념은 최근 환경오염, 자원고갈 등 여러 사회적 문제가 대두되면서 사회중심 마케팅 개념으로 변화되었다.

[그림 5-1] 마케팅 개념의 변천과정

단계별 마케팅 개념은 세 단계를 거치면서 변천하였다.

첫째, 생산지향적 개념 단계로 고객이 제품을 폭넓게 이용할 수 있고 낮은 원가의 제품을 선호한다는 가정에서 출발한다. 생산지향적 경영자들은 생산의 효율성을 높이고 대량생산과 대량유통을 통해 낮은 원가를 실현하는 것이 목표이다. 수요가 공급을 초과하고 타 프로그램들 간의 차별화가 이루어지지 않은 상황에서 평생교육기관은 교육프로그램의 제공에만 관심을 두게 된다. 교육프로그램 제공을 통해 학습자 유치에만 관심을 집중한다면 시장상황이 공급과잉으로 변하고 학습자들의 욕구가 다양해지면 위기를 맞게 된다.

둘째, 제품지향적 개념단계로 소비자들이 최고의 품질이나 성능을 제공하는 제품을 선호한다는 가정에서 출발한다. 제품지향적 경영자들은 우수한 품질의 제품을 생산하고 제품을 질을 개선하는 데 모든 노력을 기울인다. 교육프로그램 생산을 통한 학습자 유치에만 관심을 갖던 기관들은 경쟁 교육프로그램의 공급이 과잉되면 교육프로그램의 품질 향상과 가격 경쟁력을 높이기 위하여 노력하게 된다. 이 단계에서는 학습자들의 근본적인 욕구에 분석을 소홀하기 쉽다.

셋째, 판매지향적 단계로 소비자들을 그대로 두면 일반적으로 기업의 제품을 구입하지 않을 것이라는 가정에서 출발한다. 평생교육 시장이 팽창하고 공급이 수요를 초과하면, 학습자 유치와 등록을 증대하기 위한 홍보와 판촉에 노력을 집중하게 된다. 이 개념은 단기적인 효과는 기대할 수 있으나 장기적인 관점에서 성과를 보장하기는 어려울 수 있다.

고객중심 마케팅 개념은 마케팅 활동의 중심에 고객을 두고 고객의 욕구를 파악하여 경쟁기관보다 더 효과적으로 충족시키기 위해 노력해야 한다는 가정에서 출발한다. 제품을 구입하는 고객의 결정에 판매가 결정된다는 것이다. 평생교육기관은 고객(학습자)이 진정으로 원하는 교육 욕구를 파악하기 위한 마케팅 조사에 노력하게 되고, 학습자 만족을 통한 평생교육기관의 발전을 목표로 집중하게 된다. 고객으로서 학습자의 상호가치와 지속적인 관계 유지가 중요시 된다.

사회중심 마케팅 개념은 마케팅이 개별 고객의 욕구 충족만이 아니라 사회 전체의 이익과 복지를 동시에 고려해야 한다는 점에서 출발한다. 즉, 기업의 이익, 고객의 욕구 충족, 사회 이익과 복지의 균형을 요구한다. 평생교육기관은 교육프로그램을 개발하고 운영함에 있어 학습자들의 교육 욕구 충족과 사회 전체에 어떠한 영향을 미치고, 평생교육기관이 속한 지역사회 기여와 봉사를 어떻게 할 것인지에 관심을 가지고 집중해야 할 것이다.

3) 마케팅 개념의 구성요소

마케팅 개념의 구성요소를 프라이드(Pride)와 페로(Perreault, 2003)는 고객, 교환, 시장, 환경 등으로 분류하였으며 내용은 다음과 같다.

(1) 시장(Market)

마케팅은 특정 고객 집단 또는 시장을 대상으로 이루어지며, 시장은 고객의 필요(needs), 욕구(wants), 수요(demands)에 따라 정의된다. 전통적 정의의 시장은 상품과 서비스를 사고파는 물리적 공간을 일컬으며, 현대적 정의의 시장은 특정 제품 또는 서비스에 대한 수요와 공급의 집합을 말한다. 즉, 시장은 소비자(구매자)와 공급자(판매자) 간의 교환 관계가 형성되는 모든 환경이다.

시장의 기능은 수요와 공급조정으로 자원을 효율적으로 배분하며, 시장의 경쟁과 수요에 따라 제품이나 서비스의 가격을 결정하는 역할을 한다. 또한 구매자와 판매자가 제품, 서비스, 가격, 품질 등에 관한 정보를 교환하며, 경쟁을 통해 품질이 개선되고 비용이 절감되는 효율성 향상에 기여한다.

(2) 고객(Customer)

고객은 모든 마케팅 활동에서 가장 핵심적인 요소로 고객의 니즈와 욕구를 이해하고 이를 충족시키는 것이 마케팅의 핵심이다. 고객은 제품이나 서비스를 구매하거나 사용할 의사를 가진 개인, 집단, 또는 기업으로 마케팅 관점에서의 고객은 제품과 서비스를 통해 특정 욕구를 충족하려는 대상을 일컫는다.

고객은 수요 창출자, 가치 교환자, 정보 제공자의 역할을 한다. 고객은 기업이 제공하는 상품이나 서비스에 대한 수요를 발생시키는 주체이며, 고객은 제품이나 서비스와 대가(금전적 또는 비금전적)를 교환하는 과정에서 가치를 제공한다. 또한 고객의 행동과 피드백은 제품 개선과 마케팅 전략 개발에 중요한 정보를 제공하는 역할을 한다.

(3) 교환(Exchange)

마케팅의 핵심 개념 중 하나로, 교환은 두 당사자가 서로 가치를 제공하고 받는 과정이다. 이 과정은 상품, 서비스, 아이디어, 정보, 또는 기타 자원을 중심으로 이루어진다. 즉, 마케팅은 가치를 교환하는 과정이다. 필립 코틀러(Philip Kotler)는 “교환이란 한 사람이 다른 사람에게 무엇인가를 제공하고 그 대가로 무언가를 얻는 행위이다.”라고 하였다.

마케팅에서의 교환은 중요한 의미를 갖는다. 교환은 고객이 원하는 가치를 제공받고, 기업은 이익을 얻는 상호 이익의 과정으로 가치를 창출한다. 반복적인 교환은 고객과의 신뢰관계를 형성하고 강화한다. 또한 교환활동이 지속적으로 이루어지면서 시장과 경제가 형성되는 중요한 역할을 한다.

교환조건의 충족

- 교환과정에는 최소한 두 명 이상의 당사자가 참여해야 한다.
- 각 당사자는 상대방이 필요로 하는 상품, 서비스, 자원, 가치를 제공할 수 있어야 한다.
- 당사자들은 강압 없이 자유롭게 교환에 참여하고 거래 조건에 합의가 필요하다.
- 교환을 통해 얻는 것이 더 큰 가치를 제공한다고 느껴야 한다.

(4) 환경적인 요인

마케팅에서 환경적인 요인(Environmental Factors)은 기업과 고객 간의 상호작용 및 마케팅 전략에 영향을 미치는 외부적인 요소(거시적 환경, 미시적 환경)들을 의미한다. 이러한 요인들은 기업이 통제할 수 없는 경우가 많지만, 이를 이해하고 분석하는 것이 성공적인 마케팅 전략을 수립하는 데 필수적이다.

① 거시적 환경(Macro-environment)

거시적 환경은 직접 통제할 수 없는, 더 넓은 사회적, 경제적, 기술적 맥락을 포함하며 경제적 요인(Economic Factors)으로 경제 성장률, 실업률, 소득 수준, 물가 상승률 등이 있으며, 고객의 구매력과 소비 패턴에 영향을 미친다. 사회적/문화적 요인(Social and Cultural Factors)에는 인구통계, 라이프스타일, 가치관, 사회적 트렌드, 고객의 태도, 구매 행동, 선호도가 해당된다. 기술적 요인(Technological Factors)으로 기술 혁신, 디지털화, 자동화 등이 있으며, 정치적/법적 요인(Political and Legal Factors)에는 정부 정책, 규제, 법률 및 무역 제한,

자연적/환경적 요인(Natural and Environmental Factors)에는 기후 변화, 자원 고갈, 환경 규제 등이 있다.

② 미시적 환경(Micro-environment)

미시적 환경에는 제품이나 서비스를 구매하는 개인 또는 조직인 고객(Customers)과 동일한 시장에서 고객의 관심과 구매를 놓고 경쟁하는 다른 기관인 경쟁사(Competitors)가 해당된다.

공급업체(Suppliers)는 제품 생산에 필요한 원자재나 서비스를 제공하는 파트너로서 효율성과 안정성은 마케팅 활동에 중요한 영향을 미친다. 또한 대중 및 이해관계자(Publics and Stakeholders)로 지역사회, 미디어, 투자자, 비정부기구(NGO) 등이 있다.

4) 마케팅의 원리

필립 코틀러는 현대 마케팅 이론의 아버지로 불리며, 그의 마케팅 원리는 기업이 시장에서 고객의 요구를 충족시키고, 경쟁력을 유지하기 위한 필수적인 전략과 접근 방식이다. 코틀러의 마케팅 원리는 고객 중심의 사고, 가치창출, 시장 지향적인 접근을 중심으로 구성되어 있다.

(1) 고객중심(Customer Orientation)

마케팅은 고객의 요구를 충족시키는 데 중점을 둬야 한다는 원리로 코틀러는 마케팅의 핵심을 "고객이 원하는 것을 제공하는 것"이라고 강조한다. 또한 고객을 이해하고, 그들이 원하는 제품이나 서비스를 제공해야 하며, 고객의 만족과 충성도를 확보하기 위해 지속적으로 노력이 필요하다.

(2) 가치제공(Value Proposition)

마케팅의 핵심은 고객에게 뛰어난 가치를 제공하는 원리이다. 제품이나 서비스가 고객에게 제공하는 가치가 경쟁 상품보다 뛰어나야 성공적인 마케팅이 가능하며, 마케팅활동에서 고객이 느낄 수 있는 가치를 강조하고, 이를 지속적으로 개선하려는 노력이 강조된다.

(3) 시장지향(Market Orientation)

마케팅은 고객의 요구와 시장의 변화에 민감하게 반응해야 한다는 원리로, 시장지향적인 기업은 고객의 니즈를 파악하고, 경쟁 상황과 환경 변화에 적절하게 대응할 수 있다. 지속적인 시장 조사와 데이터 분석을 통해 변화하는 고객의 요구를 예측하고, 이를 바탕으로 적절한 마케팅 전략을 수립해야 한다.

5) 기관마케팅의 필요성

평생교육기관의 마케팅 필요성은 점점 더 강조되고 있다. 현대사회는 변화가 빠르고, 지속적인 학습과 성장이 중요한 시대가 되었기 때문에, 기관은 더 많은 사람들에게 그 가치를 전달하고, 효과적인 교육프로그램을 제공하는 데 있어서 마케팅 전략이 필수적이다. 특히, 평생교육은 개인의 경력 개발, 삶의 질 향상, 사회적 참여 등에 중요한 영향을 미치므로, 마케팅을 통해 기관의 존재와 프로그램을 널리 알리고, 학습자를 유치·등록하는 것이 중요하다.

2. 마케팅 절차 및 전략

1) 마케팅 절차

마케팅 절차는 기업이 시장에서 성공적인 마케팅 전략을 수립하고 실행하기 위한 단계적 접근 방식이다. 단기적인 판매 촉진을 넘어서 장기적인 브랜드 가치 창출과 고객 충성도를 구축하기 위한 중요한 과정이다. 따라서 철저한 계획, 실행, 평가 단계를 포함하여 목표를 달성할 수 있도록 한다. 이를 통해 기업은 시장에서 경쟁력을 유지하고, 지속 가능한 성장을 이룰 수 있다. 마케팅 절차는 다음과 같은 단계로 구성된다.

(1) 시장 분석(Market Analysis)

마케팅 활동을 시작하기 전에 시장 환경의 철저한 분석을 통해 마케팅 전략을 수립하는 데 필요한 중요한 정보를 얻을 수 있다. 시장조사는 소비자 행동, 경쟁 상황, 시장 트렌드 등을 파악한다.

① SWOT 분석: 기업의 강점(Strengths), 약점(Weaknesses), 기회(Opportunities), 위협(Threats)을 분석한다.

② PEST 분석: 정치(Political), 경제(Economic), 사회(Social), 기술(Technological) 환경을 분석하여 시장에 미치는 영향을 파악한다.

③ 고객 분석: 고객의 요구와 욕구를 파악하고, 세분화 작업을 통해 타깃 시장을 설정한다.

(2) 목표 설정(Setting Objectives)

마케팅 활동의 목표를 명확히 설정하여 전략의 방향성을 제시한다.

■ SMART 목표 설정

목표는 구체적(Specific), 측정 가능(Measurable), 달성 가능(Achievable), 관련성 있는(Relevant), 시간 제약이 있는(Time-bound) 형태여야 한다. 예를 들어, "6개월 이내에 학습자 유치를 20% 증가"와 같은 목표를 설정하는 것이다.

(3) 시장 세분화, 타깃팅, 포지셔닝(STP-Segmentation, Targeting, Positioning)

시장 세분화는 소비자들의 특성에 따라 시장을 나누는 것으로 연령, 성별, 지역, 행동 패턴 등으로 세분화하는 것이다. 시장을 세분화하고, 그에 맞는 마케팅 전략을 구체화하여, 타 기관과의 차별화된 위치를 확보한다.

- 타깃팅: 세분화된 시장에서 자원과 목표에 맞는 타깃 시장을 선택
- 포지셔닝: 타깃 시장에서 경쟁 기관과 비교하여 어떤 차별화된 가치를 제공하는지를 정의하고 이를 통해 학습자가 어떻게 인식할지 결정

(4) 마케팅 믹스 개발(Developing the Marketing Mix - 4P)

마케팅 믹스는 4P(제품, 가격, 유통, 촉진)를 통해 고객에게 가치를 전달하고, 목표를 달성할 수 있도록 전략을 수립하는 것이다.

- 제품(Product): 타깃 시장의 요구에 맞는 제품을 설계하고 개발하고 제품

의 품질, 디자인, 기능 등을 고려해야 한다.

- 가격(Price): 고객이 지불할 수 있는 가격을 설정하는 것으로 가격 책정은 경쟁 제품, 시장 수요, 기업의 비용 구조 등을 고려함이 요구된다.
- 유통(Place): 제품을 타깃 고객에게 효율적으로 전달할 수 있는 유통 채널을 설정하는 것으로 온라인, 오프라인, 직접 판매, 대리점 등을 고려한다.
- 촉진(Promotion): 제품이나 서비스에 대한 인식을 높이고 구매를 유도하는 활동을 계획하며, 세일, PR, 이벤트 등을 활용한다.

(5) 마케팅 실행(Implementation)

수립된 마케팅 전략을 실제로 실행에 옮기는 단계로 마케팅 계획에 따라 각 부서가 협력하여 실행한다. 제품 개발, 가격 책정, 유통 채널 구축, 광고 캠페인 등을 실행하며 마케팅 활동이 계획대로 진행될 수 있도록 관리하고, 필요한 자원을 지원한다.

(6) 성과 평가 및 조정(Evaluation and Control)

마케팅 전략의 성과를 분석하고, 필요한 경우 전략을 수정하여 목표를 달성할 수 있도록 해야 한다.

- **성과 측정:** 판매 증가율, 고객 만족도, 브랜드 인지도 등의 지표를 통해 마케팅 활동의 효과를 평가
- **피드백 수집:** 고객의 피드백이나 내부 성과 데이터를 수집하여 마케팅 전략의 문제점을 파악
- **조정 및 개선:** 평가 결과에 따라 마케팅 전략을 조정하고, 필요한 개선사항 조치

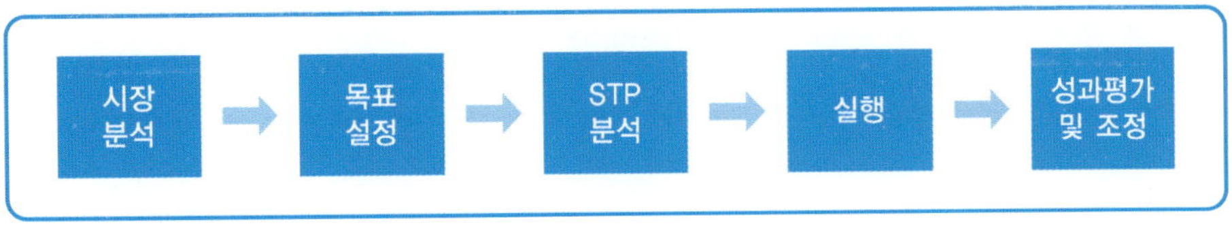

[그림 5-2] 마케팅 절차

2) 마케팅 전략

기업이 시장에서 목표를 달성하기 위해 선택하고 실행하는 계획과 방법인 마케팅 전략은 기업이 제공하는 제품이나 서비스가 시장에서 경쟁 우위를 확보하고, 고객의 요구와 기대에 맞는 가치를 제공할 수 있도록 한다. 마케팅 전략은 보통 시장 조사, 목표 설정, 타깃 시장 선정, 마케팅 믹스(4P)설계 등을 포함한다. 효과적인 마케팅 전략을 수립하기 위해서는 시장과 고객의 변화에 민감하게 반응하고, 끊임없는 전략의 평가·조정이 요구된다.

핵심적 마케팅 전략은 시장세분화, 표적시장 선택, 경쟁적 포지셔닝 등 세 가지 요소로 구성되며, STP전략이라고 한다(한국능률협회, 1994). 마케팅 절차에서 언급된 시장세분화 각 전략에 대한 내용을 살펴보기로 한다.

(1) 시장세분화

시장세분화는 특정한 교육프로그램에 대하여 비슷한 성향을 가진 학습자들을 다른 성향을 가진 학습자들과 구분하여 하나의 집단으로 묶는 것이다. 시장세분화는 분(Boone)이 제안한 학습집단 매핑(Mapping of Publics)과 유사하다(이희정 외, 2003). 학습집단 매핑은 평생교육기관이 향후 개발할 교육프로그램에 참여가 예상되는 잠재적 학습집단의 윤곽을 정하는 것이다. 평생교육기관은 앞으로 개발될 프로그램에 참여자가 예상되는 대상의 파악과 이들의 거주지, 그곳에 거주하는 사람들을 대략적으로 알고 있어야 한다.

학습집단 매핑과 세분화의 준거를 활용하여 시장을 세분화할 때는 여러 가지 준거를 조합하여 적절하게 활용하는 것이 효율성을 높일 수 있다.

〈표 5-2〉 교육시장 세분화

학습자 세분화	주요 특성	전달 체계
고학력 학습자	• 교육이 주요 수단이자 목적이라는 것을 알고 있음 • 학습의 지속성 • 학습의 성공 가능성 높음 • 결과에 대한 요구 높음	• 주로 학교 등의 교육기관 활용 • 원격교육 등을 통한 학습지원 선호
실용적 학습자	• 고용상의 지위 향상 및 유지 목적을 위한 교육의 가치 창조 • 목적 지향적인 학습	• 자격증 교육 • 원격학습 • 직장에서의 학습 • 고등교육기관을 통한 학습
초보적인 학습자	• 즉각적인 보상 및 요구 충족 • 고용 지향적인 학습 (기술, 정보) • 인정이나 칭찬 중시	• 고용주에 의한 학습 • 고용 단계의 직업교육 • 교수활동 지원 • 원격 온라인 학습
여러 지향적 학습자	• 자기 자신을 위한 학습 중시 • 자격증 취득은 2차적이며, 인정이나 정서적 지원 등이 중요	• 문화센터, 주민자치센터 등 • 학습동아리 • 웹상에서의 학습
실직 상태의 학습자	• 학습은 새로운 도약을 위한 도구 • 내재적인 목적은 중시하지 않음	• 학습에서의 유연성 • 실제 지향적 • 취업 지향적인 학습 중시
무(無)목표 학습자	• 계속적인 학습이나 교육 기회를 통한 발전에 대한 동기 결핍 • 자신의 능력에 대한 확신감 결여 • 인식된 학습 요구가 없는 상태	• 지역사회 중심의 교육기관 • 교육 접근성 중시
기초학습능력 결여 학습자	• 교육이나 학습에 대한 두려움 • 기초생활능력에 대한 동기	• 지역사회의 여러 교육기관 • 지역의 대학이나 정규 교육기관

출처: 권두승 외(2007).

(2) 표적시장 선정

교육시장을 분할하면 시장이 세분화되고 특정 기관이나 프로그램에 적절한 표적집단과 시장을 선정하게 된다. 표적시장 선정은 세분시장을 평가하여 가장 유리한 세분시장을 선정하는 과정이다. 교육시장의 모든 학습자를 대상으로 마케팅 활동을 펼치는 것보다 표적집단과 시장을 설정하는 것이 적은 비용으로 최대의 효과를 기대할 수 있다.

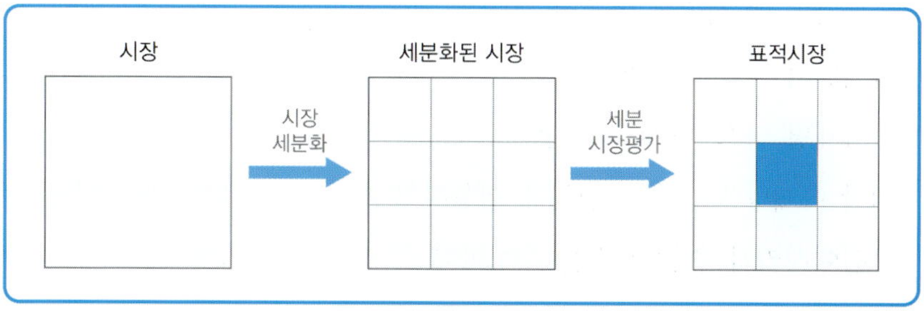

[그림 5-3] 시장세분화 및 표적시장 선정

출처: 윤훈현 외(2007).

(3) 기관 및 프로그램 포지셔닝(Positioning)

포지셔닝이란 표적집단의 마음속에 의미 있고, 경쟁기관과 차별화된 이미지를 구축하는 행동이다. 표적집단을 만족시켜 주기 위해서는 다른 경쟁기관과 차별화된 교육기관의 이미지와 프로그램의 특성을 인식시키는 활동이 필요하다.

포지셔닝은 교육시장에 학습자가 다양한 교육기관과 프로그램을 비교하여 느끼는 상대적 위치를 의미하므로 평생교육기관은 기존의 세분시장에서 공급되고 있는 모든 프로그램과 서비스의 포지셔닝을 파악하는 것이 필요하다. 경쟁기관의 프로그램보다 학습자의 욕구를 더 만족시킬 수 있는 프로그램의 능력을 근거로 위치를 선택해야 한다. 아울러 표적집단의 마음속에 프로그램의 위치를 확보할 수 있는 마케팅 전략을 수립하는 것이 요구된다.

3) 마케팅 믹스

평생교육기관과 프로그램의 포지셔닝을 결정하고 나면, 표적시장에서 마케팅 활동을 펼치는 데 적합한 마케팅 전략을 수립해야 한다. 마케팅 전략을 일반적으로 마케팅의 핵심적인 네 가지 구성요소를 결합하여 수립한다. 네 가지 구성요소를 마케팅 믹스, 마케팅 혼합(Boone, 1985)이라고도 한다. 평생교육기관들은 이러한 마케팅 믹스를 적절하게 결합하고 개선시킴으로써 학습자들을 프로그램에 참여시키기 위한 전략을 수립한다.

(1) 제품(Produdct)

평생교육 프로그램의 마케팅에서 제품은 평생교육 기관에서 개발하거나 제공한 교육프로그램이나 서비스를 말하며 마케팅 믹스에서 가장 핵심적인 요소이다. 평생교육 기관은 학습자의 요구를 분석한 후 이에 기초하여 프로그램이나 서비스를 다양하고 개선된 모습으로 변화시킬 수 있다.

잠재적 프로그램 참여자들은 프로그램에 참여함으로써 그들이 목표로 하는 지식, 기술, 가치를 획득하도록 하는 것이 관건이 되므로, 제공되는 많은 교육프로그램 중에서 그들이 원하는 요구를 충족시키고 비교 우위를 차지할 수 있는 차별화된 프로그램 개발이 무엇보다 중요하다.

(2) 가격(Price)

가격은 잠재적 학습참여자가 평생교육 프로그램에 대해 지불하는 수강료를 책정하는 것으로 교육 프로그램의 적정 수강료를 결정하는 매우 복잡한 문제이다. 평생교육 기관은 영리를 주목적으로 하는 기관은 아니지만, 프로그램의 재정적 수익을 얻어야 프로그램 운영의 원활한 진행과 유지를 할 수 있다. 따라서 수강료는 학습참여자들에게 부담이 되지 않도록 적정하게 책정하되, 프로그램 운영의 재정 안정성을 확보할 수 있는 수준으로 책정하는 것이 좋다.

수강료를 결정하는 방법은 세 가지로 나누어진다(기영화, 2001).

첫째, 지출중심형으로 전체 지출비용에 기초한 가격결정이다. 프로그램에 소요되는 총비용과 참여자 수를 예측하여, 지출비용은 참가자들의 수강료로 충당하는 방법이다.

둘째, 수요중심형으로 이윤주의에 의해 가격을 결정한다. 프로그램에 대한 수요에 따라 수강료를 달리 책정하는 방법이다. 프로그램의 참여자 수가 적더라도 수요가 강하면 가격은 올라가고, 수요가 적은 프로그램은 가격이 낮게 책정된다.

셋째, 가격경쟁형으로 시중의 경쟁가격에 의한 수강료를 책정한다. 평생교육 기관의 프로그램들 간의 경쟁도를 기준으로 경쟁력이 높은 프로그램은 상대적으로 높은 가격이 결정된다. 수강료 결정은 주로 지출비용, 학습자들의 수요, 기관의 경쟁력을 원리로 결정되며, 정부나 공공기관의 보조금 수준, 학습자의 재정능력과 관심, 프로그램의 긴급성 등도 함께 고려되어야 한다.

(3) 장소(Place)

장소는 주로 시설의 위치나 접근성, 편의성 등 공간적 특성과 관련된다. 평생교육 프로그램이 이루어지는 장소는 잠재적 학습참여자의 프로그램 참여 가능성 및 참여 의지에 큰 영향을 미친다. 따라서 평생교육 기관은 교육 프로그램 장소로 접근성을 높일 수 있도록 교통이 편리하고 다양한 편의시설이 갖추어진 곳을 선정하는 것이 좋다. 특히, 성인학습자의 신체적 · 정서적 · 사회적 특성을 감안하여 주위환경이나 소음 여부, 대중교통과의 연계와 주차 가능 여부, 건물 내 엘리베이터 설치 여부 등을 고려한다면 높은 참여율을 기대할 수 있을 것이다.

(4) 촉진(Promotion)

촉진(Promotion)이란 평생교육 기관이 개발한 프로그램을 다양한 커뮤니케이션 기법을 활용하여 학습자에게 알리는 것을 의미한다. 아무리 좋은 프로그램이라도 노출되고 알려지지 않으면 프로그램 참여를 유도하기 어렵다. 따라서 평생교육기관은 여러 매체를 활용하여 프로그램에 대해 적극적으로 프로모션을 진행한다.

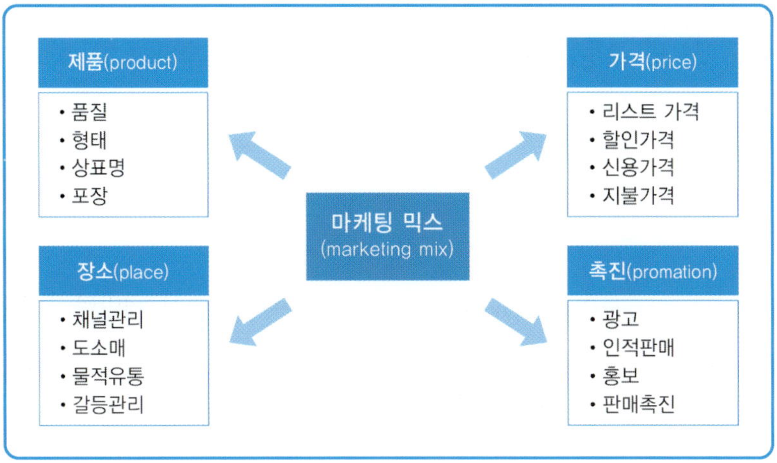

[그림 5-4] 마케팅 믹스

촉진기법에는 광고, 홍보, 판매촉진, 인적판매 등이 있다. 각각의 기법은 아래 표에 있는 것처럼 서로 다른 장·단점이 있으므로 이들의 특징을 고려하여 적절한 촉진기법을 사용하는 것이 중요하다.

〈표 5-3〉 촉진기법별 특징

구분	특징	장점	단점	촉진 수단
광고	• 일반대중 대상 • 비용 높음	• 다수고객에게 신속 전달 • 메시지 통제 가능	• 일방적 전달로 효과 측정 어려움 • 고객별 정보의 차별화 곤란	• 언론매체 • 팜플릿, 전단지 • 인터넷 배너, 팝업
홍보	• 일반대중 대상 • 비용 낮음	• 신뢰도가 높음 • 촉진 효과 큼	• 통제 곤란 • 간접적 효과	• 언론보도, 인터뷰 • 입소문
판매촉진	• 일반대중 대상 • 비용 높음	• 즉시 구매유도 효과 • 집중력 있음	• 경쟁기관이 모방하기 쉬움 • 단기적 효과	• 공개강좌 할인쿠폰 • 마일리지 • 경품, 작품전시회
인적판매	• 개별고객 대상 • 비용 높음	• 구매유도에 효과적 • 피드백이 가능	• 접촉건당 높은 비용 • 촉진 속도 느림	• 위원회 • 박람회, 시사회

3. 프로그램 홍보

1) 홍보의 개념

평생교육에서 홍보(Public Realation)란 평생교육기관에서 개발한 교육프로그램을 학습자들에게 널리 알리는 행위를 말하며, 학습자들의 학습의욕을 불러일으켜서 프로그램에 참여하도록 촉진시키는 활동이다. 홍보는 학습자에게 평생교육프로그램의 영역과 지원서비스 등에 대한 인식을 높일 수 있는 방안으로 중요한 의의를 갖는다.

홍보 방법 중 언론보도, 인터뷰, 입소문 같은 것은 비용이 들지 않고 광범위한 학습자들에게 정보를 전달할 때 이용된다.

광고(Advertising)는 언론매체 등에 비용을 지불하고 짧은 시간에 다수의 학습자들에 메시지를 전달하는 방법이다. 판매촉진(Sales Promotion)은 평생교육기관이 잠재적 학습자들에게 교육프로그램에 대한 선택을 강력하게 유도하기 위하여 단기적으로 시도되는 촉진수단이다.

인적판매(Personal Selling)는 평생교육기관이 개별 학습자와 직접 접촉하여 교육프로그램에 등록하도록 유도하는 방법으로 학습자들의 반응을 살피면서 상황에 맞추어 촉진활동을 펼칠 수 있으나 상대적으로 비용과 시간이 많이 소요된다.

2) 홍보의 목적과 원칙

(1) 홍보의 목적

홍보의 일차적 목적은 잠재적인 학습자에게 교육프로그램의 정보를 널리 알려서 이들의 신념과 행동을 변화시키고 프로그램에 등록하도록 유도하는 것이다. 홍보의 이차적 목적은 프로그램을 도와줄 수 있는 재정적 후원자나 자원봉사자를 확보하고, 잠재적인 학습자에게 평생교육기관에 대한 우호적인 이미지를 조성하여 기관에 대한 지지기반을 확보하는 데 있다.

(2) 홍보의 원칙

홍보활동은 다음의 원칙에 입각하여 전개되어야 한다(최은수 외, 2008).

첫째, 진실성의 원칙으로 홍보 내용은 사실과 진실된 내용을 전달해야 한다.

둘째, 상호작용의 원칙으로 평생교육기관과 학습자 사이의 상호작용을 바탕으로 이루어져야 한다. 교육프로그램에 관한 의사결정에 학습자의 참여가 이루어지고, 학습자가 공감할 때 학습동기를 유발시킬 수 있기 때문이다.

셋째, 공공이익 합치의 원칙으로 지역주민의 이익과 공공의 이익을 실현할 수 있어야 한다. 즉, 지역주민의 삶의 질(質)을 개선하는 데 기여해야 한다.

넷째, 인간적 접촉의 원칙으로 홍보는 지역주민을 대상으로 하기 때문에 인간적인 관계가 중요하다.

3) 홍보의 과정

홍보의 과정은 다섯 단계를 거쳐서 진행된다(김진화, 2001).

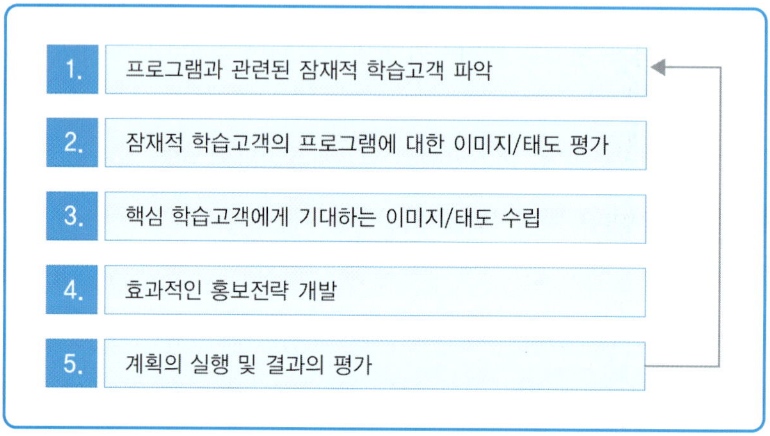

[그림 5-5] **홍보과정**

1단계: 잠재적 학습자를 파악하는 것이다. 홍보의 대상을 명확하게 하기 위하여 프로그램 참여가 예상되는 학습자 집단의 윤곽을 그려 보고 정보를 수집한다.

2단계: 잠재적 학습자가 인식하고 있는 평생교육기관의 이미지나 교육프로그램에 대한 태도를 분석 · 평가한다.

3단계: 잠재적 학습자 중 교육프로그램 등록을 주도할 수 있는 핵심적인 학습자를 확인하고 이들에게 기대되는 기관이미지 · 프로그램에 대한 태도를 수립한다.

4단계: 교육프로그램의 특성과 학습자의 요구에 적합한 홍보전략을 개발한다.

5단계: 수립된 홍보전략에 따라 계획을 실행하고 홍보결과를 평가하며 피드백한다.

학습자는 교육 프로그램에 관심을 갖고 등록하기까지 여러 단계의 복잡한 의사결정 과정을 거쳐서 실행한다. 홍보가 효과적으로 실행되기 위해서는 5단계의 과정에 성공해야 한다.

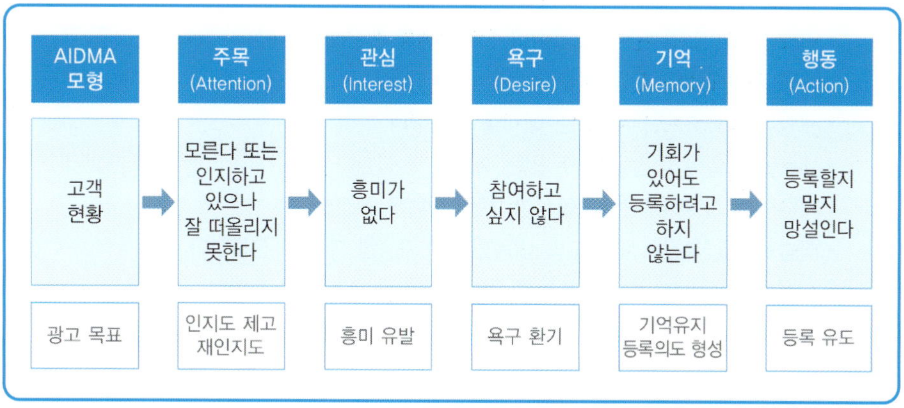

[그림 5-6] AIDMA 모형

출처: 권두승(2009).

4) 홍보 기법

평생교육 현장에서 많이 활용하는 프로그램 홍보 기법으로는 신문 및 잡지 광고, TV와 라디오 광고, 우편물 · 전단, 팜플릿 · 현수막 · 포스터, 전화, 개인적 접촉, 인터넷, 이메일, 모바일 광고 · SNS 등이 있다.

홍보 기법과 매체를 선정할 때는 다음과 같은 지침을 활용하는 것이 바람직하다(이화정 외, 2003).

- 홍보매체의 특성을 감안하여 주 매체를 선정하고 선정한 매체의 단점을 보완할 수 있는 매체를 활용한다.
- 무료 홍보수단(지역신문 등)을 보조 홍보매체로 활용한다.
- 홍보내용이 간단한 것은 "눈보다는 귀", 복잡한 것은 "귀보다는 눈"을 활용하는 매체를 정한다.
- 홍보대상의 교육수준이 낮을수록 청각매체를 활용하고, 대상의 교육수준이 높을수록 시각매체를 활용한다.
- 광범위하게 홍보할 수 있는 매체를 선정한다.
- 내용을 정확하게 전달할 수 있는 매체를 선정한다.
- 빠른 정보전달이 가능한 동시성 있는 매체를 선정한다.
- 학습요구를 촉진시킬 정도의 내용전달이 가능한 매체를 선정한다.
- 최소한의 경비로 최대의 효과를 얻을 수 있는 매체를 선정한다.

(1) 구두(口頭)

가장 확실하고 정확한 홍보 방법은 직접적인 접촉을 통해서 프로그램의 내용을 구두로 홍보하는 것이다. 프로그램에 대해 관심이 있을 것으로 생각되는 사람에게 직접 찾아가서 대면적 대화로 프로그램의 정보를 알리는 것이 가장 효과적인 기법이다.

(2) 전화

전화를 이용하여 잠재적 고객들의 관심을 자극시킬 수 있으므로 전화기법은 관심이 많지 않은 고객들의 참여를 유도할 수 있는 좋은 방법이다. 전달자의 전달방법에 따라 많은 관심을 자극시킬 수 있다.

(3) 대중 잡지 및 신문

신문이나 잡지가 대중성을 띠게 되므로 신문이나 잡지의 광고란을 이용하여 홍보하는 사례가 늘어나고 있다. 지방신문의 활성화로 그 지방에서 이루어지는 교육활동을 홍보하기가 좋으나 비용이 많이 드는 단점이 있다.

(4) 안내책자

교육프로그램을 홍보하는 데 많이 사용되는 것 중의 하나는 잘 제작된 안내책자이다. 시각적인 도안과 세련된 문구를 가미하면 높은 홍보효과를 낼 수 있으나 한번 제작하면 수정하기 어려운 단점이 있다.

(5) 우편물

평생교육 프로그램을 홍보하는 데 가장 많이 활용되는 방법이라 할 수 있으며 대상자가 명확할 경우 매우 효과적일 수 있다. 우편물을 활용할 때는 중복을 피하는 일이 중요하며 발송의 중복여부를 검토해야 한다.

(6) TV 방송매체

방송매체는 라디오, 텔레비전, 유선방송과 케이블이 있으며 최근에는 홈쇼핑을 활용한 홍보도 등장하고 있다. 대중적 매체는 여러 계층에게 전달될 수 있고 방송매체를 통한 마케팅은 사람들의 머릿속에 오랫동안 머물게 되기 때문에 관심 있는 사람들의 참여를 증대시킬 수 있다. 다만 비용 부담이 크기 때문에 신중히 고려할 필요가 있다.

(7) 현수막

현수막은 단순하게 내용을 구성하여 교육기관의 존재, 모집기간을 집중 홍보하며 재활용이 가능한 장점이 있다.

(8) 소셜 네트워크 서비스(SNS)

SNS(social networking service)는 이미지와 동영상 형태로 빠르고 쉽게 전달되는 장점과 즉각적이고 실시간적 특성을 통해 획기적 마케팅 수단으로 급부상하고 있다.

〈표 5-4〉 SNS(Social Networking Service) 유형

종류	블로그	페이스북	인스타그램	유튜브
개요	• 특정주제 기록, 정보공유 · 목적의 1인 미디어	• 인맥 네트워크를 형성할 수 있는 프로필 기반서비스	• 이미지 기반의 커뮤니케이션 및 비즈니스 플랫폼	• 동영상 콘텐츠 기반의 웹사이트
특징	• 웹 게시판+개인 홈페이지 기능 • 그래픽 방식운영	• 쌍방형 친구 맺기 • 사진, 영상 공유	• 실시간 소통 가능 • 팔로워(follower) • 해시태그(#) 사용	• 알고리즘을 이용 • 콘텐츠 다양화

Chapter 06

프로그램 운영의 자원

06

Chapter

프로그램 운영의 자원

1. 인적자원

1) 인적자원의 정의

평생교육현장에서 프로그램 운영에 있어서 평생교육에 활용할 수 있는 여러 종류의 자원 중 인적자원이란 교육을 위한 프로그램을 운영하는데 필요한 자원을 의미한다. 평생교육기관을 운영하거나 프로그램을 기획할 때, 과정의 진행과 성과 평가에 있어 운영 주체와 운영 형태를 고려하는 것은 필수적이다(이주영, 2024). 특히, 이러한 과정에서 인적자원을 효율적으로 활용하는 것은 프로그램의 성공적인 수행을 위한 핵심 요소로 작용한다. 평생교육 프로그램이나 사업, 행사 등의 기획과 프로그램, 운영을 위해 인력자원을 확보하는 것은 매우 중요하다. 평생교육 영역의 업무를 담당하는 이들이 평생교육 프로그램 운영의 인력자원으로 기획과 운영에 있어서 필요한 자원이다(김동일 외, 2024).

교육프로그램을 실행하기 위해서 무엇보다 안정적인 기술력 자원의 투입이 필요하다. 인적자원에는 교육프로그램을 설계하는 개발가, 프로그램의 운영을 이끌면서 책임질 운영관리자, 프로그램 실행과 지도자, 교수자 그리고 평가자를 포함한다. 그리고 행정인력, 자원봉사자도 인력자원으로 포함한다. 교육프로그램의 목적을 효과적으로 달성하고 효율적인 실행을 위해 무엇보다 우수한 전문인력이 프로그램을 실행하도록 했을 때 효과적이다. 아무리 훌륭한 프로그램과 해당 교육프로그램을 목적과 목표의 방향대로 잘 이끌 수 없고 인적자원이 제대로 준비되지 못한다면 효과적인 성과를 낼 수 없을 뿐 아니라 프로그램을 준비하는 데 투자한 시간과 비용이 낭비될 수밖에 없다.

따라서 평생교육 현장에서는 우수한 전문인력의 확보가 매우 중요하다. 평생교육기관의 교육프로그램의 교육목적과 교육목표, 교육내용과 교수방법 그리고 학습매체의 선정과 함께 해당 프로그램을 운영하는 데 인적자원이 중요하다(권진하 외, 2022). 인적자원은 평생교육 프로그램의 성공과 질에 큰 영향을 미친다. 유능하고 전문적인 교육자들은 학습자들에게 효과적인 학습 경험을 제공하고, 학습자들의 요구와 필요에 맞게 교육프로그램을 개발하고 운영할 수 있다. 또한, 인적자원은 학습자들과 상호작용하며 학습 동기를 부여하고, 학습자들의 학습 과정을 지원하며, 학습자들의 성취와 성장을 돕는 역할을 한다. 평생교육에서 인적자원은 교육프로그램의 핵심 요소로서 중요한 역할을 수행과 더불어 학습자들의 학습 경험과 결과에 큰 영향을 미친다.

2) 프로그램 운영관리자

(1) 프로그램 운영관리자의 중요성과 역할

프로그램 운영관리자는 평생교육 프로그램을 효과적으로 운영하기 위해 필요한 인력을 의미한다. 이들은 평생교육 프로그램의 진행과 관련된 다양한 업무를 담당하고 있고, 학습자들의 학습 경험을 향상시키기 위해 노력한다. 프로그램 운영관리자는 교육자, 강사, 교사, 상담사 등과 함께 협력하여 교육프로그램을 개발하고 운영한다. 이들은 학습자들의 요구와 필요에 맞게 교육프로그램을 조정하고, 학습자들의 학습 과정을 모니터링하여 개선할 수 있는 방안을 모색한다.

또한, 프로그램 운영관리자는 교육프로그램의 예산, 일정, 자원 등을 관리하며, 학습자들의 편의를 위해 필요한 시설과 장비를 준비한다. 이들은 학습자들의 문의나 요청에 대응하고, 교육프로그램의 홍보와 마케팅에도 참여한다. 평생교육 프로그램의 원활한 진행을 수행하며, 학습자들의 학습 경험을 향상시키는 데 기여한다. 평생교육 프로그램의 원활한 진행과 효과적인 운영을 위한 프로그램 운영관리자의 역할은 다음과 같다.

〈표 6-1〉 **프로그램 운영관리자의 역할**

구분	역할 내용
교육프로그램 설계 및 개발	• 학습자 요구 분석, 교육 목표 설정, 교육 내용 및 방법 개발, 교육 자료 제작 등 교육프로그램의 전반적인 설계와 개발을 담당한다.
교육 운영 관리	• 교육 일정 조정, 교육 장소 및 자원 확보, 교육 참여자 모집 및 관리, 교육 진행 및 평가 등을 관리하여 교육프로그램이 원활하게 운영되게 한다. • 학습자들의 요구와 필요에 신속하게 대응하여 학습 경험을 향상시키고, 학습자들이 프로그램을 성공적으로 완료할 수 있도록 지원한다. • 교육프로그램의 강사를 모집, 교육, 평가, 교육자의 역량을 개발하고 지원한다.
예산 및 재정 관리	• 교육프로그램의 예산을 계획, 관리하며, 재정 자원을 효율적으로 운영해야 한다. • 예산계획, 예산실행, 재정관리, 재무보고서, 자금조달, 비용절감, 위험관리 등
교육 평가 및 개선	• 교육프로그램의 효과를 평가하고, 학습자의 만족도를 조사하여 교육프로그램을 지속적으로 개선한다. • 프로그램의 품질을 유지하고 개선하기 위해 평가와 피드백을 수행하며, 지속적인 개선을 위한 방안을 모색한다.

구분	역할 내용
협력 및 네트워킹	• 교육 관련 기관, 단체, 전문가 등과 협력하고 네트워킹하여 교육프로그램의 품질을 향상시키고, 교육 자원을 공유한다. • 다양한 이해관계자들과의 협력을 통해 프로그램의 목표를 달성하고, 다양한 이해관계자들 간의 조정을 담당하여 원활한 운영을 지원한다.
마케팅 및 홍보	• 교육프로그램을 홍보하고, 참여자를 모집하기 위한 마케팅 전략을 수립하고 실행한다. • 프로그램의 전략적 방향성을 수립하고, 장기적인 비전을 제시하여 프로그램의 성장과 발전을 이끌어 낸다.

운영관리자는 프로그램의 목표 달성을 위하여 교육프로그램의 원활한 진행을 돕기 위한 기본사항들을 점검하고 가용 가능한 인적, 물적자원을 파악하고 있어, 예상치 못한 상황을 대비해야 한다. 평생교육 프로그램운영에 차질 없는 진행을 위해 점검항목을 만들고 수시로 상황을 점검해서 프로그램이 원활하게 진행되도록 해야 한다(권진하 외, 2022). 운영관리자는 평생교육 프로그램의 성공과 학습자들의 만족도를 높이는 역할을 수행한다.

(2) 프로그램 운영관리자의 역량

프로그램 운영관리자가 프로그램을 효율적이고 성공적인 효과와, 프로그램 운영 시 실수를 줄여 자원과 비용의 절감을 가져오기 위해서는 다양한 역량을 갖추어야 한다. 평생교육현장에서 발생할 수 있는 어려움이나 문제점 등을 사전에 파악하고 처리하는 능력으로 교육프로그램의 모든 단계를 책임지고 관리하는 운영관리자의 필수역량이라 볼 수 있다(이석진, 2022).

그 주요 역량을 다음과 같이 살펴볼 수 있다.

〈표 6-2〉 **프로그램 운영관리자의 역량**

구분	역량 내용
리더십과 관리 능력	• 프로그램 운영관리자는 팀을 이끌고 동기를 부여하는 리더십 역량을 갖추어야 한다. • 교육프로그램을 효과적으로 운영하고 관리하기 위한 관리 능력이 필요하다. • 효율적인 일정 관리와 자원 할당을 통해 프로그램의 원활한 운영을 지원할 수 있다. • 예산 계획, 인력 관리, 일정 조정, 문제 해결 등
커뮤니케이션 및 대인관계 능력	• 효과적인 커뮤니케이션은 프로그램 운영관리자에게 필요하다. 이해관계자들과의 원활한 소통을 위해 커뮤니케이션 기술이 필요하다. • 교육프로그램 참여자, 강사, 협력 기관 등
교육 설계 및 개발 능력	• 효과적인 교육프로그램을 설계하고 개발할 수 있는 능력이 필요하다. 교육목표 설정, 학습자 요구 분석, 교육 자료 및 활동 개발 등 • 평생교육 분야에서의 전문 지식과 최신 동향을 파악하는 능력이 필요하다. • 학습자 요구에 맞는 교육프로그램을 개발하고 운영하기 위해 지식도 필요한다.
문제 해결 능력	• 예기치 않은 문제가 발생할 수 있으므로, 프로그램 운영관리자는 문제를 분석하고 해결하는 능력을 갖추어야 한다.
적응력	• 평생교육 환경은 변화무쌍하므로, 프로그램 운영 관리자는 변화에 빠르게 적응하고 새로운 상황에 대처할 수 있는 능력을 갖추어야 한다.
기술 역량 및 기술 활용능력	• 프로그램 운영관리자는 최신 정보 기술과 교육 기술을 활용하여 교육프로그램의 운영과 관리 능력으로 프로그램의 효율성을 높일 수 있는 기술 역량이 필요하다. • 온라인 교육 플랫폼, 멀티미디어 자료 활용 등
평가 및 개선 능력	• 교육프로그램의 효과를 평가하고 개선할 수 있는 능력이 필요하다. • 학습자 만족도 조사, 교육 효과 분석 등을 통해 지속적인 개선을 추구할 수 있다.

이러한 역량을 갖춘 프로그램 운영관리자는 효과적인 교육프로그램을 운영하여 학습자들의 만족도를 높일 수 있고 발전시킬 수 있다.

3) 교수자

(1) 교수자 역할과 중요성

교수자의 역할을 살펴보기 전 교육에 대하여 살펴보면, 교육이란 무엇인가? 우리나라는 「교육기본법」 2조(교육이념)에 교육의 목적에 대하여 명시하고 있다. "교육은 홍익인간의 이념 아래 모든 국민에게 필요한 자질을 갖추게 하여 인간다운 삶을 영위하고 민주국가의 발전과 인류공영의 이상을 실현하는 데 이바지함을 목적으로 한다."라고 규정하고 있다. 교육은 인간의 행동을 계획적으로 바람직하게 변화시키는 것이라고 교육학에서 정의하고 있다(윤옥한, 2018).

인간의 행동을 바람직하게 변화시키는 교육을 하는 교수자는 매우 중요한 역할을 한다고 볼 수 있다. 평생교육에서 교육을 담당하는 교수자의 주 역할은 열정을 가지고 자신의 수업에서 강의주제에 대해 학습자와 소통을 하면서 이루어지는 것이라고 학자 갤브레이스(Galbraith, 2004)는 말했다. 교수자는 학습자들에게 교육적 관심을 가지고 대체적으로 그들의 욕구를 충족시켜 주는 교수방법을 구사할 줄 알아야 한다. 교육활동을 하는 모든 사람을 교수자라고 할 수 있지만(권도연, 2021), 평생교육을 효과적으로 실천하기 위해서 교수자는 학습의 효과를 높이고 학습자들의 참여를 촉진시키기 위해서 교수자의 역할은 매우 중요하다(서명환 외, 2016). 평생교육 프로그램 교수자는 학습자들에게 지식과 기술을 전달하는 역할을 수행한다. 자세한 내용은 다음과 같다.

〈표 6-3〉 교수자 역할과 중요성

구분	역할 내용
지식 전달 및 강의	• 교수자는 학습자들에게 지식과 기술을 전달하는 역할을 수행하고, 학습자들이 새로운 기술과 지식을 습득할 수 있도록 도와준다. • 학습자들에게 교육 내용을 효과적으로 전달하고, 이해도를 높이기 위해 다양한 교수 기법을 활용한다.
학습 동기 부여	• 교수자는 학습자들에게 학습 동기를 부여하는 역할을 한다. 학습자들이 학습에 대한 흥미와 열정을 가질 수 있도록 도와준다.
학습 지원	• 교수자는 학습자들의 다양한 요구와 필요에 대응하여 지원을 제공하는 역할을 한다. • 학습자들이 학습 과정에서 어려움을 겪을 때 도움을 주고, 학습자들의 학습 동기를 유지하도록 도와준다. • 교육 자료를 관리, 학습 환경을 조성하여 학습자들이 원활하게 학습할 수 있도록 지원한다.
학습 환경 조성	• 교수자는 학습 환경을 조성하는 역할을 한다. • 학습자들이 편안하고 안전한 환경에서 학습할 수 있도록 도와준다.
전문성 개발	• 교수자는 자신의 전문성을 지속적으로 개발하고, 최신 동향과 지식을 습득하여 학습자들에게 제공할 수 있도록 해야 한다.
평가	• 교수자는 학습자들의 학습 성과를 평가하고, 피드백을 제공하여 성장을 도모한다.

이러한 역할을 수행하는 교수자는 평생교육에서 매우 중요한 역할을 수행하고, 교수자의 역량과 열정은 학습자들의 학습 경험을 향상시키고, 학습 성과를 높이면서 만족도에 큰 영향을 미치게 된다.

(2) 교수자의 역량과 자세

수업을 어떻게 진행하는가와 교수자의 역량에 따라서 학습자에게 배움의 질이 달라질 수 있는 것처럼, 교수자의 역량은 학습 결과에 영향을 미치는 주요 변인이다(Saykili, 2018). 흔히 교육의 질은 교사의 질을 능가할 수 없다고 말할 수 있고, 이는 교육의 질과 교육의 성패에 있어 교사의 자질과 능력이 지대한 영향을 미치고 있다는 것을 함축하고 있다(김영화 외, 2007).

최근에는 교수 교육 능력이 강조되고, 교수 전문성에 대한 관심이 확대되고 있으며, 교수역량이라는 용어가 많이 사용되고 있다. 이 용어는 교수수행능력과 교수자의 전문성, 교수자의 지도성 등 비슷한 개념으로 사용되던 용어들을 대표할 수 있는 용어로 자리 잡고 있다(김민정 외, 2018). 교수역량은 학습자의 요구사항을 점검하고 교육 활동을 관리 및 운영하고, 신규 프로그램에 대한 요구를 파악하고 목표를 수립하여 프로그램을 기획 및 개발, 강의에 대한 평가와 교육 결과를 수시로 확인하고 점검한다(김미정 외, 2017).

교수자들이 가르치는 일(수업)을 성공적으로 수행하기 위한 교수역량으로, 교육프로그램을 효과적으로 수행하기 위해 필요한 교수관련 지식, 기술, 태도를 포함하는 교수자로서의 총체적인 능력으로 볼 수 있다(권도연, 2021). Rogers (1996)는 학습의 관리자로서 교수자의 역할은 학습을 통해 학습집단의 변화를 주도하고 촉진하는 사람이며, 조직의 리더로서의 역할, 기획자로서의 역할을 수행해야 한다고 하였다.

교수자는 해당 분야의 전문적인 지식과 기술을 보유해야 한다. 최신 동향과 연구 결과를 학습자들에게 전달할 수 있어야 하며, 명확하고 효과적인 커뮤니케이션 능력을 갖추어 학습자들과의 원활한 의사소통을 통해 학습 경험을 향상시킬 수 있다. 학습자 중심의 접근 방식으로 학습자들의 요구와 관심사를 이해하고, 그들의 학습 스타일과 수준에 맞춰 수업을 진행해야 한다. 교수자는 창의적인 교육 방법을 활용하여 학습 경험을 풍부하게 만들어 다양한 학습 자료와 활동을 활용하여 학습자들의 참여와 흥미를 유발할 수 있어야 한다.

평생교육은 다양한 학습자들과 다양한 주제를 다루기 때문에, 교수자는 적응력 또한 필요하다. 다양한 학습 환경과 상황에 유연하게 대처할 수 있어야 한다. 학습에 대한 열정을 가지고 학습자들에게 영감을 주고, 학습 동기를 부여할 수 있는 열정이 필요하다. 학습자들의 권리와 이익을 존중하고 보호해야 하고 윤리적인 책임을 다하며, 학습자들에게 신뢰와 존경을 받을 수 있어야 한다. 이러한 역량과 자세를 갖춘 교수자는 평생교육 현장에서 학습자들에게 가치 있는 학습 경험을 제공할 수 있다.

4) 자원봉사자

평생교육 프로그램 운영에 필요한 전문분야에 대해 재능을 기부하는 자원봉사자를 인적자원이라고 말한다. 자원봉사활동은 인간의 자발적 의지에서 시작되는데, 자아실현과 자기개발의 기회를 주는 자기주도적 의사결정과 여러 형태의 학습기회를 제공한다고 볼 수 있다(한은미, 2011). 자원봉사자의 일반적인 특성을 보면 자발성, 무보수성, 공익성, 지속성 등의 특징이 있고(한국산업인력공단, 2016). 자원봉사자의 정의적 특성을 살펴보면 다음과 같은 특성이 있다.

- 인간존엄에 대한 믿음
- 평생교육 자원봉사의 가치에 대한 믿음
- 사생활과 개인 비밀에 대한 존중
- 평생교육 자원봉사자에 대한 동등한 기회 보장과 문화적 다양성 인정
- 평생교육 자원봉사 프로그램을 효과적으로 수행하려는 의지
- 평생교육 자원봉사자들의 권리 옹호
- 평생교육 자원봉사자와 마음을 함께하려는 태도

(제주금빛평생교육봉사단 활동사례집, 2006.)

자원봉사자는 사회봉사와 자아성취를 위한 봉사활동가로 현장체험을 통한 경

력관리 목적으로 참여하기도 한다. 자원봉사자는 특수 분야에 대한 교수자의 역할, 주강사에 대한 보조강사 역할, 프로그램 운영관리자를 도와 업무 보조 등의 다양한 역할을 수행한다. 자원봉사자는 평생교육 프로그램의 조력자로 책임감과 소속감을 가지고 참여하는 자세가 필요하다(서보람 외, 2022).

지역의 다양한 인적자원을 활용하는 방안으로 봉사단에 대한 시대적 요구도 증가하고 있다. 이것은 평생교육 활성화 차원에서도 매우 필요하다. 그러나 다양한 평생교육 프로그램을 이수하고, 단계별 진입 과정, 자격 과정, 취업 프로그램 등을 이수한 지역의 유휴 인적자원도 증가하고 있으나, 이들이 성장하는 데는 한계가 있다. 평생교육 프로그램에 필요한 자원봉사자인 인적자원 확보를 운영관리자는 주로 모집 광고를 통해서 하는데 자원봉사자의 재능과 봉사에 임하는 자세에 대해 점검이 필요하다. 그리고 자원봉사자는 평생교육 프로그램의 조력자로 책임감과 소속감을 바탕으로 적극적으로 참여하는 자세가 요구된다(신선애 외, 2024).

2. 물적자원

1) 물적자원의 정의

평생교육에서 물적자원은 학습 공간을 제공하는 물리적인 환경을 말한다. 이는 교육기관이나 시설을 포함할 수 있으며, 교육에 필요한 장비와 자료, 학습

환경 등을 포함한다. 물적자원은 학습자들이 효과적으로 학습할 수 있는 환경을 조성하는 데 중요한 역할을 한다. 이는 교육 시설, 장비, 교재, 교구 등을 포함한다.

교육 시설은 학습자들이 수업을 받을 수 있는 공간과 환경을 제공하는 것을 말한다. 이는 교실, 도서관, 실험실, 작업실 등 다양한 형태의 공간을 포함한다. 장비는 교육프로그램을 수행하는 데 필요한 도구와 기기를 의미한다. 예를 들어, 컴퓨터, 실험 장비, 공구 등이 이에 해당한다. 교재는 학습자들이 학습하는 데 필요한 책, 교재, 학습 자료 등을 말한다. 이는 학습 내용을 이해하고 학습 목표를 달성하는 데 도움을 주는 자료들이다. 교구는 학습자들이 직접 체험하고 활동할 수 있는 도구와 재료를 의미한다. 이는 학습자들이 창의적으로 생각하고 문제를 해결하는 데 도움을 주는 자료들이 된다.

물적자원은 평생교육에서 학습자들이 효과적으로 학습할 수 있는 환경을 조성하는 데 중요한 역할을 한다. 물적자원에는 재원, 시설, 장비 등이 포함되는데, 그중에서도 가장 핵심적인 물적자원은 재정자원인 재원이라 할 수 있다. 현실적으로 재원이 확보되지 않으면 예산 집행이 어려워짐에 따라 아무리 좋은 프로그램이라도 성공적인 실현이 불가능하기 때문이다(신용주, 2022).

2) 물적자원의 관리

물적자원은 평생교육 프로그램에서 활용되는 물리적인 자원으로 교육과 직접적으로 연관된 교육시설로서 노트북, 프로젝터, 음향 시스템과 같은 시청각 기자재, 필기도구 등까지 다양한 형태로 있다. 물적자원을 선정하고 관리하는 것은 중요한 부분이다. 먼저, 프로그램이 진행될 교육장소를 선정할 때는 학습자들이 편안하게 활동할 수 있는 장소를 우선적으로 고려하여야 한다. 그리고 프로그램에 참여하는 학습자의 수와 접근성을 고려하여 장소를 선택하고 교수자가 효과적인 프로그램을 진행할 수 있도록 필요한 기자재를 준비해, 학습자의 입장을 고려하여 편의를 제공할 수 있는 환경을 조성해야 한다.

그래서 물적자원을 관리하기 위해서는 물적자원을 조사하고 적절한 형식으로 물적자원 목록을 정리하는 것이 필요하다. 이를 통해 필요한 자원이나 장소를 효율적으로 활용할 수 있게 된다. 평생교육에서 물적자원 관리는 학습자들이 효과적으로 학습할 수 있는 환경을 조성하기 위해 필요한 물리적인 자원을 관리하는 것을 의미한다. 물적자원 관리는 다음과 같은 활동을 포함해서 관리할 수 있다.

〈표 6-4〉 **물적자원 관리**

구분	관리 내용
자원 확보	• 필요한 학습 공간, 장비, 교재 등을 확보하고 필요한 자원을 구매하거나 대여한다.
자원 유지보수	• 확보한 자원이 원활하게 작동하고 유지되도록 정기적인 유지보수와 수리를 수행한다.
자원 할당	• 자원을 효율적으로 할당하여 여러 학습자나 학습 그룹이 동시에 이용할 수 있도록 한다.
자원 활용 극대화	• 자원을 최대한 활용하기 위해 학습자들의 요구와 우선순위를 고려하여 자원을 계획적으로 이용한다.
자원 폐기	• 수명이 다한 자원이나 더 이상 필요하지 않은 자원을 적절히 폐기하고 재활용한다.

물적자원 관리는 학습자들의 학습 경험을 향상시키고 효과적인 평생교육을 제공하게 된다.

3. 재정자원

1) 재정자원의 정의

평생교육에서 재정자원은 교육프로그램을 운영하기 위해 필요한 자금을 의미한다. 모든 조직이 운영되기 위해서는 자금이 필요하며 평생교육기관도 예외는 아니다. 평생교육기관의 경영자는 기관의 운영을 위해 필요한 자금을 확보하고 이를 효율적으로 사용, 관리해야 할 책임이 있다(신선애 외, 2024). 이는 프로그램 개발, 강사료, 교재비, 시설 대여비, 홍보비, 운영비 등 다양한 비용을 포함한다.

재정자원은 평생교육 프로그램의 규모와 대상에 따라 다양한 출처에서 조달될 수 있다. 예를 들어, 정부 지원금, 교육 기관의 예산, 수강료, 후원금, 기부금 등이 있다. 평생교육 프로그램의 운영과 성장을 위해 중요한 역할을 한다. 충분한 재정자원을 확보하여 양질의 교육프로그램을 제공하고, 학습자들에게 다양한 학습 기회를 제공할 수 있게 된다.

2) 재정자원의 중요성

평생교육 프로그램을 운영하는 데 있어 재정자원은 교육프로그램의 개발과 운영, 교재 및 교구의 구매, 강사 및 직원의 급여, 시설 및 장비의 유지보수 등 다양한 측면에서 필요하기 때문이다. 재정자원이 충분하지 않으면 교육프로그램의 질이 저하될 수 있다. 그래서 재정자원은 교육프로그램의 질을 결정하는 데도 영향을 미치게 된다. 그리고 학습자들의 학습 경험도 제한될 수 있다.

충분한 재정자원이 있으면, 고품질의 교육프로그램을 개발하고 운영할 수 있으며, 우수한 강사를 고용하고, 최신 교재와 교구를 구매할 수 있다.

따라서, 평생교육에서 재정자원의 확보와 관리는 교육프로그램의 개발과 운영, 그리고 교육프로그램의 질을 결정하는 데 매우 중요한 역할을 하고, 평생교육 기관에서 매우 중요한 과제 중 하나라고 볼 수 있다. 재정자원의 중요성은 다음과 같은 이유로 더욱 강조된다.

〈표 6-5〉 **재정자원의 중요성**

구분	중요 내용
교육 프로그램의 질	• 평생교육에서 교육프로그램의 질은 교육프로그램의 효과성과 효율성을 의미한다. • 교육프로그램의 질은 교육목표의 달성도, 교육내용의 적절성, 교육방법의 효과성, 교육환경의 적절성, 교육평가의 적절성 등을 고려하여 평가된다. • 교육프로그램의 질은 학습자의 만족도와 교육프로그램의 지속성에도 영향을 미치게 된다.
학습자들의 참여	• 재정자원이 충분하면 학습자들의 참여를 유도할 수 있다. 예를 들어, 장학금이나 할인 혜택을 제공하여 학습자들의 경제적 부담을 줄일 수 있다.
기관의 지속 가능성	• 재정자원이 충분하면 기관의 지속 가능성을 보장할 수 있다. 예를 들어, 안정적인 재정 기반을 구축하여 장기적인 교육 계획을 수립하고 실행할 수 있다.

따라서, 평생교육에서 재정자원은 교육프로그램의 질과 학습자들의 참여, 기관의 지속 가능성을 보장하는 데 매우 중요한 역할을 한다고 볼 수 있다.

3) 재정자원의 확보

평생교육에서 재정자원 확보는 기관의 존폐와 연관되므로 상당히 민감한 부분이다. 적절하게 쓰는 것도 중요하고 다양한 방법으로 확보하는 것도 중요하다. 재정의 확보는 기관의 성격과 평생교육 프로그램 내용에 따라 다르다. 이를 위해 다양한 방법을 활용할 수 있는데, 다음 표에서 볼 수 있다.

〈표 6-6〉 재정자원의 확보

구분	확보 내용
정부 지원	• 국가 또는 지방 정부의 교육 관련 지원프로그램을 활용할 수 있다. 정부로부터 보조금, 장학금, 교육프로그램 지원 등을 받을 수 있다. • 평생교육 프로그램에서 정부지원 보조금을 받기 위한 자격 요건을 확인해야 한다. • 자격 요건을 충족하는 경우, 평생교육 보조금 신청서를 작성하고 필요한 서류를 제출한다. • 보조금을 받기 위해 프로젝트 제안서를 작성하는데, 이 제안서에는 교육프로그램의 목표, 내용, 예산, 기대 효과 등이 포함되어야 한다. • 신청서와 제안서는 해당 교육기관이나 관련기관에서 심사 및 평가를 진행한다. • 심사 결과를 통해 보조금이 승인되면, 해당 보조금을 수령하여 교육프로그램 운영에 활용할 수 있다. • 지역이나 기관, 프로그램마다 절차와 요건이 다를 수 있으므로, 해당 교육기관이나 관련기관에 문의하여 자세한 정보를 얻는 것이 중요하다.
후원 및 기부	• 기업, 재단, 개인 등으로부터 후원이나 기부를 받을 수 있다. • 평생교육에서 후원 및 기부금을 지원받기 위해서는 후원자를 찾기 위해 개인, 기업, 재단, 비영리 단체 등 다양한 잠재 후원자를 조사하고, 그들에게 교육프로그램의 가치와 목표를 설명하는 제안서를 작성한다. • 인터넷과 소셜 미디어를 활용하여 온라인 모금 플랫폼을 통해 후원금을 모을 수 있다. • 기부금 모금을 위한 행사를 개최하여 후원자들의 참여를 유도할 수 있다. • 기업, 단체, 기관 등과 협력 파트너십을 구축하여 후원 및 기부금을 받을 수 있다.
등록금 및 수강료	• 학습자들이 교육프로그램에 등록하고 수강료를 지불하는 방식으로 재정자원을 확보할 수 있다. 이를 위해 합리적인 가격 정책을 수립하고, 학습자들에게 교육프로그램의 가치를 알리는 것이 필요하다.

구분	확보 내용
수익 창출	• 교육프로그램을 통해 수익을 창출할 수 있는 방법을 모색할 수 있다. 예를 들어, 교육 자료의 판매, 교육프로그램의 라이선싱, 교육 관련서비스 제공 등을 고려할 수 있다.
협력 파트너십	• 다른 교육기관, 기업, 단체 등과 협력하여 재정자원을 확보할 수 있다. 공동 프로젝트, 공동 연구, 공동 교육프로그램 등을 통해 상호 협력하고 자원을 공유할 수 있다.

이러한 방법들을 통해 평생교육에서 재정자원을 확보할 수 있다. 정부지원 보조금은 정부가 교육기관이나 단체에 제공하는 재정적인 지원을 말하고, 이러한 보조금은 교육프로그램의 운영, 시설 개선, 교육 자료 개발 등 다양한 목적으로 사용될 수 있다. 정부지원 보조금은 교육기관이나 단체가 양질의 교육프로그램을 제공하고, 교육기회를 확대하는 데 도움을 준다. 후원 및 기부금은 교육프로그램을 지원하기 위해 개인, 기업, 재단, 단체 등으로부터 제공되는 금전적인 지원을 말한다.

이러한 후원 및 기부금은 평생교육의 접근성을 향상시키고, 다양한 학습자들에게 교육 기회를 제공할 수 있다. 협력 파트너십은 교육기관, 단체, 기업, 정부기관 등이 협력하여 교육프로그램을 개발하고 운영하는 것을 말한다. 이러한 파트너십은 다양한 자원과 전문성을 결합하여 교육프로그램의 품질과 효과를 향상시키는 데 도움을 준다. 협력 파트너십은 교육 기관 간의 협력, 기업이나 단체와의 협력, 지역사회와의 협력 등 다양한 형태로 이루어질 수 있다. 이를 통해 평생교육은 보다 폭넓은 지원과 협력을 받을 수 있으며, 다양한 출처에서 자금을 조달하여 다양하고 양질의 교육기회를 제공할 수 있고, 교육프로그램의 지속성과 성장을 도모할 수 있다.

4) 재정자원의 관리

평생교육에서 재정관리는 교육프로그램과 활동을 지원하기 위해 필요한 자금을 계획, 조달, 운용, 모니터링하는 과정을 말한다. 이는 교육기관의 교육목표와 전략을 달성하기 위해 필요한 자금을 효율적으로 관리하고, 교육프로그램의 질을 향상시키는 역할을 한다. 재정관리는 예산 계획수립, 자금조달 전략수립, 자금운용 계획수립, 자금모니터링 및 평가 등을 포함한다. 이를 통해 교육기관은 교육프로그램과 활동을 지원하기 위해 필요한 자금을 조달하고, 이를 효율적으로 운용하여 교육프로그램의 질을 높일 수 있다.

〈표 6-7〉 **재정자원의 관리**

구분	관리 내용
예산 계획수립	• 예산계획은 교육기관의 교육프로그램과 활동을 지원하기 위해 필요한 자금을 계획하고, 이를 효과적으로 관리하는 것을 목표로 한다. • 예산계획은 교육기관의 비전, 목표, 전략과 연계되어 작성되어야 한다. • 이를 위해 교육기관은 교육프로그램의 개발, 교재 및 교구의 구매, 강사료, 시설 유지보수 등 다양한 비용을 고려해야 한다. • 교육기관의 재정 상태를 파악하고, 이를 바탕으로 예산을 계획하고 조정해야 한다. • 예산계획은 교육기관의 모든 부서에서 협력하여 작성되어야 한다. • 교육기관의 모든 활동이 예산에 반영되어, 재정자원이 효과적으로 활용될 수 있다. • 예산계획은 지속적으로 모니터링 되고 평가하여 교육기관은 예산의 실행 상황을 파악하고, 필요한 조치를 취하게 된다. • 예산계획을 통해 교육기관의 교육프로그램과 활동이 효과적으로 지원될 수 있다.
자금운용 계획	• 자금 운용계획은 교육기관에서 교육프로그램과 활동을 지원하기 위해 자금을 어떻게 운용할 것인지를 계획하는 것을 말한다. • 교육기관의 교육목표와 전략을 달성하기 위해 자금을 효율적으로 운용하는 것을 목표로 한다.

구분	관리 내용
자금조달 전략	• 자금조달 전략은 교육기관에서 교육프로그램과 활동을 지원하기 위해 필요한 자금을 조달하는 방법을 계획하는 것을 말한다.
자금 모니터링 및 평가	• 자금 모니터링 및 평가는 교육기관에서 교육프로그램 및 활동을 지원하기 위해 사용되는 자금을 추적하고 검토하는 과정을 말한다. • 자금 모니터링 및 평가는 자금의 효율성과 투명성을 유지하며, 교육프로그램의 성과를 평가하는 데 도움을 준다. • 자금 모니터링은 자금의 유입과 유출을 추적하고, 예산 사용내역을 확인하는 것을 포함한다. • 이를 통해 자금의 흐름을 파악하고, 예산의 적절한 사용을 확인할 수 있다. • 자금 평가는 교육프로그램의 성과를 측정하고, 자금의 효과가 어떻게 나타나는지 평가하는 것을 의미한다. • 자금 평가를 통해 교육프로그램의 개선점을 도출하고, 더 나은 결과를 얻을 수 있다. • 자금 모니터링 및 평가는 교육기관의 재정 건전성을 유지하고, 교육프로그램의 효율성을 향상시킬 수 있다.

평생교육에서 재정자원의 관리는 교육기관에서 교육프로그램 및 활동을 지원하기 위해 사용되는 자금을 효과적으로 활용하는 것으로서, 교육기관의 재정 건전성을 유지하고, 교육프로그램의 성과를 향상시킬 수 있다. 교육기관의 교육목표와 전략을 달성하기 위해 필요한 자금을 조달하고, 이를 효율적으로 운용하고, 교육프로그램 및 활동에 필요한 자금을 예측하여 예산을 할당하게 된다.

따라서, 평생교육에서 재정자원의 관리는 교육기관의 목표와 전략을 효과적으로 실현하기 위해, 필요한 재원을 확보하고 이를 계획적이고 체계적으로 배분 및 운용하는 과정을 의미한다. 이를 통해 교육기관은 교육프로그램의 성과를 향상시키고, 학습자들에게 더 나은 교육 경험을 제공할 수 있다.

Chapter 07

프로그램 평가

07
Chapter

프로그램 평가

1. 프로그램 평가

교육은 인간을 대상으로 하고 있다는 점에서 평가가 중요하고 매우 어려운 일이다. 프로그램 평가를 위해서는 평가과정에 대한 면밀한 계획이 필요하며 결과보고서를 활용하는 것도 필요하다. 설계된 프로그램을 실행한 후에 평가과정을 거쳐 프로그램의 가치와 효과를 판단하는 것이 평생교육자의 책무이다. 사전에 의도한 목표대로 프로그램이 실행되고 운영되었는지를 평가하여 이를 토대로 새롭게 프로그램을 개선해 나가는 과정이 필요하다. 그러기 위해서는 프로그램 평가의 계획수립과 평가도구 평가자료 분석이 끝나면 평가결과를 보고하고 활용하는 것이 중요하다.

1) 프로그램 평가의 이해

평생교육 프로그램 평가란 평생교육기관에서 운영하는 프로그램이 설정한 학습 목표를 어느 정도 달성했는지, 학습활동이 계획대로 진행되었는지, 그리고 학습자들의 학습 성장에 어떤 영향을 주었는가를 확인하고 가치를 판단하는 과정이다.

프로그램의 설계부터 시작하여 목표설정, 실행, 교육 결과에 이르는 과정은 물론, 평가 절차 및 평가 결과까지 포함하는 모든 과정을 검증하는 일련의 의사결정 과정이라 할 수 있다.

2) 프로그램 평가의 목적

프로그램 평가의 목적은 학습자의 학업성취도를 평가하고 학습자가 직면한 여러 문제를 진단하고 교육효과를 평가하여 평생교육 정책이나 프로그램의 유지, 수정, 종료를 판단하는 데 있다.

평가는 교육기관, 프로그램 개발가, 교수자, 학습자 등이 다양한 목적으로 실시하며 교육의 질(質) 향상을 추구하는 과정에서 절대적으로 중요하다. 평가는 기관의 정책수립 및 운영전략 개발과 관련된 의사결정을 위한 지속적, 종합적 활동이므로, 준거 선정 및 평가 실시에 있어서 객관성과 합리성, 타당성의 확보가 요구된다.

3) 프로그램 평가의 의의

객관성과 합리성, 타당성을 포함한 효과적인 평가를 실시하는 것은 어려운 일이다. 누구나 평가에 대한 거부감을 가지고 있으며, 객관적 기준과 타당성을 갖춘 평가 도구의 개발이 어렵기 때문이다. 평가는 프로그램 개발에 관련된 기관 및 사람들에게 중요한 피드백을 제공(Caffarella, 1994)하며, 프로그램의 평가가 갖는 의의는 다음과 같다.

첫째, 프로그램 목표에 충실하도록 해 준다.
둘째, 프로그램 개발의 모든 영역에 대한 의사결정을 위한 정보를 제공한다.
셋째, 학습 설계와 실천에 있어서 개선할 사항을 파악하도록 해 준다.
넷째, 학습에 대한 응용력을 증대시킨다.
다섯째, 프로그램에 책무성(accountability)을 부여한다.
여섯째, 프로그램의 주요 업적에 대한 자료를 제공한다.
일곱째, 미래 프로그램을 위한 개선방향 설정을 돕는다.

4) 평가의 중요성

교육기관은 프로그램을 개발·운영하고 운영결과를 평가하여 프로그램을 개선하는 일련의 교육체제를 구축하고 있다. 이러한 교육체제하에서 평가활동은 반드시 필요하다. 일반적으로 평가의 필요성이나 중요성은 다음과 같은 근거로 나타낼 수 있다(배호순, 2008).

첫째, 교육목표 달성 정도를 확인할 수 있다.
둘째, 교육활동의 효과를 확인하고 명료화할 수 있다.
셋째, 교육의 효과증대와 질적 수준 향상을 기대할 수 있다.

평가는 직접적으로는 교육프로그램의 효과와 가치를 확인하고 목표달성 정도를 확인하기 위해서 필요하다. 간접적으로는 교육의 질적 개선, 효과 증대, 효율성 증대, 생산성 증대 등과 함께 교육프로그램 개선을 돕는다.

2. 프로그램 평가의 유형

평생교육 프로그램의 다양한 특성으로 평생교육 평가의 종류도 다양하다. 평가가 이루어지는 수준과 평가의 목적에 따라 개념이 다르게 규정되고 있음을 인식할 필요가 있다.

1) 평가수준 및 범위에 따른 구분

(1) 교육평가

교육평가는 평가수준 및 범위에서 가장 넓은 의미로 사용되는 것으로 교육기관에서 이루어지는 모든 수준의 평가를 총칭한다. 교육프로그램과 실천의 설계, 실행 및 결과를 체계적으로 평가하는 과정으로 학습성과 측정, 교육관행 개선, 정보에 기반한 의사결정, 책임성 확보, 평생학습지원을 주요목표로 한다.

(2) 교육과정(프로그램) 평가

교육기관이 개설 · 운영하고 있는 교육과정이나 프로그램을 평가하는 것이다. 교육이나 학습 목표의 성취여부, 교수-학습과정 및 교육이나 학습의 결과 등을 평가한다.

(3) 수업평가

평가수준 및 범위에서 가장 좁은 의미로 사용되는 것으로, 수업활동이나 학습활동을 평가한다. 일정단위의 수업이나 학습을 통한 학습자들의 성취도나 태도의 변화정도를 확인하고, 교육만족도나 교수자의 교수방법의 적합성 등을 평가한다.

(4) 교육기관 인증평가

교육기관 전체의 시설 여건이나 운영상태 등을 평가하는 것으로 교육과정 평가와 구별하여 사용되고 있다. 흔히 일정한 평가기준을 충족한 경우에 교육기관으로서 적합함을 인증(Accreditation)하는 평가로 시행된다.

2) 평가의 목적에 따른 구분

(1) 목표중심평가

프로그램을 실시하기 전에 설정한 학습 목표를 프로그램 종료 후 학습자들이 얼마나 성취했는지 확인하는 데 사용하는 평가방법이다. 학습자들이 무엇을 할 수 있고, 사전에 의도했던 학습 목표에 얼마나 도달했는지에 집중한다.

(2) 가치판단중심평가

프로그램의 가치나 장점을 판단하는 데 초점을 두며, 학습자들의 학습 목표 성취도 중요하고 학습자들이 프로그램 참여를 통하여 얻은 성과나 그들의 정서나 태도의 변화도 중요하다는 입장이다.

(3) 의사결정지향평가

의사결정자에게 필요한 정보를 제공하여 정책판단이나 의사결정을 돕는 데 평가의 궁극적인 목적이 있다. 즉, 의사결정자에게 필요한 정보를 제공하여 의사결정을 보조하는 데 우선하고 있다.

3) 평가시기에 따른 구분

(1) 진단평가(diagnostic evaluation)

프로그램이 실시되기 전에 프로그램의 효과를 극대화할 수 있는 제반 정보, 즉 학습자의 요구, 준비도, 교수자의 교육환경 등을 평가하는 것이다. 진단평가의 목적은 학습자에게 적합한 학급편성과 학습 실패원인을 발견하여 대책을 마련하는 데 있다.

(2) 형성평가(formative evaluation)

프로그램을 실시하는 도중에 이루어지는 것으로 학습 진행과정을 수시로 평가하는 것이다. 프로그램 진행과정에서 문제점을 파악하여 일정을 조정하거나 학습자들의 학습 상태를 수시로 평가하여 학습속도의 조절과 교정학습의 기회를 제공한다.

(3) 총괄평가(summative evaluation)

프로그램 종결 후 이루어지는 것으로 프로그램의 효과를 종합적으로 평가하여 프로그램의 채택여부 및 수정의 필요성 여부 등에 관해 판단한다.

4) 평가인력에 따른 구분

(1) 내부평가

평생교육기관 내부에서 운영 또는 프로그램 담당자가 소속된 조직의 다른 구성원이 행하는 평가로 전문성과 경험을 활용할 수 있는 장점과 평가공정성 유지가 곤란한 단점이 있다.

(2) 외부평가

정책의 결정 · 집행 담당기관이 아닌 제3자가 수행하는 평가로 평가공정성을 유지할 수 있다는 장점과 평가결과 활용이 미흡한 단점이 있다.

5) 평가대상에 따른 구분

(1) 교육담당자를 대상으로 하는 평가

평생교육 프로그램을 운영했던 담당자들을 대상으로 업무수행과정이나 교육

내용, 교수자 등을 평가하는 것으로 회의를 갖고 프로그램의 효과와 문제점 분석 후 다음 프로그램에 반영한다.

(2) 학습자를 대상으로 하는 평가

프로그램에 참가한 학습자들을 대상으로 프로그램 전반에 대한 만족도와 교수자의 자질, 학습효과, 시설 여건 등을 평가하는 것으로 주로 설문지를 사용한다.

(3) 교수자를 대상으로 하는 평가

프로그램에 참여한 교수자들을 대상으로 학습 분위기, 학습자들의 태도, 프로그램 내용구성과 운영전반에 대한 건의사항 등을 평가한다.

6) 상대평가와 절대평가

(1) 상대평가

학습자의 평가를 속해 있는 집단의 결과에 비추어 학습자의 상대적 위치를 나타내는 평가로 평가척도를 개발할 때 사용되며, 평가대상 간의 비교, 변별, 선발 등을 결정할 때 적용한다.

(2) 절대평가

미리 정해 놓은 준거에 따라 평가하고자 하는 특성의 성취도를 확인하는 것으로, 프로그램에 주어진 학습 목표의 달성이라는 기준에 비추어 평가하는 방법이다.

7) 양적(정량)평가와 질적(정성)평가

(1) 양적(정량)평가

실증주의적 인식론(지식이나 인식 주체 밖에 객관적인 형태로 존재한다고 가정)에 바탕을 두어 평가결과를 수량화하는 평가방법이다. 일반적으로 가설을 설정하고 객관도, 타당도를 활용한 질문지법을 사용한다. 평가에 따른 시간 절약과 대량표집을 할 수 있다는 장점도 있으나 주어진 질문에 피동적으로 답해야 하는 한계가 있다.

(2) 질적(정성)평가

구성주의적 인식론(지식은 고정불변하는 것이 아니라 인간의 상호작용을 통하여 끊임없이 재구성된다고 보는 가정)에 바탕을 둔다. 평가척도로 활용될 때, 정량화할 수 없는 문제에 체크리스트를 활용하여 평가자가 주관적으로 수준을 결정한다. 참여관찰법을 활용하여 평가자의 주관적인 해석으로 의미를 파악한다.

8) 평가방법에 따른 구분

(1) 과학적 · 객관적 평가

과학적 방법이나 논리를 적용하여 수행하는 프로그램평가로 과학적인 조사방법을 동원하여 사실에 부합한 평가를 한다.

(2) 비과학적 · 주관적 평가

일반대중이나 평생교육 평가자들의 상식적, 개인적 느낌에 의한 프로그램을 평가하는 것으로 평생교육 대상자의 만족도 평가나 객관적 평가의 보완을 위해 전문가의 판단을 적용한다.

9) 인지적 특성 평가와 정의적 특성 평가

(1) 인지적 특성 평가

학습내용이 지식 위주로 구성되어 있을 때 평가하는 것으로 질문지법 등을 활용한다.

(2) 정의적 특성 평가

학습내용이 인간의 정서나 태도변화를 위주로 구성되었을 때 평가하는 것으로 참여관찰법 등을 활용한다.

3. 프로그램 평가모형

1) 목표중심 평가모형

타일러가 제안한 목표중심 평가모형은 교육현장에서 널리 활용되고 있으며, 교육평가의 절차는 교육과정에 투입하기 전의 학생행동과 투입 후의 행동을 비교한다. 목표중심 평가모형은 합리적이고 과학적인 것으로 인식되며, 교육목표 달성 정도를 평가하는 절차 7단계는 다음과 같다.

1단계: 학교의 광범위한 교육목표를 설정한다.
2단계: 설정된 교육목표를 분류한다.
3단계: 분류된 교육목표를 행동적 용어로 규정한다.
4단계: 교육목표의 달성이 측정될 수 있는 평가 장면을 설정한다.
5단계: 측정방법과 도구를 새롭게 개발하거나 선택한다.
6단계: 측정방법 및 도구를 사전 탐색적 시행결과를 바탕으로 개선한다.
7단계: 측정실시, 자료수집 및 처리, 결과를 해석한다.

목표중심 평가모형은 교육목표가 평가에서 핵심적인 역할을 하며, 교육목표의 행동적 정의와 진술은 측정 및 평가를 용이하게 하여 평가의 효율성을 증대시킨다. 이 모형은 교육목표를 설정하는 방법과 목표를 측정하는 도구의 개발을 촉진시켜 교수자들이 교육목표 선정과 진술에 더 관심을 갖도록 유도하였고 교육에 대한 책임의식 제고에 기여하는 평가이다.

2) 결과중심 평가모형

결과중심 평가모형은 커크패트릭의 4단계 평가모형이 가장 대표적으로 반응평가, 학습평가, 행동평가, 결과평가에서 프로그램의 결과를 중심으로 평가할 것을 제시하였다(권대봉, 2008). 4가지 단계별 주요 질문은 다음 표와 같다.

〈표 7-1〉 커크패트릭의 결과중심 평가모형의 단계별 주요질문

단 계	질 문
반 응	참가자들은 프로그램에 만족하는가?
학 습	참가자들은 프로그램에서 무엇을 학습하였는가?
행 동	참가자들은 학습을 통해 행동이 변화하였는가?
결 과	행동의 변화가 조직에 긍정적인 영향을 미쳤는가?

출처: Philips(1991).

(1) 반응평가(Reaction Evaluation)

반응평가는 'Smile Test' 또는 'Happiness Sheet'라고 하는데, 학습자나 교수자 또는 교육 담당자를 대상으로 교육프로그램에 대한 만족도를 평가하는 것이다. 반응평가수준의 평가는 일반적으로 평생교육기관에서 실시하는 교육프로그램 평가로 결과중심 평가모형 중 가장 많이 활용되고 있다(김한별 외, 2010).

프로그램 종료 직후 프로그램에 참여한 학습자들이 그 프로그램에 대하여 얼마나 만족하는지를 설문지 형식의 평가를 통하여 학습자들의 반응결과를 바탕으로 프로그램의 지속여부를 결정하는 것이다.

반응평가는 학습내용에 대한 학습자들의 만족도평가와 교수자 · 교육 담당자를 대상으로 학습자들의 태도나 분위기, 시설과 기자재 및 교수자의 자질, 교육

기관의 서비스 만족도 등 교육프로그램 운영 전반에 관한 평가를 한다.

(2) 학습평가(Learning Evaluation)

학습평가는 프로그램 참여자가 프로그램을 통하여 무엇을 배웠는지 학습내용에 대한 평가이다. 프로그램 참여결과로 얻어진 학습자들의 지식 증진, 태도변화, 기술 향상의 정도를 평가(김용현 외, 2014)하며, 필기시험이나 문답시험, 실기시험 등 다양한 방법을 활용한다. 지필평가와 실기, 시범, 역할연기, 토론 등을 통한 수행평가를 실시하는 것이 필요하다.

학습평가의 결과만으로 프로그램의 효과를 맹신하면 안 되는 이유는 학습을 많이 하고 잘했다고 해서 그것이 직무적용도나 조직의 성과에 기여한다는 보장이 없기 때문이다. 따라서 현업적용도나 조직의 성과에 대한 프로그램의 기여도를 평가하기 위해서는 행동평가나 결과평가를 병행해야 한다.

(3) 행동평가(Behavior Evaluation)

행동평가는 프로그램에 참여한 학습자들의 행동변화를 평가하는 것으로 전이평가(Transte Evaluation)라고도 한다. 프로그램을 통해서 학습한 지식과 기술이 그들의 실제 직무에 얼마나 기여했는지 평가하는데, 교육실시 후 대체로 3개월 정도의 시간이 경과한 후에 평가한다.

행동평가는 학습자 주변의 상사, 동료, 부하직원, 고객 등을 대상으로 평가한 결과를 수집하는 것이 타당한 자료로 인정된다. 학습자 자신의 자기보고서, 주변인들을 대상으로 다면평가 설문지를 주로 활용한다.

(4) 결과평가(Result Evaluation)

결과평가는 교육프로그램 운영결과로 발생하는 효과에 대하여 평가하는 것으로 개인의 지속적인 태도변화, 조직이나 지역사회의 발전 기여도, 비용절감효과 등에 초점을 둔다. 즉, 비용절감, 작업결과의 개선, 품질 변화 등의 조사 자료를 프로그램 실시 전과 후를 비교분석하여 평가한다.

필립스(Philips, 1997)는 커크패트릭의 4단계 모형을 확장하여 비용-이익 관점에서 투자회수율(Return On Investment: ROI) 평가를 추가하였다. 투자회수율은 프로그램에 투입된 총 비용과 결과에 대한 금전적 가치를 측정하는 것으로, 산출하는 공식은 다음과 같다(Philips, 1997).

$$\text{투자회수율[ROI](\%)} = \frac{\text{프로그램 순이익(Net Program Benefits)}}{\text{프로그램 총비용(Program Costs)}} \times 100$$

결과중심 평가모형은 평가절차와 정보 분석상의 편의성으로 널리 활용되고 있으나 프로그램의 개발 및 실질과정에 대한 평가가 어렵다는 문제점이 있고 결과중심 모형의 준거(반응-학습-행동-결과) 간의 영향관계가 명확하지 않다는 비판도 받고 있다(김용현 외, 2014). 즉, 반응이 높게 평가되었다고 해서 학습평가 결과가 높게 나오는 것은 아니며, 학습평가 결과가 높게 나왔다고 해서 행동평가 결과가 높은 것은 아니라는 것이다.

3) 의사결정중심 평가모형

의사결정중심 평가모형 중 널리 활용되는 것은 스터플빔(Stufflebeam)이 제안한 CIPP 모형으로 의사결정에 필요한 정보제공을 위한 평가틀을 개발하였다. 네 가지 형식의 평가는 다음과 같다.

(1) 상황평가(Context Evaluation)

상황평가는 조직이나 개인이 직면한 상황이나 배경과 프로그램 목표 간의 적합성을 평가하는 것이다. 프로그램의 요구분석과 상황분석을 통해서 학습 목표를 설정하고, 학습자들의 요구파악과 그들의 참여전략을 구체화시키기 위한 근거를 파악해야 한다. 주된 내용은 프로그램을 위한 적절한 환경을 규정하고 실제적인 환경의 기술과 학습자들의 충족되지 않은 욕구를 확인하는 것이다.

(2) 투입평가(Input Evaluation)

투입평가는 프로그램 목표달성을 위하여 자원을 어떻게 활용해야 하는지를 평가하는 것이다. 프로그램 담당자의 역량, 적절한 예산과 시간계획, 프로그램 운영을 지원하는 각종 시설 및 기자재, 프로그램 운영기관의 각종 지원 등 다양한 요소를 평가하는 것이 필요하다. 평가방법으로는 참고문헌 탐색, 현지답사, 사전탐색적 시행 등을 활용한다.

(3) 과정평가(Process Evaluation)

과정평가는 프로그램 실천 단계에서 실천과정이나 절차상의 문제점을 파악하고 프로그램 담당자에게 정기적인 피드백을 제공하는 평가이다. 과정평가에서는 프로그램 운영에 부정적인 영향을 주는 환경상의 장애요소를 사전에 확인하는 것이 중요하다. 즉, 프로그램 운영과정에서 실제로 어떠한 일이 일어나는지를 기술하고, 프로그램 담당자들과 지속적으로 접촉하여 운영과정상의 문제점이나 결함을 파악하여 그것을 의사결정자에게 제공하는 데 초점을 둔다.

(4) 산출평가(Product Evaluation)

산출평가는 프로그램실시 단계와 종료 단계에서 프로그램을 통하여 산출된 결과를 측정하고 해석하기 위한 평가로서, 프로그램의 목표나 상황, 투입, 과정과 관련된 정보와 산출된 결과를 연계시키는 데 중점을 둔다. 목표와 연계된 준거를 조작적으로 정의하고 측정하며, 측정결과를 사전에 결정된 기준과 비교하고, 산출결과를 상황, 투입, 과정 정보와 관련시켜 해석하는 방법론을 활용한다.

CIPP 평가모형에서 상황평가는 학습 목표를 설정하는 데 기여하고, 투입평가는 프로그램 설계에 도움을 주며, 과정평가는 평가 실시를 안내하고 산출평가는 피드백에 도움을 주는 기능을 한다. 즉, 의사결정자에게 지속적으로 새로운 정보를 제공해 줌으로써 초기 결정에 대한 재검증을 가능하게 한다. CIPP 평가모형은 기존의 평가모형에 비하여 평가대상의 폭이 넓고 프로그램의 여러 상황에 대한 평가가 가능하며, 의사결정과 평가 간의 체계적인 접근이 가능하다는 장점이 있다. 그러나 CIPP 평가모형은 평가자가 가치판단을 회피하고 의사결정자에게 위임한다는 약점이 있으며, 평가가 너무 복잡하고 많은 비용이 소요된다는 한계도 있다.

〈표 7-2〉 CIPP 평가모형 단계별 평가내용

평가단계	평가 내용
상황평가 (Context)	교육과정이 충족되어야 할 필요 · 요구 · 목적을 확인해 주는 역할을 한다. 이러한 정보제공을 통해 교육기관은 효과적인 프로그램을 투입하거나 개선하는 도구로 사용할 수 있다.
투입평가 (Input)	설정된 목표를 성취하기 위해 프로그램에서 사용되어야 할 수단과 절차에 대한 정보를 제공해 주는 평가를 의미하며, 사전에 교육기관에 필요한 정보를 제공해 가장 좋은 전략과 운영계획을 설계하여 예산을 편성할 수 있다.
과정평가 (Process)	계획된 프로그램이 실제 교육환경에서 어떻게 전개되고 있는지를 확인하여 정보를 제공하는 과정이다. 이를 통해 계획이 원래의 설계에 부합하여 실행되고 있는지를 파악할 수 있으며, 필요한 경우 부적절한 계획을 수정할 수 있다.
산출평가 (Product)	프로그램의 성취 결과를 측정하고 해석하기 위한 목적으로 이루어지는 평가로, 프로그램의 목표성취와 요구가 충족되었는지를 알아보는 데 사용한다.

출처: 양유진(2024).

4) 가치판단중심 평가모형

스테이크(Stake)가 제안한 가치판단중심 평가모형에서 평가를 구성하는 가장 중요한 요소가 기술과 판단이다. 가치판단중심 평가모형은 평생교육 현장에서 프로그램 참여자들의 반응을 확인하고 만족도와 욕구 충족도를 파악하는 데 가장 일반적으로 사용되고 있다(김진화, 2011).

가치판단중심 평가모형은 거시적인 관점에서 종합적으로 평가에 접근하고 기술적 자료와 판단 자료를 구분하고 그 관계를 중시하는 한편, 평가에서 판단의 역할을 부각시켰다는 점에서 긍정적 평가를 받고 있다. 그러나 지나치게 이상적인 측면으로 평가실행상 적합한 자료수집 방법의 개발이 어렵고 충분하게 기술하고 판단하기 위해서는 지나치게 복잡한 과정과 막대한 비용이 소요된다는 단점이 있다(김용현 외, 2014).

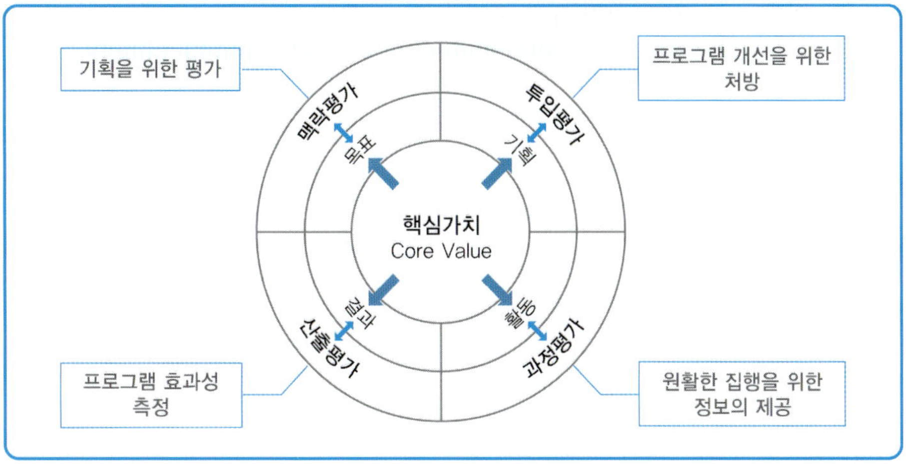

[그림 7-1] 스터플빔 CIPP 모형

출처: 양유진(2024).

4. 프로그램 평가의 방법 및 절차

일반적으로 평가방법 및 절차는 평가과정 설계 → 평가도구 선정 및 개발 → 평가자료 수집 및 분석 → 평가결과 보고 및 활용 등의 단계를 거치게 된다.

1) 평가과정 설계

프로그램 평가를 위해서 평가과정에 대한 면밀한 계획이 필요하며, 평가결과를 어떻게 활용할 것인지에 대한 설계가 선행되어야 한다. 평가과정을 설계할 때 고려해야 할 요소로 다음과 같은 여섯 가지가 있다(배호순, 2008).

첫째, 어떤 목적으로 평가하고자 하는가?
둘째, 평가 요구자와 핵심 관계자는 누구인가?
셋째, 어떤 접근방법으로 평가하고자 하는가?
넷째, 특별히 고려해야 할 사항은 무엇인가?
다섯째, 중요한 평가준거와 기준은 무엇인가?
여섯째, 평가자원은 무엇인가?

카파렐라는 평생교육과정을 체계적으로 설계하는 방법으로 다음과 같은 열두 가지를 제안하였다(Caffarella, 1994).

- 평가결과에 영향을 미치는 사람으로부터 평가에 대한 자원을 확보하라.
- 평가를 기획하고 감독할 사람을 선정하라.
- 평가의 목적과 평가결과의 활용방법을 확정하라.
- 평가의 내용과 문항을 구체화하라.
- 평가를 누가 할 것인지를 결정하라.
- 활용할 평가방법을 구체화하라.
- 자료수집 방법과 시기를 결정하라.
- 분석절차를 구체화하라.
- 평가의 기준과 준거를 구체화하라.
- 구체적인 평가일정과 예산을 결정하라.
- 평가를 실시하고 제안사항을 정리하라.
- 평가결과 제안사항에 대한 기관 반응을 유도하라.

평가과정 설계는 평가를 위한 판단근거를 수집하고 설정하는 일을 어떻게 수행하고 전개할 것인가에 답변하는 일이라고 할 수 있다. 먼저 거시적인 관점에서 평가의 틀을 정한 다음 미시적으로 구체적인 평가활동을 단계별로 계획하는 것이 필요하다.

2) 평가방법 선정 및 평가도구 개발

(1) 평가방법 선정

평가자료를 수집하고 분석하기 위해서는 먼저 평가방법을 결정해야 한다. 평가자료를 수집하기 위한 평가방법은 여러 가지가 활용될 수 있으며, 평가방법은 프로그램의 목표, 학습내용과 수준, 집단의 규모나 시설여건, 학습자들의 특성, 평가비용 등을 고려하여 선정되어야 한다. 평생교육에서 자주 사용되는 다섯 가지 방법을 소개하면 다음과 같다(차갑부, 1999).

① 질문지법

질문지는 가장 일반적으로 활용되는 기법으로 정보를 신속하게 수집하는 객관성 있는 방법이다.

〈표 7-3〉 질문지법의 장·단점

구분	질문지법
장점	• 많은 응답자를 짧은 시간 안에 조사할 수 있음 • 정량적 데이터를 쉽게 수집하고 분석할 수 있음 • 익명으로 응답할 수 있어 솔직한 의견을 얻기 쉬움
단점	• 질문지가 너무 길거나 복잡하면 응답률이 낮아질 수 있음 • 주관식 질문의 경우 응답내용을 분석하기 어려울 수 있음 • 잘못 설계된 질문은 오해를 초래하거나 정확하지 않은 데이터를 생성할 수 있음
활용예시	• 고객만족도 조사, 연구조사, 교육평가
배포방법	• 종이설문지, 온라인 설문 등

② 면접법

면접법은 개인이나 그룹을 대상으로 직접 질문을 통해 정보를 수집하는 방법으로 주로 질적연구에서 사용되며, 평가결과를 쉽게 수량화할 수 없고, 예기치 못한 생각과 반응을 찾아내는 데 가장 적합하다.

〈표 7-4〉 면접법의 장·단점

구분	면접법
장점	• 응답자의 생각과 감정을 깊이 있게 이해할 수 있음 • 응답자의 답변에 따라 질문을 조정할 수 있어 더 많은 정보를 이끌어 낼 수 있음 • 표정, 몸짓 등의 비언어적 신호를 관찰할 수 있음
단점	• 면접 준비와 진행에 시간이 많이 소요될 수 있음 • 면접관의 해석에 따라 결과가 달라질 수 있음 • 응답자가 면접관에게 맞추어 답변할 가능성이 있음 • 면접에 응한 응답자의 의견이 프로그램에 대한 의견을 대표한다고 보기 어려움 • 면담결과를 분석하기 곤란한 경우도 있음
활용예시	• 사회조사, 고객인터뷰 등

③ 관찰법

관찰법은 프로그램의 진행과정을 살펴보는 데 유용한 방법으로 특정행동이나 사건을 직접 관찰하여 정보를 수집하는 연구방법으로 주로 질적 연구에서 사용되며, 행동의 맥락 패턴을 이해하는 데 유용하다.

〈표 7-5〉 **관찰법의 장 · 단점**

구분	관찰법
장점	• 참가자의 자연스러운 행동을 관찰할 수 있어 신뢰성이 높음 • 행동의 배경과 맥락을 이해하는 데 도움이 됨 • 비언어적 신호나 행동을 파악할 수 있음
단점	• 관찰에 많은 시간과 비용이 소요되며 데이터 수집이 어려울 수 있음 • 연구자의 해석에 따라 결과가 달라질 수 있음 • 관찰자가 다르면 결과가 달라질 수 있음
활용예시	• 교육현장, 사회연구, 사용자 경험조사 등

④ 논평(Comnent)

논평은 공식적이거나 비공식적인 기록으로 프로그램에 참여한 학습자들에게 프로그램 전반에 대하여 자신들의 소감을 기록하는 것이다. 논평은 특정 주제나 사건에 대한 분석, 평가, 의견을 제시하며 특정이슈에 대한 심층적인 통찰을 제공하여 깊이 있는 분석과 다양한 관점을 제시할 수 있다. 학습자의 예기치 않은 반응을 알아보는 데 매우 유용한 방법이나 분석하기 어렵고 대표성이 없는 평가자료를 만들어 낼 가능성이 있다.

⑤ 녹음과 녹화

녹음은 음성이나 소리만을 기록하는 과정으로 간편하며 저렴하게 사용할 수 있고 편리한 편집의 장점이 있다. 단점으로는 표정이나 몸짓 등의 비언어적 신호는 기록할 수 없고 정보를 이해하려면 청취해야 하는 시간이 소요된다는 단점이 있다.

녹화는 영상과 음성을 동시에 기록하는 과정으로 표정 몸짓 등 비언어적 정보가 포함되어 풍부한 정보를 제공할 수 있고 시청각적 요소를 통해 이해를 돕고 기억에 남기기 쉬운 장점이 있다. 그러나 장비와 설정이 복잡할 수 있으며 미디어 파일이 상대적으로 크기 때문에 저장 공간이 필요한 단점이 있다.

녹음과 녹화를 통해 교수자는 자신의 교수활동을 관찰해서 스스로 수정 · 보완할 수도 있다.

(2) 평가도구 개발

평가목표를 달성하기 위해서 내용을 적절한 방법으로 측정할 수 있는 정확한 평가도구를 선정하거나 개발하는 일은 매우 중요하다. 좋은 평가도구란 먼저 그 도구가 평가하고자 하는 내용과 일치되는 타당성이 있어야 한다. 또한 질문에 응답할 때 평가목표에 알맞은 응답을 정확히 얻어 낼 수 있는 신뢰성, 객관성이 요구되며 누구나 쉽게 적용할 수 있는 실용성이 있어야 한다(김진화, 2001).

검사문항 형태로 많이 활용되는 것은 자유반응형, 선택성, 선다형, 평정형, 서열형, 목록표형 등이 있다(배호순, 1994). 검사도구의 장점과 단점을 살펴보면 다음과 같다.

〈표 7-6〉 검사문항 형태별 장 · 단점

문항 형태	장점	단점
개방형	• 자유로운 반응 • 이유 및 근거 제시	• 반응하기 어렵고 시간이 많이 소요됨
목록형 (해당항목 선택)	• 선택하기 용이함 • 결과 해석이 쉬움	• 반응상의 제한 • 국한된 방식으로 반응
선다형 (4지, 5지 선다형)	• 선택이 용이함 • 제한된 질문 내용(명료함)	• 반응상의 제한 • 선택의 이유를 알 수 없음
평정형 (등간척도형)	• 준거지향 접근(준거기준)	• 찬 · 반 방향을 혼돈
서열형 (순위)	• 가치 판단 정도 확인 • 규준지향 접근(상대성) • 제작 및 활용이 용이함	• 판단이유 · 근거 불명확 • 제한된 동질적인 문제만을 다룸

다음 예시는 피드백 요소에 대한 평정형(등간척도)설문지 일부분이다. 소분류에 해당하는 내용에 대해서 타당도를 묻는 설문으로 "전혀 타당하지 않음 ①번 ~ 매우 타당함 ⑤"까지 평가하는 것이다. 해당 설문지에 학습자는 자신의 의견을 기록한다.

	소분류	피드백 요소의 타당도				
		① 전혀 타당하지 않음	② 타당하지 않음	③ 보통	④ 타당함	⑤ 매우 타당함
피드백요소	프로그램 만족도 조사					
	학습자요구 반영도					
	기관운영의 효율성					
	교·강사 운영의 적합성					
	교육프로그램 참여율					
	프로그램 모니터링					
	기관운영의 적절성					
	프로그램 운영의 적절성					
	시대변화 반영성					
	지역사회 활력 증진					
	평생교육 주체 간 네트워크 증진					
	이수자 추수지도(사후관리)					

출처: 이주영(2024).

3) 평가자료 수집 및 분석

(1) 평가자료 수집

평가는 일반적으로 프로그램 실시 전, 진행 중, 종료 후에 실시한다. 프로그램이 시작되기 전에는 학습자들의 수준을 알아보기 위해서 그들의 지식이나 기술 태도에 관한 기초 자료를 수집하는 것으로 관찰이나 면접, 질문지를 활용한다.

프로그램 진행 중에는 교육이 실시되는 현장에서 평가자료가 수집된다. 프로그램과 학습내용에 대한 학습자와 교수자의 반응을 평가하기 위해 질문지나 면접, 테스트가 활용된다.

프로그램 종료 후에는 교육현장에서 학습자들의 만족도나 반응을 질문지, 면접 등을 통해서 자료를 수집한다. 프로그램 실시 전에 수집된 평가자료와 비교하여 학습자들의 수준향상 정도와 개선사항을 확인하는 데 활용될 수 있다.

(2) 평가자료 분석

평가를 실시한 후 평가 자료가 수집되면 수집된 자료를 정확하고 객관적으로 분석한다. 자료분석 절차는 지금까지의 모든 평가 과정의 귀결단계이므로 신중을 기해야 한다. 수집된 자료가 아무리 중요한 내용을 포함하고 있어도 정확한 분석과 해석이 이루어지지 않으면 평가의 효과를 거둘 수 없으며, 평가의 결과 활용에도 부정적인 영향을 미치게 된다.

평가 자료에 대한 분석은 평가방법에 따라 달라지며, 양적인 자료는 정확한 수량을 나타내며, 질적인 자료는 깊이 있는 기술적 자료를 제공한다.

〈표 7-7〉 **평가방법에 따른 자료 분석방법**

평가방법	자료 분석방법
질문지	• 매우 정교한 통계적 기법을 사용하여 분석 • 수업향상에 관심 있는 교수자는 응답의 빈도나 평균치에 의한 기법이 적절 • 정확한 수치라도 통계적으로 조작이 가능하고 다양한 변인들의 영향을 받을 수 있음
면접결과	• 범주별로 응답을 기술하는 것으로 구성 • 면접이 구조적일 경우 범주가 미리 결정되고 필요시 수정 가능
관 찰	• 평가될 행위나 특성에 대한 체크리스트를 활용 • 체크리스트의 항목에 대한 체크나 평점의 빈도를 측정하여 분석
논 평	• 면접과 유사한 방법으로 분석 • 각 범주별로 진술의 빈도를 측정하여 응답이 범주화되고 평가결과로 요약
녹음과 녹화	• 관찰과 유사한 방법으로 분석

4) 평가결과 보고 및 활용

평가자료의 분석이 끝나면 평가결과를 어떻게 보고하고 활용할 것인가를 결정한다. 프로그램의 유지와 개선 및 프로그램을 홍보하는 데 활용될 수 있으므로 중요하다. 또한 평가결과를 활용하고 난 후 예상되는 변화를 지속적으로 파악하고 결과 활용 정도와 반응을 추적·조사하는 등의 계획수립이 요구된다.

〈표 7-8〉 평가 보고서의 구성

평가 보고서의 구성

Ⅰ. 서론
- ▣ 보고의 요약 및 목차
- ▣ 보고의 목적, 범주, 제한점
- ▣ 평가의 목적

Ⅱ. 본론
- ▣ 프로그램 목표
- ▣ 프로그램 진행 및 결과
- ▣ 평가 진행 절차 및 결과

Ⅲ. 결론
- ▣ 평가 결과의 분석 및 해석
- ▣ 주요 내용의 요약 및 결론
- ▣ 제언

(1) 평가결과 보고의 목적

평가결과를 보고하는 목적은 평가 자체의 목적이나 초점에 의해 좌우되지만 일반적으로 활용되는 목적들은 다음과 같다.

- 책임감을 과시하기 위한 것: 프로그램 관계자 및 평가자
- 프로그램을 정당화 및 타당화하기 위한 것
- 프로그램 관계자의 교육과 홍보를 위한 것
- 업적 보존 및 기록을 위한 것
- 대중의 지지나 후원을 얻기 위한 것
- 관계자의 프로그램에 대한 이해와 교육을 위한 것
- 프로그램에 대한 의사결정을 위한 것

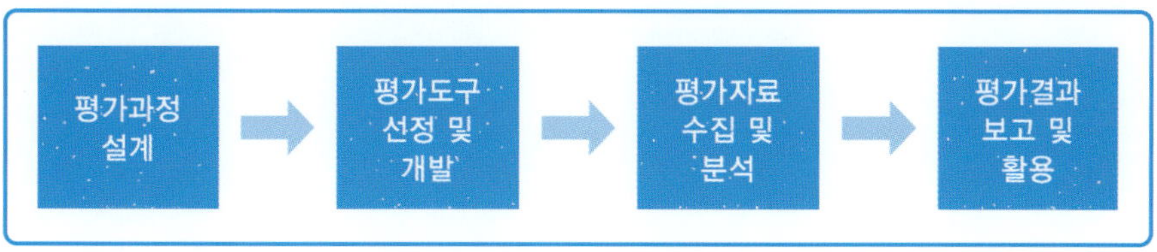

[그림 7-2] **평가절차**

(2) 효과적인 결과보고 방안

평가결과를 언제, 누구를 대상으로, 보고시기와 일정에 대한 계획을 종합적으로 고려하여 판단한다. 효과적인 결과보고를 위해서는 다양한 결과보고 형식과 매체의 활용방안을 강구하는 것이 필요하다. 다양한 보고방안을 탐색하고 활용함으로써 관련자들의 관심을 많이 불러일으킬 수 있게, 보다 정확하게 보고하면 평가결과 보고의 효과를 높일 수 있다.

(3) 보고서 활용방안

평가보고 대상자로 하여 평가결과에 대한 의견을 제시하고 반응할 수 있도록 구체적인 방법을 제시할 필요가 있다. 평가결과보고서를 반드시 읽도록 권장하여 충분히 이해했는지, 소감이나 건의할 점은 무엇인지를 자유롭게 표현할 수 있도록 방법 및 절차를 제시해 주어야 한다.

평가결과 보고를 접한 후 프로그램 관련자들이 행동상의 변화, 평가결과를 자신의 업무수행에 적용하는가, 프로그램에 대한 관심이 생겼는가 등을 주기적으로 파악하여 프로그램 개선과 평가활동에 실질적인 도움을 줄 수 있도록 해야 한다.

〈표 7-9〉 **프로그램 평가 예시**

1. 평가의 목적

- 현재 시행되고 있는 프로그램을 평가하여 앞으로 보다 더 필요하고 질 높은 프로그램을 개발하기 위함
- 프로그램 진행과정의 모든 의사결정을 위한 정보를 제공하고, 학습활동 과정을 개선하며, 책임감을 높이고, 향후 프로그램 개선방향을 제시함

2. 평가방법

- 설문지에 의한 평가: 프로그램 대상자에게 설문지를 주어 프로그램에 어떠한 영향을 끼쳤는지에 대하여 평가함
- 예절교육, 음식만들기, 전통놀이, 전래동화구연 중 각 과정당 5명 시범강연

3. 평가내용

- 프로그램 계획과 내용에 비추어 평가
- 평가는 코스요소와 교수활동을 중심으로 실시함
- 평가는 프로그램 사이의 자체평가를 통해서 기본적으로 실시하며, 이와 함께 프로그램 진행자들 사이의 자체평가를 실시함
- 학습자용 설문지, 교수자용 설문지
- 수료생들이 유치원 취업현장에서 교수자로 활동할 수 있는지 평가

4. 평가시기

- 프로그램 종료 후–사후평가

(학습자용 설문지)

안녕하십니까?

먼저, 이번 교육에 참가하여 주신 교육생 여러분께 감사드립니다.

다음의 설문은 앞으로 실시될 프로그램을 개선하기 위해 여러분의 고귀한 의견을 듣고자 합니다.

이번 교육기간 동안 보고 느끼고 생각하신 점을 솔직하게 응답해 주시면 감사하겠습니다. 귀하의 응답 내용은 절대 비밀이 보장되며, 여러분의 소중한 의견은 본 기관의 교육성과를 높이는 데 밑거름이 될 것입니다.

바쁘시더라도 각 문항마다 성의껏 응답하여 주시면 감사하겠습니다.

2024년 12월

OO 교육원

※ 각 질문에 대해 보기 중에서 해당되는 것을 골라 ∨표 해 주시고, 답이 없는 경우에는 기타 및 빈칸에 내용을 작성해 주십시오.

1. 귀하는 취업을 위해 이 교육이 꼭 필요하다고 생각하십니까?
① 꼭 필요하다 ② 필요하다 ③ 필요하지 않다 ④ 잘 모르겠다

2. 이번 교육과정의 만족도는 어떠십니까?
① 매우 만족 ② 만족 ③ 보통 ④ 불만족 ⑤ 매우 불만족

3. 이번 교육과정의 교육기간은 어떠하였습니까?
① 길다 ② 적당하다 ③ 짧다
④ 적당하지 않다(사유:)

4. 교육 인원수는 교육받기에 어떠하였습니까?
① 매우 많음 ② 보통 ③ 적당함 ④ 적음 ⑤ 매우 적음

5. 본 교육기관의 실습기자재 등 교육시설은 어떠하였습니까?
① 만족 ② 보통 ③ 불만족(사유:)

6. 본 교육기관의 부대시설 및 복지시설은 어떠하였습니까?
① 만족 ② 보통 ③ 불만족(사유:)

7. OO 교육원 교육에 어떻게 참여하게 되었습니까?
① 교육원 홈페이지를 통해 우연히 참여
② 교육원에 다른 용무로 방문하였다가 알게 되어 참여
③ 교육원에 관한 다른 입소문을 통하여 참여
④ 교육원 소식지나 전단지를 통하여 참여
⑤ 기타( )

8. 이번 교육과정에서 특히 미흡했다고 생각되는 과목은 무엇입니까?
① 예절교육 ② 음식만들기 ③ 전통놀이 ④ 전래동화구연 ⑤ 민속마을 견학
⑥ 사유( )

9. 이 교육과정에서 더 필요하다고 생각되는 과목은 무엇입니까?
( )

10. 이 교육과정에 대한 소감 및 느낀 점은 무엇입니까?
( )

11. 본 교육기관에 대한 희망사항 및 건의사항을 기재해 주십시오.
( )

* 설문에 응해 주셔서 감사합니다. 더욱 노력하고 발전하는 OO 교육원이 되겠습니다.

출처: 김용현 외(2014).

Chapter 08

인문교양교육

08
Chapter

인문교양교육

인공지능(Artificial Intelligence, AI)은 사람처럼 사고하고 행동을 구현하는 기계적 시스템으로 정의된다. 1956년 **다트머스 회의**(Dartmouth Conference)에서 공식적으로 그 이름과 개념이 세상에 처음 등장하였다. 이후 AI는 빅데이터와 인터넷 기술의 발전에 힘입어 급격히 진화하고 있다.

> **다트머스 회의**
> 인공지능이라는 분야를 확립한 학술회의. 1956년에 열림.

AI는 사람의 지적 작업을 대체하거나 보완하는 기계로 정의한다. 오늘날 AI는 다양한 온라인 환경에서 비디오, 오디오, 이미지, 텍스트, 코드 등의 데이터를 학습하여 실질적인 문제를 해결하고 있다. 최근 등장한 생성형 AI는 기존 데이터를 기반으로 새로운 콘텐츠를 생성하며, 질문자의 요구에 즉각적으로 대응하는 자동화된 문제 해결 도구로 주목받고 있다.

오늘날 교육계는 새로운 패러다임의 전환기를 맞이하고 있으며 이 과정에서 생성형 AI의 도입은 큰 변화를 이끌어 내고 있다. 특히, 생성형 AI는 단순한 도구를 넘어 교육 방식과 경험의 본질을 혁신하며 기존의 전통적인 접근법을 재구성하고 있다. 생성형 AI의 큰 장점 중 하나는, 특별한 공학적 지식이나 복잡한 기술 학습 없이도 일상 언어를 기반으로 한 **인터페이스**를 통해 누구나 쉽게 사용할 수 있다는 점이다.

> **인터페이스**
> 키보드나 디스플레이 등처럼 사람과 컴퓨터를 연결하는 장치.

언어와 멀티모달 데이터로 확장되는 의사소통은 시각 데이터 활용으로 이미지와 동영상을 분석하고 생성하여 학습 자료를 시각적으로 제공해 준다. 또한 청각 데이터 처리 부분에서도 음성 인식 및 합성을 통해 사람과의 이성적 · 감성적 의사소통이 가능하다. 그리고 다양한 의사소통 방식 통합으로 문자, 음성, 영상 등의 데이터를 활용한 다중 모달(multimodal) 접근을 통해 더 풍부하고 인간적인 소통을 구현한다.

멀티모달 데이터
서로 다른 형태의 정보로 이루어져 있는 데이터
예) 텍스트, 이미지, 음성, 비디오, 센서 데이터 등

다중 모달
여러 가지 형태의 데이터를 함께 사용하여 인공지능(AI) 시스템을 구축하는 접근 방식

생성형 AI는 교육 현장에서의 적용과 변화를 가속하고 있다. 인간-기계 간 소통의 폭을 넓히고 학습경험을 풍부하게 만든다. 교육 내용의 개인화로 학습자의 이해도와 요구에 따라 여러 콘텐츠를 맞춤형으로 제공한다. 새로운 학습 도구로 교사와 학생 간의 대화형 학습을 보조하거나, 창의적인 과제 제작 및 문제해결을 지원하며, 감성적 학습지원 부분도 학습자와의 정서적 교감을 형성하여 동기부여와 참여도를 높이는 환경을 제공하고 있다.

교육계에서 생성형 AI의 발전은 기술의 도입을 넘어 패러다임의 근본적 변화를 이끄는 중요한 전환점으로 작용하고 있다. 텍스트를 넘어 시각과 청각 정보를 통합한 다중 모달 의사소통은 학습경험을 더 풍부하고 감각적으로 만들어 주며, 앞으로도 AI와 인간 간의 협력이 더욱 심화될 가능성을 열어 놓고 있다. 교육은 이제 기술과 인간이 조화롭게 융합되는 새로운 형태의 시대를 맞이하고 있다.

현대 대학 교육 현장에서는 생성형 AI가 교수법과 학습 방식에 폭넓게 적용되며 교육의 전반적인 패러다임을 변화시키고 있다. 단순한 도구 활용의 수준을 넘어 협력적 AI로서 역할을 강화하며, 교수자와 학습자 모두에게 새로운 가능성을 제시하고 있다.

과학과 기술의 발전, 특히 생성형 AI 기술의 비약적 성장은 인간 본연의 존재와 본성을 되묻는 계기를 제공한다. 이 과정에서 인문학적 사고는 더욱 중요한

위치를 차지하게 되었으며, 이에 따라 대학 교양교육의 역할과 방향성도 재조명되고 있다. AI의 시대에 맞춘 교양교육은 단순히 인문학적 전통에 머무르지 않고, 다양한 학문 영역과의 융합적 접근을 통해 새로운 교육적 변화를 추구해야 한다. 시대에 맞춘 교양교육을 살펴보면 다음과 같다.

1. 건강심성 프로그램

건강심성 프로그램은 현대사회에서 신체적, 정신적 건강을 통합적으로 지원하며, 균형에 맞는 삶을 영위할 수 있도록 돕는 평생교육 프로그램이다. 이는 직업적인 기술이나 지식 습득을 넘어서 전인적인 성품과 다양한 소양을 개발하고 심리적 안정과 신체적 건강을 유지하도록 설계된 체계적이고 실천적인 활동들로 구성된다. 특정 직업 기술의 습득보다는 개인의 전인적 성장과 건강한 삶의 방식 확립을 지원한다. 필요한 기술 획득과 전문 지식을 위하여 학습하는 것보다는 교양을 갖추기 위한 평생교육 프로그램이다. 현대를 살아가는 사람으로 전인적인 성품과 다양한 소양을 개발하고 신체적 정신적 건강을 겸비할 수 있도록 지원하는 프로그램이다(오헌석, 2015). 이런 활동을 지원하는 것으로 생활 의료교육, 심리상담 교육, 정신건강 교육 등이 포함된다. 관련된 사례를 살펴보면 다음과 같다.

■ 아동청소년 심리지원서비스 사업 관련

- 목적
  - 스트레스 관리 및 정서적 안정 증진, 자기 존중감 향상, 건강한 대인관계 형성
- 구성
  - 마음 알기: 자신의 감정과 심리적 상태를 인식하고 표현하는 방법 학습
  - 스트레스 해소법 배우기: 명상, 호흡법, 운동 등 실질적인 스트레스 관리 방법 체득
  - 대인관계 기술: 공감 능력과 의사소통 기술 향상
- 운영 방식: 그룹 활동과 개별 상담 병행, 심리 전문가와 함께 워크숍 형태로 진행

〈2024년 후기청소년 심리지원 프로그램 안내〉

가. 기간: 2024년 3월~11월

나. 대상: K도 지역 내, 만 19~24세 청소년, 대학생, 직장인, 비진학 구직자, 구직 비활동자, 사회복무요원, 군인, 은둔형 청소년 등

다. 장소: O시 청소년상담복지센터

라. 내용: 후기청소년 대상 맞춤형 심리서비스 제공

마. 신청방법

1) 2023년 3월~11월 중 상시접수

2) 내담자 본인 혹은 보호자가 전화로 직접 신청 가능

(☎ 031-452-0000, 031-459-0000)

바. 문의: 상담지원팀 상담원 민OO

(☎ 031-459-0000, Fax: 031-458-0000)

- 목적
  - 후기청소년의 심리 · 정서적 안정 지원
  - 사회 진입 및 자립 준비 과정에서의 정서적 어려움 완화
  - 사각지대 없는 청소년 안전망 구축
- 제공 서비스
  - 후기청소년 전담상담사를 통한 맞춤형 심층 상담
  - 개인 심리 상담 및 그룹 프로그램 운영
  - 위기 상황 대응 지원 및 사례 관리
  - 자립과 성장 지원을 위한 직업적, 사회적 기술 개발 연계
- 특징
  - 후기청소년의 개별적인 상황과 필요에 맞춘 상담 및 지원
  - 지역 내 자원과 연계한 통합적 접근
- 기대 효과
  - 후기청소년이 자신의 정체성을 확립하고 자립을 준비하는 과정에서 겪는 정서적 어려움을 해소
  - 사각지대 청소년의 안전망 구축과 사회 통합

O시 청소년상담복지센터에서는 만 19세에서 24세 후기청소년을 대상으로 심리 · 정서적 지원을 강화하는 다양한 프로그램을 운영하고 있다. 이 프로그램의 주요 내용은 청소년기와 성인기 사이에 놓인 후기청소년이 더 안정적인 정서적 기반을 마련할 수 있도록 지원하며, 이들의 사회적 통합을 돕는 데 중점을 두고 있다.

학교 안을 들여다보면 코로나19 이후 동기들과 만날 기회가 없어 누가 동기인지도 모를 정도로 만남은 이루어지기 어렵다. 여러 이유로 20대의 정신 건강이

화두에 오르고 대학생 마음 건강지원 방안이 필요한 이유가 제시되었다. 교육부는 대학 내에 학생 상담센터 활성화를 위해 전문 인력확보와 다양한 프로그램들을 지원했고 평소 관리가 힘든 고위험군 학생들을 관리하기 위해 대학과 지역 내 전문기관들이 상호 협력하여 지원할 수 있도록 유도화 치료체제를 갖추기 위해 노력했다.

대학교 학생 상담센터들은 마음 건강 심리검사를 확대실시, 교수들의 양해를 얻어 인터넷 조사를 진행하였다. 그리고 '대학생 마음건강지원' 방안 정책을 돌아보고 대학교들의 사례들을 공유하면서 현장의 목소리에 귀를 기울이고 더 효과적인 정책을 수립하고자 노력하였다.

평생교육에서 사회구성원이 일터와 일상생활을 넘나들면서 각자 풍요롭게 하는 취미, 오락과 문화예술을 경험하고 향유한다. 다양한 교양을 쌓고 소양을 개발하며 인격과 품위를 유지하는, 행복하고 아름다운 삶을 지향하는 것이 건강심성 프로그램이다. 이 프로그램은 수많은 책과 더불어 지역사회의 새로운 지식생태계를 형성하여 보급하고 있다. 건강심성의 다양한 프로그램들은 평생 학습자가 원하고 필요한 지식과 지혜를 쉽게 배우고 익힐 수 있도록 구성되었다. 또한 지역의 건강한 구성원으로 자리매김할 수 있도록 많은 매체가 도움을 준다.

TV에서 쏟아지는 건강 프로그램들, 지역에서 운영하는 건강증진 프로그램들을 보면서 체력 측정 및 운동처방, 체험식 건강생활실천 등을 수행한다. 모두가 동참하지는 않아도 지식으로 남아 건강 지킴 구실을 한다. 심성 프로그램도 자연스럽게 자기 개방, 자기수용, 자기 인식으로 집단 상호이해 및 수용, 의사소통 기술 증진, 대인관계 기술을 강화하며 잔잔한 효과로 적절하게 도움을 주고 있다. 프로그램은 잠재의식을 파악하여 무의식화된 갈등이나 심리적 방어기제 등을 노출하여 정신 건강을 회복하도록 돕는다.

다만 사회성의 결여로 사람 앞에서 크게 심리적 손상을 체험하고 현재를 좌절하며 대화에 자신감이 없고 급변하는 환경적 상황에 대처하도록 심리적 유연성을 기르지 못하는 부분도 있다. 이러한 상황을 만들지 않도록 심성 프로그램을 개발하여 타인에 대한 설득력을 키우고, 문제해결력, 이해도까지 높아지도록 노력해야 한다. 이는 직접적으로 정화하고 간접적으로는 정신 치료가 되어 갈등과 좌절을 극복하게 한다.

2019년 사업으로 J시 S보건소에서 운영한 프로그램이다. 지역에서 통합건강증진 사업으로 그 과정과 결과를 살펴보자.

■ 너DO 나DO 건강한 행복 두드림 사업(J시-S보건소)

가. 사업추진 배경

이 사업은 2017년 지역사회건강조사 및 청소년 건강행태 온라인 조사 결과, 해당 지역이 전국 최하위 비만율을 기록한 점에서 출발했다. 이를 바탕으로 아동 · 청소년의 건강생활 실천 프로젝트의 필요성이 제기되었다. 아동 · 청소년기는 건강 습관을 형성하는 결정적 시기로, 이 시기의 건강관리가 성인기 전반에 걸친 건강 수준을 좌우한다. 따라서 본 사업은 생애 전반에 걸친 올바른 건강행위 정착을 목표로, 아동 · 청소년들에게 체계적인 건강관리와 예방적 접근을 제공하기 위해 기획되었다. 이를 통해 지역사회 전반의 건강 수준을 향상시키고, 지속 가능한 건강한 삶의 기반을 마련하고자 한다.

나. 추진내용

- 사업목적은 아동 · 청소년을 대상으로 흡연, 음주예방, 운동, 비만 등에 관심을 가지고 학생들에게 건강의 소중함을 깨우쳐 주고 건강한 학교 분위기

를 조성한다.

- 사업대상은 S시 동일지역 초등학교·중학교
- 추진 전략
  - 건강 문제로 지역자원과 협력체계 부족, 청소년 건강 행태 자료 부재, 아동·청소년의 건강 문제, 전략적 홍보 부재 등을 해결하기 위해 방안을 제시함
  - 협력체계 강화를 위해 사업 대상의 학교 선정 및 협약 체결함
  - 건강 모니터링으로 청소년 건강행태 조사하여 실시하며, 건강증진 프로그램 개발 및 운영으로 문제를 해결
  - 전략적 홍보를 통해 금연 서포터즈를 양성하고 운영하며, 인식개선 캠페인과 건강홍보관 운영을 실시함. 또한 학생들을 대상으로 건강생활실천을 위한 표어공모전을 개최하여 건강증진을 도모함
- 사업목표
  - 비만예방을 위하여 신체활동 프로그램 참가자 비만도를 15% 이상 개선함
  - 건강생활실천 향상을 위한 프로그램을 제공하고 생활 습관을 20% 개선함
  - 건강한 학교 환경을 조성함

다. 세부 사업 내용

- 건강한 학교 환경조성을 위해 지역사회 자연 연계 및 협력체계를 구축
  - 보건소, 교육지원청, 학교 협력체계를 구축함
- 건강한 학교로 분위기 조성을 위하여 청소년의 건강행태 설문조사
  - 대상: 459명(S여중, S중, J중)
  - 사전 조사: 2018.4.2.~4.6.
  - 사후 조사: 2018.11.9.~11.15.

- 조사 내용: 구강건강, 건강생활실천, 흡연, 정신건강 분야 등으로 함
- 설문조사 결과를 살펴보면 주 3일 이상 격렬한 신체활동 실천율이 46.8%에서 49.9%로 증가, 점심 식사 후 칫솔질 실천율도 34.6%에서 50.1%로 증가, 흡연 학생의 금연 시도율도 34.8%에서 79.3%로 증가

• 비만율 개선을 위하여 지역자원 연계와 건강한 학교 분위기 조성
- 건강생활 습관 형성을 위한 건강생활실천 교육함
- 인식개선 캠페인과 건강 이동 홍보관 운영함
- 비만 관리를 위하여 지역자원 연계와 운동 교실을 확대 운영함

• 구강건강 증진을 위한 구강관리 프로그램을 운영
- 구강관리 교육 운영
- 구강관리 전문가 체험프로그램(직업체험)을 운영
- 바른 양치 실천과 불소 이용 프로그램을 운영

• 금연 프로그램 운영으로 금연 환경을 조성
- 흡연 예방 교육, 금연 교실, 찾아가는 이동 금연 클리닉, 금연 서포터즈 운영

• 정신건강증진프로그램의 운영으로 정신이 건강한 성장 기틀을 마련
- '소중한 우리들'과 함께하는 학교 집단프로그램을 운영함

• 건강한 학교 환경조성을 위한 학생 건강생활실천의 표어공모전을 개최
- 공모신청: 10개교 97건
- 시상내역: 시장상 10명 수여
- 기대효과: 청소년들에게 올바른 건강생활의 습관형성과 실천을 유도하며 성장기 학생들의 건강증진을 도모함

라. 자원투입의 결과

- 사업비: 2천만 원

  (기부 600만 원, 도비 600만 원, 자체 800만 원)

- 투입인력: 총 32명

  (정규직 4명, 전문인력 9명, 기타 19명)

마. 사업수행 결과

- 목표 달성 및 주요 성과와 모니터링 및 환류 실적
- 주요성과
  - 건강생활실천 교육과 운동 프로그램을 운영하여 비만율 개선이 19.4%로 나타남
  - 건강증진 프로그램 제공으로 생활 습관이 개선되고, 아침 식사의 섭취율도 10.3%, 운동과 신체활동 실천율도 27%로 나타남
  - 다양한 체험형 프로그램을 제공하여 프로그램 만족도가 93.3%로 나타남
- 모니터링 및 환류 실적
  - 청소년 건강행태조사는 프로그램 운영과 사업 평가 시 사업 근거와 기초자료로 활용함
  - 협력기관과 실무자 간담회에서 건강지표 개선을 위하여 다양한 체험유형의 건강증진 프로그램 운영과 건강홍보관 및 캠페인 전개함
  - 건강생활실천에 도움이 되는 표어공모전을 개최함
  - 언론보도 및 홍보는 걷기 실천 계단 2개교 조성, 보도자료와 교육자료를 배부함

바. 주요 성공요인 및 노하우

- 성공요인
  - 업무 협약과 사업설명회 등을 실시하여 사업의 이해도 향상함
  - 협력 기관과 지속적인 만남과 소통 등의 협력체계 구축을 통해 건강한 학교로 환경조성을 하기 위해 사업을 추진하고 논의
  - 아동 · 청소년의 건강 문제가 무엇인지를 미리 사전에 조사하여 건강 문제 해결을 위한 자료로 활용하고 다양한 프로그램 제공으로 학습 습관의 개선을 도모함
- 차별성
  - 지속적인 참여와 생활 습관 개선을 위하여 일회성 교육에서 벗어나 외부 자원 연계 및 적극적으로 활용하여 비만 관리 프로그램을 운영함
  - 청소년의 구강관리와 구강관리 전문가가 체험 프로그램을 운영하여 직업에 대한 정보와 치매 모형 만들기의 체험 등을 통해 실질적인 구강관리 교육을 시행
  - 학교 체육행사 등과 연계하여 건강홍보관을 이동 운영함으로써 다양하게 건강생활 실천을 위하여 금연, 절주, 구강, 비만 체험의 기회를 제공함
  - 건강정보를 위해 건강 소식지를 만들고 배부하여 건강생활실천에 도움이 되도록 도모함
- 향후 개선방향
  - 청소년들은 건강요구와 건강지표를 잘 활용하여 2019년 사업계획에 수립 등 반영함
  - 건강의 인식개선을 위한 동기부여를 강화하는 프로그램 개발과 운영으로 건강한 학교의 환경조성에 기여함
  - 아동 · 청소년의 건강행태의 효과적인 개선을 위해 지역사회, 학교, 가정의 통합적 접근을 하여 건강증진 기회와 보건사업의 관심도를 높임

출처: 뉴스제주.

우리나라는 학령기 학교 교육의 집중적인 투자로 빠르게 성장한 나라이지만, 학령기 이후 국민의 평생교육이나 학교 밖의 교육기관과 시설에 대한 정책적 관심이 저조했다. 현행 「평생교육법」은 모두가 평생에 걸쳐 학습하고 교육받을 권리를 보장함으로써 삶의 질 향상과 행복 추구에 이바지하는 것을 목적으로 밝히고 있다. 학령기에 부족한 부분을 학교 밖에서 필요와 요구를 반영하여 사회적으로 위기에 처한 문제들을 평생교육 기능을 확충하여 해결하여야 한다. 평생교육에 대한 국민적 관심과 정책적 지원이 선진 국가로서 필요하다(교육부, 2022).

2. 기능적 소양 프로그램

기능적 소양 프로그램은 일상생활에서 요구되는 다양한 역할과 책임을 효과적으로 수행할 수 있도록 실천적 역량과 자질을 함양하는 체계적인 교육과정을 의미한다. 이 과정은 현대사회의 다면적인 요구를 반영하여 신체적 건강과 심리적 안정을 동시에 지원하며, 균형 잡힌 삶을 추구하도록 돕는 데 중점을 두고 있다. 부모 교육, 생활 외국어 학습, 컴퓨터 활용 능력 강화, 가정생활 및 요리 교육 등 실생활에 직접적으로 활용이 가능한 프로그램을 통해 참가자들이 실질적이고 전인적인 성장을 이루도록 돕는 것이다. 먼저, 부모 교육에 대해 살펴보자.

1) 부모 교육

현대를 사는 우리에게 부모 교육은 필수이다. 부모가 가정에서 자녀를 양육하고 교육하는 과정에 관련한 지식과 정보가 절실히 필요하다. '부모 되기도 어렵지만, 부모 노릇은 더 어렵다.'라는 말을 실감한다. 올바른 부모 역할이 간단하고 단순한 것이 아니라는 사실을 수행하면서 알게 된다. 가정은 자녀가 사람됨을 배우고 올바른 인격을 갖춘 사람으로 성장 발전할 수 있도록 기반이 된다. 자녀가 긍정적인 자아존중감과 자신감을 키우고 세상을 향해 도전하고 성취하는 사회구성원으로 조력하는 곳이다.

현대사회에서는 급격하게 부모의 교육적 기능과 역할이 약화하며 부모의 가치체계를 혼란스럽게 만든다. 또한 복잡한 사회적 문제들로 인하여 부모 교육의 필요성을 강조한다. 자녀가 타인과 어우러져 살 수 있도록 방법을 깨닫고 실행할 수 있도록 조력이 필요하다. 부모 혼자서 하기 어려운 것을 지역사회가 필요한 정보와 도움을 주기 위해 부모 교육 방향을 제시하고 있다. 부모 교육 프로그램은 부모 역할에 중요한 것을 보충해 주기 위해 개발되었다.

과거에는 스스로 컸다는데 그 말은 쉽게 양육과 교육을 할 수 있었다는 이야기다. 대가족 시절 3대, 4대가 함께 살아가는 삶이라서 통했다. 현실은 핵가족 시대, 자녀의 성장과 발달에 대한 부모의 이해와 지식을 쌓아야 부모로서의 역량을 키우고 이를 기반으로 부모 역할을 할 수 있다. 부모가 스스로 효과를 발휘할 수 있는 자녀 양육 방법과 기술을 개발하여 실천하고 적용하도록 지원받아야 하는 다양한 교육 활동이 필요하다.

2) 생활 외국어 및 컴퓨터

우리나라 교육과정의 행정상 공식 명칭은 '제2외국어과'이다. 세부교과목은 중국어, 일본어, 스페인어, 프랑스어, 독일어, 베트남어, 러시아어, 아랍어로 8개의 외국어로 나뉜다. 중학교 시기에는 '생활 외국어과'이고, 고등학교 시기에는 '제2외국어과'로 이름이 다르다. 생활 외국어는 외국어로 된 자료를 이해하고, 외국인의 의사 표현을 이해하는 능력을 의미한다. 21세기 지구촌은 국경을 초월한 개방화, 정보화, 세계화가 이루어지고 있다. 세계 각국의 사람들과 함께 일해야 하는 경우가 많아졌다. 세계화 시대에 발맞추어 살아가기 위해서는 생활 외국어 능력을 길러야 할 필요성이 강조된다.

인공지능 발달로 외국어를 몰라도 외국인과 의사소통할 수 있는 시대가 되었다. 다양한 앱들의 출시 이후 정확한 번역을 제공하고 있다. 그럼에도 불구하고 "영어 공부를 해야 하는 이유가 무엇일까?" 수많은 서비스가 영어를 기반으로 제공한다. 섬세하고 정교하게 질문해야 더 고급 기술의 정보를 얻을 수가 있다. 생성형 인공지능 시대를 위한 영어 교육의 필요성이 강조된다. 미래 디지털 세계의 주인인 아이들에게 우리말처럼 영어가 꼭 필요한 시대가 되었음을 알 수 있다.

컴퓨터 교사를 양성하는 사범대학의 학과가 21세기 들어 컴퓨터공학과와 통합한 학교가 많다. 이유는 처음 정보 교과가 인문계 학교에 신설되고 2015 개정 교육과정에서 정보가 중학교 의무 교과가 되었다. 그리고 2022 개정 교육과정에서 정보 교과의 시수가 증가한다. 정보 교과는 정보의 사회적 가치를 이해하고 정보를 처리하는 다양한 원리와 기술을 기반으로 실생활과 다양한 학문 분야에서 문제를 해결하는 능력과 태도를 길러 주기 때문이다. 인공지능의 정의는 사회에서 데이터 및 정보로 인하여 디지털 세상의 변화를 인식하기 때문이다.

성복숙(2023)은 현대사회에서 한 개인이 노동시장에 진입하거나 승진하기 위해서는 정보 유통의 핵심 매체인 컴퓨터를 능숙하게 다룰 수 있는 역량이 필수적이라고 하였다.

디지털 시대, 다양한 미디어의 세상 속에서 미디어가 전달하는 많은 콘텐츠 사용이 늘어나고 의존도 역시 높아지고 있다. 각 매체의 특성을 제대로 이해하고 정보를 분별해 내는 미디어 리터러시 역할이 필요하다. 지역사회에서 다양한 미디어를 통해 다양한 정보가 전달되고 있다. 따라서 미디어 리터러시 교육은 학습자들이 미디어를 비판적으로 이해하고 적절하게 이용할 수 있는 역량을 돕는 중요성을 강조한다. 교육은 개인 정보의 소비 습관을 개선하며 건전한 공공 의사결정을 촉진하도록 도울 수 있다.

미디어 리터러시는 다양한 형태의 미디어를 이해 평가하며, 전달하는 정보와 메시지를 이해 분석하는 능력을 의미한다. 뉴스, 광고, 영화, 소셜 미디어 등에서 많은 정보와 메시지를 평가하고, 영향을 주는 것을 이해할 수 있다. 미디어가 우리 생활에 영향을 미치는 만큼 학교와 교육 기관에서 미디어 리터러시 교육의 강화를 제시하는 추세이다. 사회적인 통찰력과 문화적 이해력을 높이고 개인이 미디어로부터 받아들이는 정보가 올바르게 이해하고 활용하는지를 목표로 한다.

3) 가정생활 · 요리

가정생활 · 요리 교육프로그램은 음식 준비와 조리의 기초부터 고급 기술까지 체계적으로 학습한다. 이를 통해 개인과 가족 삶의 질을 높이는 데 중점을 둔 교육이다. 이 프로그램은 현대사회에서 음식이 단순한 생존 수단을 넘어 문화와 소통의 매개체로 자리 잡았다는 점에서 그 중요성이 더욱 강조된다.

시대별 음식 문화의 변천을 보면 1960~70년대에는 배고픔을 해결하기 위한 음식으로 주식 위주의 식단이 주를 이루었다. 음식을 통해 생존의 기본 욕구를 충족하고 가정 내 식량 관리와 효율적 조리가 중요한 시기라 할 수 있다. 1980년대는 맛의 시대이자 퓨전 요리가 등장했다. 다양한 조리법과 외국 요리 문화가 결합하며 퓨전 요리가 유행하였다. 외식 문화가 확대되었고, 가정에서도 새로운 맛을 재현하려는 시도가 늘어났다. 1990년대에는 웰빙과 시각적 즐거움의 시대였다. 건강한 재료와 조리법을 활용한 웰빙 요리가 대세였다. 음식의 외형과 프레젠테이션이 강조되면서 '눈으로 먹는 음식'이라는 트렌드가 확산되었다. 2000년대 이후에는 분자요리와 기술 융합의 시대이다. **분자요리**, **스팀쿡**, **초저온 요리** 등 과학적 접근법을 활용한 요리가 최고였다. 음식은 실험적 창의성의 산물이자 하나의 예술로 인정받았다. 현대의 음식은 문화와 커뮤니티의 중심으로 흐르고 있다. 커피 한 잔처럼 간단한 음식도 다양한 미디어를 통해 공유되며 전 세계적으로 주목받는 시대가 되었다. 개인의 개성과 가치를 반영한 음식을 통해

분자요리
물질의 작은 단위 요리. 재료들을 분자 단위로 철저히 분석하여 새로운 음식을 창조함

스팀쿡
고온 스팀 기술을 사용해 요리를 하는 가전제품

초저온 요리
음식을 매우 낮은 온도에서 오랜 시간 동안 조리하는 방법

소통과 공감을 형성한다.

가정생활 · 요리 교육프로그램의 특징을 살펴보면, 세 가지 유형으로 구분한다. 첫째, 초급은 기초 조리 기술인 채소 손질, 불 조절을 이용한 간단한 한식과 양식을 말한다. 둘째, 중급은 다양한 재료 활용, 퓨전 요리와 웰빙 요리이다. 셋째, 고급은 프레젠테이션 기법, 분자요리 및 창의적인 메뉴 개발이다.

교육의 기대 효과는 일상 활용 능력 강화에서 누구나 쉽게 실천할 수 있는 가정요리 스킬 습득이다. 문화적 소양 함양에서 음식의 역사와 문화를 이해하며 창의적 요리 경험을 확대한다. 그리고 사회적 소통 증진에서 가족, 친구와의 요리 활동을 통해 관계를 강화할 수 있다. 경제적 자립 지원 부분에서도 조리 기술을 바탕으로 창업이나 전문적인 커리어로 연결이 가능하다. 이와 같은 교육은 먹는 일상이 문화와 예술, 나아가 세계와의 연결점이라는 점에서 중요한 사회적 가치를 제공한다.

미래의 과학적이고 합리적인 음식문화는 조리과학에 기반한 정확한 조리법을 통해 재료의 특성과 성질을 이해하고 원하는 음식을 얻을 수 있게 될 것이다. 분자요리는 정확한 계량, 조리 방법, 재료의 특성과 성질을 이해하고 조리과학과 물리화학적인 관점에서 접근하여 만들어진다. 2007년 10월, 황선진 셰프는 국내 학원에서 분자 조리 기법을 배우고 보급을 시도하여 많은 사람에게 호응을 얻었다.

미디어는 생활에서 요리의 인기를 높이는 데 큰 역할을 한다. 예를 들어, 달고나 커피와 영화 '기생충'에 나오는 채끝살 짜파구리는 큰 유행을 일으켰다. 이러한 레시피는 쉽게 따라 할 수 있으면서 특별한 느낌을 준다. 사람들은 다양한 콘텐츠에 자연스럽게 노출되고 유행을 만들어 내는 일상생활이 변화하고 있다. 가정에서 요리를 하면 음식에 대한 정보뿐만 아니라 맛을 상상하며 함께 먹고 있는 듯한 만족을 느낄 수 있다.

3. 인문학적 교양 프로그램

인문학적 교양 프로그램은 개인이 현대사회에서 품성과 지혜를 갖춘 시민으로 성장할 수 있도록 돕는 역할을 한다. 이 프로그램은 철학, 문학, 역사와 관련된 체험활동을 통해 개인의 인문학적 교양과 상식을 확장시킨다(박성호, 2014). 인문학 공부는 자신과 인간에 대한 깊은 성찰을 가능하게 하며, 개인이 자유로운 개인이며 소중한 시민임을 깨닫게 한다. 또한, 개인이 삶과 현대사회의 주인이며 주체라는 사실을 강조한다. 이러한 깨달음은 민주공동체를 형성하는 데 중요한 역할을 하고 있다. 수많은 구성원이 이러한 깨달음을 공유하고 축적함으로써, 제대로 된 민주주의가 수립될 수 있다고 하겠다.

1) 역사교육

인문학 교육은 역사 안에서 생존해 왔던 여러 사회, 국가, 공동체들과 그들이 설립하여 운영했던 교육제도와 학교가 역사를 만들었다. 그 역사를 자신의 역사로 가지는 가상의 사회, 이념적인 사회도 있다. 인문교육이 만드는 문화를 통해 형성되어 온 세계에 존재한다. 인문학은 인간과 세상에 대한 깊은 관점과 이해를 탐구하며, 사회와 인간에 관한 보편적이고 근본적인 지식을 제공한다. 이러한 지식은 망가진 사회를 진단하고 고치며, 필요하다면 해체하여 새롭게 재구성하는 데에도 활용될 수 있다.

통치자들은 인문학적 지식과 교양을 갖춘 시민들을 결코 가볍게 여길 수 없다. 이들은 통치의 감시자이자 동반자로서 경외의 대상이 되기 때문이다. 이는

경외
두려워하다.

민주주의 사회에서 시민들이 인문학을 배우는 중요한 이유이자, 정부가 자원을 투자해 시민들의 인문학적 소양을 향상시키려 노력해야 하는 본질적인 이유라 할 수 있다.

교사들의 역사 교육력 제고와 교실에서 인문학에 쉽게 다가가도록 발간된 책들을 활용하고 있다. 대부분 인문학 역사교육특강의 책들은 재미있고 흥미롭다. 기초지식이 있어 더 재미와 호기심을 발동하게 한다. 궁궐은 조선 왕조의 역사를 살펴볼 수 있는 중요한 장소이다. 경복궁, 창덕궁, 덕수궁 등 조선의 궁궐은 각각의 역사와 이야기를 담고 있다. 이러한 점에서 제법 눈이 간다. 또한, 교사들이 교직 생활을 통해 쌓은 팁과 경험을 공유하는 것은 매우 중요하다. 학교문화 혁신과 교직 문화 개선을 위해 교사들은 서로 협력하고 지식을 공유함으로써 더 나은 교육 환경을 조성할 수 있다.

교실 속 인문학은 교사들이 인문학적인 접근을 통해 교육 현장에서 자연스럽게 접하도록 다양한 방법을 제시하고 있다. 인문학 도서 추천, 인문학적 사고와 토론의 중요성, 인문학적인 소양을 넓히는 방법 등을 다루어 교사들이 인문학을 교육에 효과적으로 활용할 수 있도록 돕는다. 인문학 자료집은 교사들이 인문학적 소양을 높이는 데 도움을 주는 중요한 도구이다. 이것은 다양한 인문학적 주제와 관련된 자료, 교육 방법, 사례 연구 등을 포함하고 있어 교사들이 인문학을 교육에 적용하는 데 영향을 미친다.

인문학 자료집 발간을 통해 교사들의 인문학적 소양이 향상되고, 우리 교육이 지향하는 방향이 무엇인지를 명확하게 인지하는 계기가 된다. 인문학은 인간의 가치, 문화, 역사, 예술 등을 탐구하는 학문 분야로, 이를 통해 교사들은 학습자들의 창의적 사고, 비판적 사고, 공감 능력 등을 발전시킬 수 있다. 따라서 교사들이 교직 생활을 통해 쌓은 팁과 경험을 공유하고, 인문학 자료집을 통해 인문학적 소양을 넓히는 것은, 우리 교육의 질을 높이는 데 큰 도움이 된다.

2) 교양교육

교양교육은 인간, 사회, 자연의 관련한 학문적 연구 성과를 골고루 습득함으로써 이 주제 영역에서 제기되는 다양한 기본문제에 대한 이해를 바탕으로 그에 대한 식견을 가지게 하는 교육이다. '기계화', '노예화'된 개체가 아닌 '독립된 자유로운 인격체'가 되기 위해 꼭 필요한 공부가 교양 공부이다. 과거의 '자유인'은 계급이나 성별 등의 차별에서 우위에 있는 엘리트들로서 그들이 기계적이고 노예적으로 속박된 사람들과 구별되어 할 수 있던 것이 교양 공부였다.

현대사회에서 우리는 표면으로 드러나는 계급이나 성적차별은 없지만, 진정으로 자유로운지 생각해 볼 일이다. 누구나 조직의 일원으로 살면서 한 번쯤은 이런 생각을 해 본다. 조직에서 일할 때 자신이 거대한 조직의 부품 중 하나로 언제든지 교체되는 소모품이라는 인식을 하였을 것이다. 개개인은 거대한 조직의 생산구조 아래에서 조직의 목표를 완수하는 부품이다. 영혼이 자유로워지기 위해 또는 성장 발전을 위해 학문과 교양이 필요하다.

현대사회에서 학위나 자격증으로 설명되는 대부분 교육은 전문가가 되는 데 목적이 있다. 인격체로서의 자신을 길러 내는 것이 아니라 사람은 하나의 도구로써 기술을 연마하기 위해 교육이 필요한 것이다. 나라는 사람이 '직업'으로써 기능하는 것은 분명 필요하고 그래서 **실용주의**의 공부도 필요하다. 그러나 그것은 '인격체로서의 나' 위에 부수적으로 세워져야 할 것이다. 그래서 인문 교양은 필요하다. 자기 자신을 돌아보고 끊임없이 성찰하며 반성하는 태도, 이러한 **휴머니즘**(Humanism)을 위한 교양에는 '**타자(他者)**'를 인식하는 확장된 시선이 필요하다. 바깥에서 일어나는 참혹한 현실을 외면하며 '나'라는 내부 세계에 갇혀서는 불가능하다. 나와 내 주변에서 인식되고 해석되는 것들이 타자에 의해서는 어떻게 인식되는지 볼 수 있어야 한다. 타인의 관점에서 설 수 있다는 점에서

> **실용주의**
> 이론적 지식뿐만 아니라 실제 유용하게 적용할 수 있은 기술과 문제해결 능력을 중시함

> **휴머니즘**
> 사람을 위주로 하는 사상

> **타자**
> 나를 제외한 다른 것

교양은 나와 외부의 조화를 가져다준다.

3) 인문학 강좌

인문학의 두 가지 의미는 오랜 역사를 통해 발전해 왔다. 첫째, 인문학은 교양을 의미한다. 고대 로마에서 자유 시민들은 7학예로 문법, 수사학, 논리학, 기하학, 산술, 음악, 천문학을 익히며 인간다운 삶에 필요한 교양을 쌓았다. 동양에서도 비슷한 맥락에서 중국과 한국의 학교는 예, 악, 사, 어, 서, 수라는 6가지 예를 교육하여, 스스로 마음을 수양하고 정진하도록 하였다. 그러나 현대사회에서 교양은 종종 난해하고 고상한 것으로 여겨지며, 예술적 깊이나 학문적 정리만을 교양의 척도로 삼는 경향이 있다. 하지만 본질적으로 교양은 일상에서 조금 더 나은 생각과 삶을 위해 매일 쌓아 나가는 경험의 총체라 할 수 있다. 음악을 즐기고, 역사를 탐구하며, 책을 읽는 모든 과정이 교양을 이루는 것이다.

둘째, 인문학은 인간애, 즉 공감을 뜻한다. '인문학'이라는 용어가 본디 인간적이라는 의미에서 파생된 만큼, 인간을 이해하고 이를 통해 세상을 통찰하는 안목을 키우는 데 핵심적인 역할을 한다.

어느 시대를 막론하고 공감은 세상을 살아가는 데 중요한 덕목이었지만, 4차 산업혁명이라는 거대한 기술 중심의 시대를 맞아 그 필요성은 더 부각되었다. 기술 발전에 집중하는 동안, 우리는 공감을 잃어 가고 있지는 않은지 되돌아봐야 한다. 세계적인 기업의 인재 담당자들이 미래의 인재를 평가할 때, 단순히 기술을 잘 다루는 능력이 아닌, 생각하는 힘, 변화를 수용하는 도전 정신 그리고 공감 능력을 중시하는 이유도 여기에 있다고 할 수 있다. 그렇다면 무엇을 생각하고, 무엇을 받아들여야 하는가? 이는 기술적 발전을 단순히 따라가는 것을 넘어, 기술이 인간과 사회에 미칠 영향을 깊이 이해하고 비판적으로 수용하는 태도를 말한다. 이러한 과정에서 인문학은 새로운 통찰력을 제시하며, 기술 중심의 시대에 인간 중심의 가치를 되살리는 길잡이가 될 수 있다.

인문학은 더 이상 학문적 담론에만 머물러서는 안 되는 것이다. 인문 지식을 대학과 연구자의 전문 영역을 넘어, 일반 대중과 공유하며 사회적으로 확산시키는 것이 필요하다. 이를 위해 **탈경계적** 접근을 통해 실천적 작업을 이어 가야 한다. 예를 들어, '커피와 함께하는 현대사'라는 여성 대상 인문학 강좌는 일상적인 주제를 역사적, 예술적 맥락과 연결함으로써 현대사회의 이해를 돕고 인문적 소양을 높이는 데 기여하고자 하였다. 이 강좌는 예술에 대한 심층적 이해, 여성의 역사적 위치, 나이 듦에 대한 인문학적 성찰 등 다양한 주제를 다루며, 생활과의 관련성 속에서 진행되었다고 본다.

> **탈경계적**
> 경계를 벗어남이 아니라 각각의 경계가 확실히 구분되어 있지 않음

오늘날 인문학은 타인에게 쓸모 있는 지식을 제공하는 효용성을 지향해야 한다. 이는 단순히 개인의 지적 자랑을 넘어서, 사회적 유용성과 연결되어야 한다. 앞으로 일반인을 위한 인문학은 다음과 같이 방향성을 제시한다.

첫째, 대상별 맞춤형 강좌 설계로 청년, 중장년, 고령자 등 다양한 계층의 요구에 맞춘 프로그램 개발이다.

둘째, 온라인 플랫폼 활용으로 디지털 기술을 통해 접근성과 확장성을 높인 인문학 콘텐츠를 제공한다.

셋째, 융합적 접근으로 전통적 인문학과 과학기술의 융합을 통해 새 시대에 적합한 통찰력을 제공한다.

인문학은 단순히 과거를 탐구하는 학문이 아니라, 현재와 미래를 통찰하는 나

침반이 되어야 한다. 교양과 공감이라는 본질적 가치를 바탕으로, 기술의 시대에도 인간 중심의 사회를 만들어 가는 기여도 면에서 인문학의 역할을 다시금 고민해야 할 시점이라는 것이다.

〈표 8-1〉 OO시교육청평생학습관 - 인문교양 프로그램

연번	프로그램명	모집 인원	교육일정 (운영횟수)	수강료 (재료비, 교재비)	강의실
1	감성으로 채우는 플라워 홈 스타일링	15	8.21.~12.4. (수/14회)	40,000 (350,000)	118호
2	들으면서 배우는 서양 음악사	20	8.19.~11.25. (월/14회)	40,000	303호
3	맑은 소리 우쿨렐레	15	8.20.~12.10. (화/16회)	40,000 (8,000)	109호
4	맨몸 근력 & 스트레칭 (남성 대상)	15	8.19.~11.28. (월,목/28회)	40,000	104호
5	세계 미술관 여행(서양)	20	8.23.~11.22. (금/14회)	40,000	비대면 (ZOOM)
6	세계 속 가정식 레시피	12	8.21.~12.4. (수/14회)	70,000 (168,000)	409호
7	수묵캘리그라피	15	8.20.~11.26. (화/14회)	70,000 (60,000)	117호

OO시 교육청 평생학습관의 인문 교양 프로그램은 지역 주민들에게 다양한 인문학적 지식과 교양을 제공하여 개인의 성장과 지역사회의 발전에 기여하고 자 노력하고 있다.

인문학 소양 함양을 목적으로 다양한 인문학 강좌를 통해 시민들의 인문학적 소양을 높이고, 삶의 질 향상을 위하여 노력하고 있다. 평생학습 기회 제공이 배경이나 연령은 상관없이 모든 시민이 학습에 참여할 수 있는 기회를 제공하여, 평생학습 문화를 조성하려 한다. 그리고 사회적 연대 강화로 공동의 학습경험을

통해 지역사회 구성원 간의 유대감을 강화하고, 사회적 자본을 축적하는 것으로 방향을 잡고 있다.

이 사업의 기대 효과로는

첫째, 개인적 성장으로 참여자들은 인문학적 지식을 습득함으로써 자기 이해와 성찰의 기회를 가지며, 창의적 사고와 비판적 사고 능력을 향상시킬 수 있다.

둘째, 사회적 참여 증진으로 시민들의 문화적 감수성과 사회적 책임 의식을 높여 지역사회의 다양한 활동에 적극적으로 참여하도록 유도하고자 한다.

셋째, 문화 저변 확대로는 다양한 문화 교양 프로그램을 통해 지역 내 독서 문화와 인문학적 담론의 저변을 확대하여, 문화적으로 풍요로운 지역사회를 구축할 수 있다.

〈표 8-2〉 D시 OO구 평생학습센터 인문학 프로그램

회차	일자	교육내용
1	4.17.	그리스 사상에서의 자연과학과 그리스의 시대적 상황
2	4.24.	고대 자연과학의 극적인 계승: 로마제국의 흥망
3	5.01.	고대 과학의 오류: 우주에 관한 수정: 르네상스 이후의 변화
4	5.08.	고대 과학의 오류: 지상 운동에 관한 수정: 근대 최초의 변화
5	5.22.	뉴턴의 혁명: 만유인력의 법칙: 뉴턴 일생 당시 상황을 곁들임
6	5.29.	세상을 바꿔 버린 뉴턴: 세상 모두에 영향을 줌
7	6.05.	뉴턴 이후의 변화: 과학을 비롯한 새로운 사회질서가 확립
8	6.12.	현대과학이라는 새로운 과학이 등장: 세계를 새로운 눈으로 보게 됨
9	6.19.	아인슈타인의 일생과 그의 상대성 이론의 참뜻
10	6.26.	양자물리학: 양자 기본, 레이저, 반도체, 양자컴퓨터 등 다양한 설명

이 강좌는 과학과 인문학의 융합을 통해 현대사회의 다양한 이슈를 심도 있게 탐구하고자 기획되었다. 과학적 사고와 인문학적 통찰을 결합하여, 학습자들이 복합적인 문제를 다각도로 이해하고 분석하는 능력을 배양하는 데 중점을 두고 있다. 수강료는 무료이며, 교재 및 재료비는 별도로 부담한다. 이 프로그램은 D시 OO구 주민들의 평생학습 기회를 확대하고, 과학과 인문학의 통섭을 통해 풍부한 지적 경험을 제공하기 위한 노력으로 보인다.

이 사업의 목적과 주요 내용을 이해하고 기대 효과에 대한 정리를 해 보면 다음과 같다.

첫째, 개인적 측면에서 참가자들이 과학과 인문학의 융합적 사고를 통해 새로운 관점을 얻고, 복잡한 문제를 비판적으로 이해하는 능력을 키운다. 일상생활 속에서 인문학적 통찰을 실천하며, 삶의 질 향상을 위함이다.

둘째, 지역사회적 측면에서 과학과 인문학을 결합한 학습경험이 지역사회의 평생교육 수준을 한 단계 끌어올리는 데 있다. 즉, 지적 교류를 통해 지역 주민들 간의 소통과 연대 강화가 중요하다.

이 사업의 결과물 및 산출물을 살펴보면

첫째, 강의 자료 및 콘텐츠로는 강좌에서 다뤄진 주제별 학습 자료, 강의록, 토론 내용 등을 정리한 자료집이 있다.

둘째, 참여자 피드백 및 보고서로써 프로그램 운영 결과를 바탕으로 작성된 운영 보고서 및 향후 개선 방안을 제시하여야 한다.

셋째, 참여자 제작 결과물로는 워크숍을 통해 창작된 과제물, 논의 내용 및 발표 자료를 제시한다.

넷째, 평생학습 성과 기록으로 참여자들의 학습 성취도 평가 및 향후 지역 학습 프로그램 연계 방안을 마련한다.

다섯째, 향후 발전 방향으로 주민 참여 확대를 위한 홍보를 강화하고, 인문학 외의 다양한 학문 분야와의 융합 프로그램을 추가로 개발한다. 그리고 온라인 플랫폼 활용으로 강의 콘텐츠의 접근성을 높여 지역 외 학습자와의 연계를 도모한다.

Chapter 09

시민참여교육

09

Chapter

시민참여교육

시민참여교육은 개인이 자기 자신을 수양하고 가족 내에서의 역할을 충실히 하며, 나아가 국가와 사회를 책임지는 시민으로 성장하도록 돕는 교육이다. 이는 개인의 내적 성숙과 사회적 책임감을 동시에 강조하며 다음과 같은 특징을 보인다.

첫째, 자기 수신(修身)은 자신을 수양하는 과정을 통해 자기 인식을 높이고 자율적이고 윤리적인 개인으로 성장하도록 한다. 내적 성찰과 자기개발을 중시하며 개인의 도덕적·정신적 성숙을 교육의 기초로 삼는다.

둘째, 가족을 제가(齊家)로 가족 내에서 책임 있는 역할 수행하며 가족 구성원 간의 화합과 조화를 이루도록 교육한다. 가족 단위의 건강한 관계와 가정의 안정성을 통해 사회의 기초를 강화한다.

셋째, 치국(治國)은 지역사회와 국가 차원에서 책임 있는 시민으로 성장하여 사회와 국가 발전에 기여할 수 있는 역량을 갖추도록 한다. 공공선, 사회적 정의, 민주적 가치에 대한 이해를 바탕으로 적극적인 시민 참여를 독려한다.

넷째, 시민참여와 공동체 의식을 함양하여 개인의 권리와 책임을 이해하고 균형 있게 실천하도록 교육한다. 지역사회 봉사, 정책 참여, 환경 보호 등 다양한 형태의 시민 활동을 통해 실천적인 학습을 강조한다.

시민참여교육은 개인의 내적 성장과 사회적 기여를 통합하여, 도덕적 개인과 책임 있는 시민을 양성하는 데 목표를 가진다. 이는 궁극적으로 민주적이고 지속 가능한 사회를 구축하는 데 기여하고자 한다. 시민 책임성과 지역사회 참여를 지향하는 시민책무성 프로그램, 시민리더역량 프로그램, 시민참여활동 프로그램이 여기에 포함된다(고영화, 2011).

1. 시민책무성 프로그램

시민책무성 프로그램은 개인과 공동체 간의 상호 책임을 기반으로, 시민들이 사회적 역할과 의무를 깊이 이해하고 실천할 수 있도록 돕는 평생학습 과정을 말한다. 이를 통해 참여자들은 책임 있는 시민으로서의 정체성을 확립하고 사회 발전에 기여할 수 있는 구체적인 실천력을 배양한다.

시민책무성 프로그램은 시민의식 함양으로 개인의 권리와 의무를 균형 있게 이해하며 책임 있는 시민으로 성장하도록 돕는다. 공공의 이익을 고려하는 성숙한 가치관과 행동을 유도한다. 또한 사회적 연대 강화로 지역사회의 문제를 이해하고, 공동체 발전을 위한 협력적 태도를 촉진하는 데 있다. 다양한 사회적 주제에 관심을 가지고 토론과 참여를 통해 소통 능력과 연대감을 고취해야 한다. 그리고 실천적 역량 개발로 사회적 문제해결을 위한 창의적이고 현실적인 접근법을 학습해야 한다. 참여자가 실질적으로 지역사회에 기여할 수 있는 프로젝트를 설계하고 실행한다.

시민 책임의 철학적 기반을 주요 내용으로 시민 책무성의 역사적, 철학적 개념을 탐구하고 세계 시민으로서의 가치와 역할을 이해한다. 그리고 사회적 현안과 시민 역할로서 환경, 인권, 공공복지 등 현대적 이슈를 중심으로 책임 있는 시민의 역할을 분석한다. 또한 사례 연구를 통해 성공적인 시민 참여 모델을 탐색해야 한다. 지역사회 프로젝트는 학습자가 지역사회 내에서 실행이 가능한 프로젝트를 설계하고 문제를 해결하는 실질적 경험을 쌓도록 유도한다. 프로젝트 결과를 공유하며 성과와 배운 점을 나누는 과정도 포함되어야 한다.

1) 생태환경교육

기후 위기는 더 이상 우리의 일상에서 멀리 떨어진 이야기가 아니다. 과거 북극곰의 생존 문제로 대표되던 환경 위기는 이제 도심 속에서도 체감할 수 있는 현실이 되었다. 이에 2022 개정 교육과정은 이러한 변화를 인식하며 생태환경교육의 중요성을 강조하고 학습자들이 기후 변화와 생태환경 변화에 주도적으로 대응할 수 있는 역량을 함양하도록 설계되어 있다.

생태환경교육은 환경에 관한 지식을 전달하는 것을 넘어 학습자가 지속 가능한 발전을 위해 행동하고 실천할 수 있는 책임 있는 시민으로 성장하도록 돕는 것을 목적으로 한다. 이 교육은 다음과 같은 핵심적인 역할을 하고 있다.

첫째, 환경문제에 대한 인식 제고이다. 학습자들이 기후 위기와 생태환경 변화의 본질을 이해하고, 이를 해결하기 위한 창의적이고 실질적인 방안을 모색할 수 있도록 돕는다.

둘째, 창의적 사고와 문제해결 능력을 배양한다. 환경문제를 여러모로 탐구하는 과정을 통해 논리적 사고와 문제해결 능력을 증진시킨다.

셋째, 지속 가능한 미래를 준비한다. 학습자들이 환경 보호에 대한 실천적 경험을 통해 책임감과 리더십을 키우고, 지구의 지속가능성을 유지하는 데 필요한 역량을 갖추도록 한다.

2) 주민자치 교육

현대사회에서 주민자치 교육의 중요성은 점차 폭넓게 공감되고 있다. 지방자치단체들은 주민자치 교육의 필요성을 인식하며 다양한 형태의 프로그램을 개발하고 실행하고 있다. 예를 들어, 찾아가는 주민자치학교, 온라인 주민자치 교육, 주민자치박람회, 주민자치아카데미, 터무늬학교와 같은 명칭으로 각 지역 특성에 맞는 프로그램을 운영하며 주민자치 역량 강화를 목표로 하고 있다. 이와 더불어 한국주민자치중앙회와 관련 학회에서는 교육 및 연수 프로그램을 기획하고, 주민자치의 실질적 구현을 위한 역량 강화의 필요성을 지속적으로 논의하고 있다.

주민자치 교육의 필수 요소들은 주민자치 개념에 대한 명확한 이해이다. 주민자치 교육은 주민들에게 자치의 개념과 본질, 필요성을 심도 있게 이해시켜 명확한 자치 마인드를 형성하는 데 초점을 맞춘다. 이러한 개념적 이해 없이 실질적 주민자치는 실현되기 어렵다. 그리고 자주적 운영 능력 배양으로 주민자치회의를 자율적으로 운영하는 방법과 지역공동체를 부활시키기 위한 정책 및 사업수행 방안을 교육하는 것은 성공적인 주민자치 활동의 핵심이다.

맞춤형 교육 콘텐츠 개발로 주민자치 역량을 체계적으로 강화하기 위해서는 지역의 특수성과 요구를 반영한 교육 콘텐츠 개발이 필요하다. 이러한 콘텐츠는 주민자치위원을 대상으로 한 재교육뿐만 아니라 주민자치에 무관심한 주민들에게도 효과적으로 다가갈 수 있어야 한다.

주민자치 교육은 지식 전달하는 것을 넘어, 학습자의 행동과 사고의 변화를 목표로 정한다. 교육학적 관점에서 이는 학습자 내면의 심리적 특성과 외현적 행동의 계획적 변화를 유도하는 활동으로 정의될 수 있다. 주민자치에 대한 지식뿐만 아니라 가치관, 사고력, 참여 의식의 변화를 포함한 포괄적인 접근이 필요하다. 그리고 체계적인 교육프로그램으로 주민자치 교육의 목표와 이론, 프로그램이 긴밀히 연결된 체계적 구조를 가져야 한다. 이는 계획적이고 의도적인 변화를 유도하기 위한 필수 요소이다. 그리고 변화를 지향하는 교육 활동으로 주민들의 지식 향상뿐만 아니라 가치관과 행동의 실질적인 변화를 이끄는 데 목적이 있다. 이는 지역사회의 공동체 의식을 강화하고, 주민들이 자율적으로 문제를 해결할 수 있는 역량을 배양하는 데 기여한다.

모든 교육이 그러하듯 주민자치 교육은 교육 가능성에 대한 신념을 전제로 진행된다. 이를 위해 교육은 주민들의 흥미를 유발하고 참여를 독려하는 방식으로 구성되어야 한다. 단기적인 성과에 그치지 않고 지속 가능한 발전을 도모해야 한다. 특히, 주민자치에 대한 관심과 참여를 확대하기 위해 일반 주민을 대상으로 한 접근 가능한 교육 기회 제공이 먼저이다. 주민자치 교육은 지식 전달이 아닌 주민들의 자치 의식을 깨우고 그들을 실천적 주체로 변화시키는 데 핵심적 역할을 한다. 이를 통해 지역사회의 자율성과 지속가능성을 강화하는 진정한 주민자치를 실현할 수 있을 것이다.

3) 지역관련 교육

지역 교육과정은 학교와 지역사회가 유기적으로 연결된 학습생태계를 기반으로, 학습자들이 타인과의 상호작용을 통해 지역과 주민이 의미 있는 관계를 형성한다. 그리고 맥락적 경험을 통해 지식을 습득하며 이를 삶의 실천으로 통합하는 교육 접근 방식이다. 이는 학습자 주도의 경험적 학습을 강조하며, 지역사회와의 협력을 통해 지속 가능한 학습 환경을 구축하는 데 중점을 두고 있다. 지역 교육과정의 중심에는 마을 선생님과 지역교육활동가가 있다. 이들은 다음과 같은 특성을 갖춘 지역사회의 핵심 인적자원이다. 지역교육활동가는 자신의 활동 분야에서 높은 수준의 전문성을 갖추고 있으며 지역 주민으로서의 책임감을 바탕으로 활동한다. 이들은 학교와 마을이 함께하는 지역 교육공동체의 다양한 교육 활동을 기획, 실행, 협력하며, 지역사회와 학교 간의 가교역할을 수행한다. 그리고 지역 발전이 학습자의 교육 발전에 기반하고 있음을 인식하며, 교육과정을 지역사회와 연계하여 지원하는 데 적극적으로 참여한다.

지역 교육과정은 지식 전달을 넘어 배움을 체험으로 구체화하고 경험을 통해 삶과 연결하는 학습 환경을 제공한다. 주요 목적과 방향은 다음과 같다. 학습자가 주도적으로 참여하여 호기심과 자발성을 기반으로 한 학습을 실현하며 이를 통해 앎과 삶을 연결한다. 학습자들이 개인의 삶과 지역사회의 문제를 탐구하고 해결하는 과정을 통해 시민의식을 함양한다. 그리고 학습자와 지역이 상호협력적 관계를 맺음으로써 지역사회 발전과 평생학습 생태계 구축을 촉진한다. 책임감과 전문성을 갖춘 지역활동가와 협력하여 학습자들에게 다채롭고 풍부한 교육 활동을 제공한다.

2. 시민리더역량 프로그램

시민리더역량 프로그램은 시민 사회의 리더로 성장하고자 하는 사람들을 위한 교육프로그램이다. 이 프로그램은 민주주의, 인권, 사회정의 등에 대한 이해와 리더십 역량을 강화하는 것을 목표로 한다. 주로 강의, 토론, 사례 연구, 현장 방문, 리더십 훈련 등의 다양한 방법으로 진행된다. 이를 통해 참가자들은 시민 사회 리더로서의 역할과 책임을 이해하고 리더십 역량을 향상시킬 수 있다.

1) 시민리더 양성

시민리더십은 특별한 자질이 아니라 올바른 시민의 자세를 스스로 실천하고 전파할 수 있는 능력을 말한다. 올바른 시민의 자세는 알면서도 실행에 옮기지 못하는 것부터 실천하는 것이다. 눈에 보이는 실천으로 이어지는 행동의 변화가 시민의식의 출발점이라는 것을 의미한다.

시민리더십을 발휘하기 위해서는 나 자신부터 무엇을 실천할 수 있는지 고민해야 한다. 예를 들어, 주차선을 밟고 무심히 세워진 차로 인해 불편했던 경험이 있다면, 주차선을 잘 지키고 솔선수범하는 것이 좋은 예시이다. 주차선을 지키는 것은 이웃에게 적극적으로 전파할 수 있는 행동이며 모든 사람이 실천하면 더 편하고 행복한 사회가 될 수 있다.

시민리더십은 대단한 자질이 아니라 나 스스로부터 실천하고 영향을 주는 능력을 말한다. 이를 통해 우리는 모두가 시민리더가 될 수 있고 더 나은 사회를 만들어 나갈 수 있다.

2) 평생학습리더 양성

평생학습리더 양성 과정은 평생학습 마을 만들기 사업의 일환으로, 주민들이 스스로 평생학습을 실천하고 지역사회의 공동체 복원을 주도할 수 있도록 전문성을 강화하는 교육프로그램을 말한다. 이 과정은 마을 단위 평생학습리더를 양성하여 이웃 간 소통을 활성화하고 마을공동체 회복을 위한 핵심 역할을 담당할 수 있는 리더를 배출하는 것을 목표로 한다.

이 교육과정은 현장 경험이 풍부한 전문가들로 구성된 강사진이 이끌어 준다. 교수진은 대학교수, 평생교육사, 평생학습 마을 발전연구소장 등 현장에서 활동하는 전문가들로, 이들은 실무 중심의 교육을 통해 학습자들에게 실질적이고 깊이 있는 지식을 전달한다. 교육을 이수한 학습자들은 수료증을 발급받으며 평생학습 마을 만들기 지원 사업 공모 시 가산점을 부여받게 된다. 이를 통해 지역사회에서 평생학습리더로서 역할을 수행하고, 마을 평생학습의 활성화에 영향을 주는 중요한 역할을 한다.

평생학습리더 양성과정의 주된 목적은 농촌 지역의 지리적 단점을 보완하고 평생학습 기회로부터 소외된 지역 주민들에게 교육의 기회를 제공하는 데 있다. 이 과정은 마을 단위의 평생학습 전 인력을 확보하여 지역 특성에 맞는 교육을 실천하고 평생학습 진흥을 도모하는 데 중요한 역할을 하고 있다. 현재 지역에는 마을평생교육지도자협의회가 존재하지만, 협의회의 역할과 방향성에 대한 명확한 기준이 부족한 상태이다. 이를 해결하기 위해 전문적인 교육과 지원이 필요하며, 평생학습을 활성화할 수 있는 전문인력의 양성이 시급한 상황이다.

2024년 D시 'OO구 마을평생교육지도자 양성과정' 교육이 다음과 같이 운영되었다. 대상은 D시 OO구 주민 40명으로 중장년층이다. 평생교육지도자 양성을 통한 지역 내 평생학습문화를 확산하고 지역 주민의 역량 강화 및 평생학습 참여기회를 확대한다. 그리고 평생교육지도자의 전문성 강화를 통한 지역 평생교육 발전에 기여하는 것을 목적으로 삼고 있다.

〈표 9-1〉 마을평생교육지도자협의회 지도자 양성과정

회차	일자	강의 내용
1강	10/17(목)	개강식, 아이스브레이킹, 신나는 출발
2강	10/22(화)	평생교육개념 및 이해
3강	10/24(목)	우리 지역(마을) 자원의 이해 및 분석
4강	10/29(화)	마을평생프로그램기획 및 운영
5강	10/31(목)	커뮤니케이션과 실천 사례법
6강	11/05(화)	역동적인 마을평생학습 방향
7강	11/07(목)	찾아가는 동경대학 및 경상북도 평생교육실천사례
8강	11/12(화)	평생학습마을 사례
9강	11/14(목)	마을평생교육지도자 실무
10강	11/19(화)	마을평생교육지도자의 역할 및 방향 수료식

3) 지역활동가

지역활동가는 주민들의 실질적인 활동을 이끄는 조력자로서, 마을공동체 사업의 성공적 운영과 지역 발전에 기여하고자 중요한 역할을 담당한다. 이들은 자치와 분권의 실현, 지역사회의 문제해결을 목표로 다양한 프로그램, 사업, 행사를 기획하고 실행한다. 이를 통해 지역사회 조직과 공간을 효과적으로 구성하고 운영하는 데 핵심적인 역할을 한다. 지역사회에서 조직적이고 체계적인 활동을 주도하며 주민들의 참여를 지향하고 지역의 역량을 강화하는 데 중요한 위치를 차지하고 있다. 이들은 지역 주민과 밀접하게 협력하여 공동체의 문제를 해결하고, 유지가 가능한 발전을 도모하기 위해 노력한다.

마을활동가의 역할과 사회적 중요성은 점차적이고 공식적으로 인정받고 있다. 또한 지역사회 발전에 대한 기여도도 지역사회의 필수적 구성원으로 자리매김하게 한다. 그리고 주민 간 신뢰를 구축하고 지역공동체의 결속력을 강화하는데 힘을 보태고 있다. 지역활동가는 운영자를 넘어 창의적이고 실행력 있는 조력자로서 다양한 역할 수행을 한다. 프로그램 및 사업 기획도 지역 특성에 맞는 프로그램을 기획하여 주민들의 실질적 참여를 유도하고 있다. 공동체 활성화를 위해 마을조직과 공간을 구성하고 운영하며 주민들의 협력을 기반으로 공동체 의식을 강화하고자 노력한다. 또한 문제해결과 혁신 도모를 위해 주민들과 협력하여 지역 내 문제를 진단하고 지속 가능한 해결책을 제시한다.

마을활동가는 지역사회의 조력자로서의 가치와 사회적 중요성을 인정받으며 지역 발전의 핵심 주체로 부상하고 있다. 앞으로도 이들의 전문성과 기여를 제고하기 위한 체계적인 교육과 지원이 필요하다. 이를 통해 지역사회가 더 자율적이고 지속 가능한 방향으로 성장할 수 있을 것이다.

3. 시민참여활동 프로그램

시민참여활동 프로그램은 사회구성원으로서 지역사회 조직과 공익적 활동에 대한 개인적 · 집단적인 참여를 촉진하고 이를 통해 평생학습 참여기회를 제공, 인증하는 체계적인 프로그램이다. 한국 사회에서 시민참여 활동은 지속적으로 발전하며 민주적 의사결정 과정의 중요한 요소로 자리 잡았다. 중앙정부와 지방

정부는 시민들이 정책 과정에 쉽게 접근하고 참여할 수 있도록 다양한 제도적 장치를 마련해 왔었다. 의견 수렴 창구의 다양화로 공청회, 협의회, 국민청원 등 다양한 경로를 통해 주민 의견을 경청하였다. 그리고 적극적 참여 제도를 도입하여 주민투표와 주민참여예산제 등 실질적 참여를 보장하는 제도를 설계하고 운영하고 있다.

이러한 제도적 노력은 시민들이 공공정책에 대한 주도적 역할을 수행하는 토대를 마련하고, 지역사회의 공동체적 가치를 실현하는 데 기여하고 있다. 시민참여활동 프로그램은 단순한 참여를 넘어 시민들의 지속 가능한 학습과 성장을 지원하며 지역사회의 발전과 민주적 공론 형성을 위한 핵심 역할을 행하고 있다.

지방정부는 지역사회의 참여를 촉진하기 위해 다양하고 실질적인 지원 정책을 마련한다. 이것이 시민들의 적극적인 참여를 만들어 내고 있다. 인터넷 기술의 발전과 지식정보사회로의 전환은 전자정부 실현을 가속화한다. 제도적 참여의 접근성을 대폭으로 높이는 것이다. 이와 더불어, 시민들의 직접적이고 자발적인 참여 행위도 눈에 띄게 확대되고 있다. 예를 들어, 육아공동체와 같은 근린단위의 커뮤니티 활동이 활성화되었으며, 온라인 플랫폼의 발달로 참여의 물리적 장벽이 낮아지면서 다양한 사회문제 해결을 위한 협력적 참여가 늘어나고 있다.

특히, 스마트폰과 SNS의 발전은 시민 개개인이 정부 정책뿐만 아니라 사회문제 전반에 대해 즉각적이고 적극적으로 의견을 표출할 수 있는 환경을 조성했다. 이러한 변화는 시민참여를 위한 제도적 기반과 기술적 도구의 발전에 가속을 붙여 성숙한 시민의식의 확산을 알리고 있다. 결과적으로, 우리는 참여의 패러다임 전환 속에서 지역사회와 시민이 상호작용하며 발전하는 새로운 민주적 흐름을 목격하고 있다.

1) 학습동아리 · 교육

학습동아리는 공통의 관심사를 가진 일정한 인원이 자발적으로 참여하여 정보와 지식을 정기적으로 학습하는 학습공동체의 한 형태이다. 이는 지식을 배우는 데 그치지 않고 다양한 실천 활동을 통해 개인과 지역사회가 동반 성장할 수 있도록 설계된 협력적 모임이라 할 수 있다. 처음에는 성인교육을 목적으로 학습동아리가 조직되었으며 이는 구성원 간의 공동체 의식 형성, 능동적 참여를 통한 학습, 자기주도적 태도를 강조하며 발전해 왔다. 또한, 학습동아리는 교류와 대화의 가치를 기반으로 구성원들이 상호작용하며 지속 가능한 배움과 성장을 추구하고 있다. 결과적으로 학습동아리는 개인의 발전뿐만 아니라 지역사회의 사회적 자본과 유대감을 강화하고 건강한 학습생태계를 조성하는 중요한 플랫폼으로 자리 잡았다.

학습동아리는 학습 활동을 목적으로 하는 점에서 동문회, 자모회, 조기축구회 등 단순한 친목과 교류를 목표로 하는 일반 소모임과는 본질적으로 구별되고 있다. 구성원 간 합의된 주제를 중심으로 정기적 모임에서 정보와 지식을 교류하며, 개인과 집단의 성장을 동시에 도모한다. 이 과정에서 학습동아리는 단순히 지식을 공유하는 데 그치지 않고, 참여자들이 공동의 목표를 설정하고 이를 실행하며 학습의 성과를 실천으로 확장하도록 돕고 있다. 학습 주제는 참여자의 전문성 강화, 지식과 기술 습득과 같은 개인적 목적에서 지역사회 문제해결과 같은 사회적 실천 목적에 이르기까지 다양한 범위를 아우를 수 있다. 이러한 특성 덕분에 학습동아리는 개인적 성장과 사회적 변화를 동시에 추구하는 학습공동체의 대표적 형태로 자리 잡고 있다.

학습동아리는 테마 중심, 코스 중심, 토론 중심, 연구 중심의 네 가지 접근 방식으로 분류된다. 각 접근 방식은 학습 목적과 구성원들의 요구에 따라 학습활동을 조직하는 데 중점을 두고 있다. 분류한 네 가지 접근 방식의, 첫째, 테마 중심의 접근 방식이다. 구성원들이 선택한 특정 주제를 깊이 탐구하며, 주제에 대한 통찰력, 지식, 식견을 확장하는 목표가 있다. 학습은 주제의 폭넓은 이해와 창의적 해석에 중점을 둔다.

둘째, 코스 중심의 접근 방식이다. 구체적인 계획과 체계적인 커리큘럼에 따라 연속적인 프로그램을 진행하며, 전문적인 학습 과정을 제공한다. 학습은 단계적으로 발전하며 명확한 학습 목표와 결과를 설정한다.

셋째, 토론 중심의 접근 방식이다. 구조화된 민주적 절차를 통해 구성원들이 자신의 견해를 표현하고 타인의 의견을 경청한다. 그리고 비판적 사고로 문제를 해결해 나가는 방식을 말한다. 서로 다른 관점을 공유하고 조율하며 깊이 있는 학습과 성찰을 촉진하고 있다.

넷째, 연구 중심의 접근 방식이다. 공동으로 관심을 가지는 주제를 설정한 후 토론, 문헌 연구, 현장 조사를 통하여 문제 해결하는 것을 목표로 한다. 학습 과정은 실질적인 탐구와 실험적 접근을 통해 진행되며, 구체적인 해결책을 도출하는 데 더 중점을 둔다.

이러한 네 가지 접근 방식은 학습동아리가 구성원의 학습 스타일과 목표에 맞춰 효과적으로 운영될 수 있도록 다양한 방향성을 제시한다. 각 지역의 평생교육센터에서 학습동아리 비전을 제시하고 있는데 공동의 관심사를 더불어 생각하고 실천하는 공동체를 지향하는 것도 학습동아리의 주제, 과정, 목적, 형식도 모두 유사하다.

2) 자원봉사활동 · 교육

자원봉사(Voluntarism)는 자발성, 자주성, 자유의지를 뜻하는 라틴어 볼룬타스(voluntas)에서 유래된 개념이다. 개인이나 단체가 대가 없이 시간을 들여 자신의 재능과 경험을 활용해 도움이 필요한 이웃과 사회를 위해 공헌하는 활동을 의미한다. 이러한 자원봉사활동을 실천하는 사람은 자원봉사자(Volunteer)라 불린다. 그들의 노력은 사회문제 해결과 공익 증진에 기여하고 있으며, 자원봉사활동의 주요 특성은 다음과 같다.

(1) 자발성

자신의 의지와 선택에 따라 자발적으로 참여하며 시간과 재능을 지역사회와 이웃을 위해 제공하는 것을 의미한다. 이는 강제성이 아닌 순수한 개인의 마음에서 비롯된 활동이다.

(2) 무보수성

자원봉사활동은 금전적 보상이나 경제적 대가를 받지 않는 순수한 봉사 정신을 기반으로 활동하고 있다. 물질적 보상 대신 활동 자체의 가치와 성취감에서 의미를 찾는다.

(3) 공익성

이웃과 지역사회가 직면한 다양한 문제를 해결함으로써 삶의 질을 높이고 공동체 형성과 사회적 연대를 강화하는 데 목적이 있다. 활동은 개인적 이익이 아닌 공동체의 복지와 사회적 공익을 지향하고자 한다.

(4) 지속성

자원봉사활동은 일회성에 그치지 않고 일정 기간 지속적이고 정기적으로 참여함으로써 활동의 안정성과 효과를 높인다. 이는 봉사의 진정성과 공동체에 대한 책임감을 나타낸다. 이러한 자원봉사의 특성은 개별적인 행동을 넘어 지역사회와 사회 전체를 더 나은 방향으로 변화시키는 원동력으로 작용한다. 자원봉사는 단순한 도움의 행위를 넘어 공동체 의식의 구현과 인간애 실천의 장으로 자리 잡고 있다.

자원봉사의 효과를 세 가지로 설명하면 다음과 같다.

첫째, 삶의 보람과 자기 존재가치 확인

자원봉사활동은 개인에게 삶의 보람을 느끼게 하고 자신의 존재가치와 긍지를 확인하는 계기를 제공한다. 이를 통해 자아실현의 만족감을 얻으며 삶에 대한 긍정적 태도를 강화한다.

둘째, 자기 성장의 기회

봉사활동은 개인이 보유한 능력과 재능을 발휘하고 이를 향상시킬 수 있는 기회를 제공한다. 활동 과정에서 인격이 성숙하고 자신을 재발견하며 유용한 생활 및 사회적 기술을 습득할 수 있다.

셋째, 지역사회 이해와 문제해결 참여

자원봉사는 이웃과의 관계에서 시작되며 봉사자는 지역사회와 대화하고 교류하면서 지역의 문제를 직접적으로 이해하게 된다. 이를 통해 지역 주민과의 공동체 형성을 도모하고 지역사회 문제해결에 실질적으로 기여하고자 한다.

자원봉사자는 항시 행동과 말을 겸손하게 하고, 밝은 얼굴로 친절하게 인사하며, 편안한 음성으로 발음도 정확하게 해야 한다. 늘 일관된 행동을 하며 개인감정을 개입하지 않도록 한다. 책임감 있는 모습으로 성실하게 활동해야 한다. 이러한 자원봉사자의 기본 수칙들이 있다. 정리해 보면 다음과 같다.

첫째, 적합한 봉사의 일감 선택으로 자신의 시간과 재능에 맞는 봉사활동을 선택하며 맡겨진 일을 잘 수행할 수 있다는 확신을 가지고 임해야 한다.

둘째, 봉사기관의 규칙을 준수하고 필요한 기술을 배우며 기관의 신뢰를 얻을 수 있도록 노력한다.

셋째, 봉사 대상자의 사생활 보호와 프라이버시를 존중하며 신뢰와 배려를 바탕으로 활동에 임한다.

자원봉사는 '베푸는 삶'을 실천하는 데서 시작된다. 이러한 활동은 개인에게 보람과 동기부여를 제공하며 책임감과 인정, 존중을 통해 사명감을 심어 준다. 또한 자원봉사는 상호보완적인 성장의 기회를 제공하며 가치 있는 일을 하고 있다는 자부심을 느끼게 한다. 특히, 가족과 동료의 응원은 자원봉사자가 지속적으로 활동에 참여할 수 있는 큰 힘이 된다. 이러한 지지는 자원봉사가 개인의 성장을 넘어, 공동체에 긍정적인 영향을 미치는 중요한 동력이다(차동숙, 2024).

3) 재능기부활동 · 교육

재능기부의 의미와 가치는 삶의 의미를 되새기는 사람들에게 매우 중요할 수 있다. 재능기부는 개인이 가진 재능과 전문 지식을 활용해 사회단체나 공공기관에 기여하는 활동으로, 새로운 형태의 기부 문화를 말한다. 재능기부자에게는 가진 재능을 사회로 환원한다는 점에서 의미가 남다르다고 할 수 있다.

재능기부의 장점은 자원봉사의 만족감을 제공하며 개인의 능력은 사용할수록 더욱 가치가 커지기 때문에 소모되지 않는다. 받는 사람에게 실질적인 도움을 줄 뿐만 아니라 예체능 분야 등에서는 경력으로 인정받을 수도 있다. 삶에서 재능기부의 실천은 전문성과 지식을 바탕으로 일회성이 아니라 지속된다는 것이다.

예를 들어, 의사는 거동이 불편한 어르신을 찾아가 진료하거나 화가가 벽화 그리기에 참여하는 것처럼 자신이 잘하는 분야에서 봉사하는 것은 높은 가치를 창출하는 것이다. 인생 경험이 풍부한 시니어는 상담, 한글 교육, 사회적 지혜 나눔 등을 통해 깊은 위로와 배움을 전할 수가 있다. 소소하지만 의미 있는 나눔이다. 재능기부는 거창한 일이 아니다. 청소, 빨래 등 이웃을 돕는 작은 행동도 큰 의미를 지닌다. 이를 통해 기부자의 삶과 타인의 삶에 새로운 가치를 더하기 때문이다. 재능기부는 개인의 잠재력을 사회적 공익으로 전환하는 아름다운 실천이며 나눔을 통해 공동체의 삶을 풍요롭게 만드는 고귀한 활동이라고 말할 수가 있다.

[그림 9-1] 인생 2막에 화려한 설계 - 이야기 할머니

사진 출처: 한국국악진흥원.

〈표 9-2〉 재능기부 단체 정보

단체명	인터넷 주소창	전화번호
시니어 뉴비전 (시민단체)	http://www.seniornewvision.or.kr/	02-000-2085
서울시 공익활동지원센터	https://www.seoulpa.kr/npo_about.php	02-000-1109 02-000-4070
1365 자원봉사포털	https://www.1365.go.kr/vols/main.do	1522-0000
한국 자원봉사협의회	https://www.vkorea.or.kr/	02-000-6922
농어촌 재능 나눔 - 스마일재능뱅크	http://www.smilebank.kr	1577-000
대구광역시 자원봉사센터	https://www.dgvolunteer.co.kr	053-000-1389

이야기 할머니 주로 노년층의 여성들이 자신의 경험과 지혜를 바탕으로 유아 및 어린이들에게 이야기를 들려주는 활동을 통해 세대 간 소통과 교육적 가치를 실현하는 재능기부 형태이다. 이 활동은 전통 동화, 옛이야기, 개인적 경험 등을 아이들에게 전달하여 인성교육과 문화 계승의 역할을 이행한다. 특히, 재능기부 활동과 교육은 노인평생교육의 핵심 요소로 노인들에게 사회적 역할과 자아실현의 기회를 제공한다. 이를 통해 이주영(2024)은 노인들은 개인의 경험과 지식을 사회에 환원하며 세대 간 소통과 사회적 연대를 강화할 수 있으며, 교육은 단순한 여가 활동을 넘어 신노년 세대 삶의 질 향상과 사회적 가치를 실현하는 중요한 도구가 된다고 하였다.

Chapter 10

문화예술교육

10
Chapter

문화예술교육

문화예술 평생교육은 인간의 창의성과 감수성을 증진하고, 문화적 소양 함양으로 전 생애에 걸쳐 문화와 예술을 통해 자기계발과 사회적 참여를 촉진하는 것을 목표로 하는 교육 분야이다. 이 교육은 개인의 삶의 질 향상과 공동체의 문화적 수준을 높여 창조적이고 조화로운 사회를 구현하는 데 기여한다. 문화예술교육의 필요성에 대하여 알아보자.

첫째, 사회적 변화 대응이다. 현대사회는 디지털화와 글로벌화가 가속화됨에 따라 다양한 문화가 공존하며 상호작용하는 환경이 조성되고 있다. 이러한 변화 속에서 문화적 소통과 이해는 개인과 사회의 필수 역량으로 자리 잡았다.

문화예술 평생교육은 세계화로 인한 문화적 경계를 넘어 상호 존중과 이해를 기반으로 한 소통 능력을 함양한다. 또한, 디지털 미디어를 활용한 창의적 표현과 참여를 통해 문화적 격차를 해소하고 전통과 현대를 융합한 새로운 문화 콘텐츠를 창출할 수 있는 기회를 제공한다.

둘째, 개인의 자기계발이다. 문화예술 활동은 개인의 감수성과 창의력을 자극하며, 자기 성찰과 정체성 형성에 중요한 역할을 한다. 예술적 창작 과정은 자신의 감정과 생각을 표현하는 동시에 이를 통해 자아를 탐구하고 재발견할 수 있는 기회를 제공한다. 특히, 음악, 미술, 연극 등 다양한 장르의 예술 교육은 단순한 기술 습득을 넘어 개인의 내적 성장과 정신적 풍요를 촉진하며 삶의 질을 향상시킨다.

셋째, 사회적 통합이다. 문화예술은 세대와 계층 간 갈등을 해소하고 상호 이해를 증진시키는 매개체로 작용한다. 예를 들면, 세대 간의 공동 창작 활동이나 전통 예술 체험 프로그램은 서로 다른 배경을 가진 사람들이 협력과 소통을 통해 공동의 성취를 이루도록 돕는다. 이 과정에서 개인의 다양성을 존중하면서도 사회적 연대를 강화하여 공존과 화합의 문화를 형성하는 데 기여한다. 특히, 소외 계층을 포함한 다양한 사회구성원이 참여할 수 있는 포용적 문화예술 교육은 모두가 함께 성장할 수 있는 사회적 기반을 마련한다.

넷째, 지역 문화 활성화를 말한다. 지역 주민이 참여하는 문화예술 프로그램은 지역 고유의 정체성의 재발견으로 지역사회 구성원의 자부심과 소속감을 강화한다. 전통예술 공연, 지역 축제, 문화 탐방 등은 지역 문화유산을 보존하면서도 현대적 감각으로 재해석해 지역사회의 문화적 가치를 높인다.

이러한 활동은 관광 산업과 연계되어 지역 경제를 활성화하고, 지역 주민의 삶의 질을 높이는 데 기여한다. 특히, 주민이 주도적으로 참여하는 프로그램은 공동체 연대감을 강화하며 지속 가능한 지역 문화 생태계를 구축하는 데 중요한 역할을 한다. 이처럼 문화예술 평생교육은 개인과 사회구성원 모두에게 심층적이고 지속적인 긍정적 영향을 미치며, 전 생애에 걸쳐 창의적이고 조화로운 삶을 설계하는 데 핵심적인 역할을 한다.

1. 레저생활스포츠 프로그램

레저생활스포츠 프로그램은 여가 시간을 즐길 수 있는 신체 활동을 중심으로 건강 증진과 삶의 질 향상을 목표로 하는 평생교육 프로그램이다. 문화예술의 창의적 요소와 스포츠의 활동성을 결합하여 참여자가 신체적 · 정신적 안정을 추구하고, 공동체 의식을 함양하며, 삶에 활력을 불어넣을 수 있도록 설계해야 한다. 레저생활스포츠 프로그램의 필요성을 보면,

첫째, 건강 증진과 스트레스 해소이다. 현대인은 바쁜 일상과 과도한 스트레스로 인해 신체적 · 정신적 건강 유지가 어려운 상황에 놓여 있다. 레저생활스포츠 프로그램은 규칙적인 신체 활동을 통해 체력을 증진시키고 스트레스를 완화하여 긍정적인 삶의 태도를 형성하는 데 기여할 수 있다.

둘째, 사회적 관계 증진으로 팀 스포츠나 그룹 활동은 타인과의 소통과 협력을 촉진하여 새로운 인간관계를 형성할 수 있는 기회를 제공한다. 이를 통해 개인은 소속감과 유대감을 경험할 수 있다.

셋째, 문화적 다양성 수용으로 다양한 문화적 배경을 반영한 스포츠와 레저 활동은 참가자들에게 새로운 경험을 제공하여 문화적 다양성을 이해하고 존중하는 태도를 형성하게 한다.

넷째, 여가 활용 능력 개발로 바람직한 여가 활용 능력의 배양은 개인의 삶에 활력을 불어넣고 생산적이고 창의적인 여가 문화를 형성할 수 있는 요인이다.

레저생활스포츠 프로그램의 주요 내용은 다음과 같이 분류할 수 있다.

구분	활동 분야
개인 스포츠 활동	골프, 테니스, 수영, 요가 등 개인의 신체적 역량을 강화하는 활동
단체 스포츠 활동	축구, 농구, 배구 등 팀워크와 협동심을 키우는 단체 운동
창의적 레저 활동	댄스스포츠, 필라테스, 서핑 등 문화적·예술적 요소가 결합된 스포츠
자연과 연계된 활동	하이킹, 캠핑, 래프팅 등 자연 속에서 즐길 수 있는 야외 활동
디지털 기술 활용 프로그램	VR 스포츠 체험, e-스포츠 등 첨단 기술을 활용한 스포츠 활동

1) 운영 사례

공공기관 주도 프로그램을 살펴보자. 지역 주민을 대상으로 한 공공체육시설의 스포츠 강좌 운영으로 주민자치센터에서 제공하는 요가 교실, 수영 강좌가 해당된다. 그리고 민간기관 및 동호회 활동은 헬스클럽, 필라테스, 스튜디오 등에서 제공하는 전문 프로그램, 대학 평생교육원의 프로그램은 대학 내 체육시설을 활용한 레저생활 스포츠 강좌가 있다.

이처럼 레저생활스포츠 프로그램은 단순한 신체 활동을 넘어 문화적 감수성과 공동체 의식을 증진시키고 평생교육의 가치를 실현하는 데 중요한 역할을 한다. 참여자들은 이를 통해 건강하고 균형 잡힌 삶을 영위할 수 있을 뿐만 아니라 여가를 통해 개인적 성장과 사회적 통합을 경험할 수 있다.

■ D군 지자체 레저생활스포츠 프로그램 사례

- D군 지자체의 승마 레저스포츠 관광산업 육성
- **운영 주체:** 달성군과 '찾아가는 승마교실 협동조합'의 협력
- **프로그램 개요:** 달성군은 4차 산업 시대에 부응하여 승마 레저스포츠 관광산업을 육성하고 있다. 이를 위해 '찾아가는 승마교실 협동조합'과 협력하여 스크린 승마와 같은 혁신적인 프로그램을 도입하였다.

(1) 찾아가는 승마교실 프로그램

찾아가는 승마교실은 이동식 승마 체험 프로그램으로, 접근성이 낮은 지역 주민들에게 승마 경험을 제공하는 혁신적인 방식이다. 이 프로그램은 이동식 승마 장비와 전문 강사진을 통해 승마 체험의 기회를 넓히고 있다.

(2) 운영 방식

- **이동식 장비 활용:** 말 모양의 모형 승마 장비와 모션 센서를 장착한 트럭이 직접 마을이나 학교로 찾아가서 프로그램을 진행한다.
- **현장 맞춤형 교육:** 전문 강사가 참가자의 연령과 수준에 맞는 맞춤형 교육을 제공한다. 교육 내용에는 승마 기본 자세, 말(馬과)의 교감 방법, 승마 안전 교육 등이 포함된다.
- **지역 커뮤니티와 협력:** 마을 단위의 소규모 주민 모임, 학교, 복지관 등과 협력하여 프로그램을 기획하고 운영한다.

(3) 교육적 효과

지역 내 승마 시설에 접근하기 어려운 주민들에게도 승마 체험의 기회를 제공

하며 사회적 가치 실현으로 장애인, 노인, 저소득층, 청소년 등 소외계층을 포함한 다양한 주민들이 참여할 수 있도록 한 프로그램 설계는 사회적 포용성을 강화할 수 있다. 또한 환경 및 생태 교육을 통하여 말(馬)의 생태적 중요성과 동물복지에 대한 교육을 통해 자연과 인간의 공존에 대한 인식을 높인다.

(4) 실제 사례와 성과

농촌 지역에서는 어린이와 청소년을 대상으로 한 체험 학습 프로그램 활용으로 농업 및 말(馬) 산업에 대한 이해를 높일 수 있다. 도시 외곽 지역에서는 노년층의 건강 증진과 심리적 치유를 목적으로 운영되며 참여자들로부터 높은 만족도를 얻고 있다.

(5) 스크린 승마와 찾아가는 승마교실의 통합적 가치

스크린 승마와 찾아가는 승마교실은 첨단 기술과 지역사회 서비스가 결합된 대표적인 사례이다. 주민들의 건강 증진과 여가 선용, 지역사회 활성화에 기여하고 있다. 먼저 접근성이 용이하여 승마의 물리적 · 경제적 제약을 극복하여 누구나 승마를 체험할 수 있는 환경을 제공할 뿐만 아니라 승마 체험 프로그램은 말(馬)산업과 지역 관광 산업을 연계하여 지역사회 경제적 부가가치 창출이 가능하다. 더불어 주민들이 함께 참여하며 공동체 의식을 강화하고, 다양한 세대와 계층 간의 교류를 촉진할 수 있다.

이러한 프로그램은 평생교육과 레저스포츠가 융합된 모범적인 사례로, 현대사회에서 스포츠 교육의 새로운 가능성을 제시한다고 볼 수 있다.

〈표 10-1〉 수업계획

구 분	스크린 승마 및 찾아가는 승마교실
수업내용	• 실제 승마와 유사한 시뮬레이션을 통해 기본 자세와 기술을 습득 • 이동식 장비를 활용하여 기본 승마 체험과 교육을 제공 • 기본 자세 연습 • 보조 교관과 함께하는 승마 체험 • 독립적인 승마 연습
참여시간	• 주 1~2회 • 60~90분 수업
총 교육기간	• 4주, 8주, 12주
참여비용	• 그룹 레슨: 회당 3만 원에서 7만 원 • 개인 레슨: 회당 5만 원~10만 원

2. 생활문화예술 프로그램

생활문화예술 프로그램은 주민들의 일상 속에서 문화예술을 체험하고 창작할 기회를 제공하며, 개인의 삶의 질을 높이고 지역사회의 문화적 활력을 증진시키는 데 중점을 둔다. 이러한 프로그램은 다양한 형태와 주제로 운영되며, 연령, 지역, 관심사에 따라 맞춤형으로 제공된다.

1) 생활문화예술 프로그램의 개념과 필요성

생활문화예술 프로그램은 주민들이 일상에서 쉽게 접근할 수 있는 문화예술 활동을 통해 창의성과 표현력 발휘와 동시에 사회적 교류와 문화적 성장을 도모하는 체계적인 활동이다. 이러한 프로그램은 예술의 전문성보다는 일상에서의 활용 가능성과 접근성을 중시하며, 모든 연령과 계층이 참여할 수 있도록 설계해야 한다. 특히 문화예술을 단순한 여가 활동을 넘어 삶의 질을 향상시키는 중요한 도구로 활용될 수 있으므로 그 필요성에 대하여 알아보고자 한다.

(1) 개인의 창의력 향상

문화예술 활동은 개인의 창의적 사고와 표현력을 자극하며 이를 통해 문제 해결 능력을 강화하고 창작 기회를 제공한다. 특히 미술, 음악, 연극 등 다양한 예술 분야에서 창작 활동에 참여함으로써 스스로 새로운 아이디어를 구체화하고 실현할 수 있다. 또한 비판적 사고 촉진으로 예술적 작업 과정에서 다양한 관점을 탐구하고 표현하는 경험은 비판적 사고력을 높이는 데 기여한다. 더불어 누구나 쉽게 접근할 수 있는 프로그램을 통해 전문적인 예술적 기술이 없는 사람도 창의성을 발휘할 수 있다.

(2) 정신적 안정과 스트레스 해소

문화예술 활동은 현대사회에서 점점 증가하는 스트레스와 불안을 완화시키는 심리적 치유 효과를 제공한다. 심리적 안정감을 부여하는 그림 그리기, 음악 감상, 도예 등 예술적 활동은 명상과 유사한 몰입 경험을 제공하여 심리적 안정을 유도하기도 한다. 예술은 말로 표현하기 어려운 감정을 창작물로 승화시키는 과정을 통해 정서적 해소를 돕는 감정 표현의 기회 제공한다. 그리고 긍정적 자아 이미지 형성은 작품 완성과 같은 성취 경험으로 참여자의 자존감을 높이는 데 기여한다.

(3) 사회적 연대 강화

생활문화예술 프로그램으로 지역 주민 간의 교류를 촉진하고 세대와 계층을 넘어선 사회적 연결망을 형성하며 그룹 활동을 통해 참여자 간 협력과 소통이 이루어질 수 있다. 그리고 공동의 목표를 향해 노력하는 과정에서 공동체 의식이 강화된다. 어린이부터 노년층까지 함께 참여할 수 있는 프로그램은 세대 간 공감대를 형성하고 이해를 증진시킬 수 있다. 더불어 장애인 및 독거노인 등 사회적 소외계층에게도 참여 기회를 제공함으로써 포용적 사회 환경 조성을 고려할 수 있어야 한다.

(4) 지역 문화 활성화

지역의 고유한 문화적 자산을 활용하여 주민들의 정체성을 강화하고 지역사회에 새로운 활력을 불어넣어 지역의 전통 예술, 공예, 음식 문화 등을 기반으로 한 프로그램은 지역 주민들에게 고유문화를 체험하고 계승할 기회를 제공한다.

또한 생활문화예술 프로그램은 외부 관광객을 유치하는 문화 관광 상품으로 발전할 가능성을 가지고 문화 관광 활성화를 도모하며, 문화예술 관련 산업과 연계된 활동은 지역 경제 활성화에도 기여할 수 있다. 공예 체험 프로그램은 지역 공방과 협력하여 수익 창출과 일자리 창출 및 연계를 도모하는 사례가 될 수 있다.

결론적으로 생활문화예술 프로그램은 단순히 개인의 여가 선용을 넘어서 개인의 창의적 성장, 정신적 안정, 사회적 연대 강화 그리고 지역 문화 활성화라는 다각적 효과를 발휘한다. 이러한 프로그램은 주민들이 일상에서 예술을 가까이하고 예술적 경험을 통해 더 나은 삶을 추구할 수 있는 기회를 제공하여 지역사회의 문화적 지속 가능성을 높이는 중요한 역할을 한다.

2) 생활문화예술 프로그램 사례

(1) 사진 예술 강좌

사진 예술 강좌는 지역 주민들에게 사진 촬영의 기초부터 고급기법까지 배울 수 있는 기회를 제공한다. 이는 자기표현을 돕고 사진 예술을 일상생활 속에서 즐길 수 있는 문화로 확산시키고자 기획되었다고 볼 수 있다.

먼저 기획의도를 알아보면, 이 강좌는 단순히 촬영 기술을 배우는 것에 그치지 않고 사진을 통해 자신의 감정과 생각을 시각적으로 표현할 뿐만 아니라 이를 다른 사람들과 공유하는 경험을 제공한다. 또한, 지역 주민들이 참여하여 함께 전시회를 열거나 지역사회와의 소통을 강화하는 등 문화적 연대를 이루는 데 중요한 역할을 수행한다.

또한 창의적 자기표현의 기회 제공으로 사진을 통해 주민들이 자신만의 시각으로 세상을 보고 표현할 수 있는 기회를 제공하고 지역 문화의 활성화는 지역 주민들이 촬영한 작품을 전시하는 프로그램을 통해 지역사회의 문화적 활력을 증진한다. 더불어 사회적 소통의 장 마련으로 작품을 통해 주민들 간의 소통과 교류를 증진하고 예술적 성취감을 공유할 수 있는 기회를 마련할 수 있다. 더 나아가 문화예술의 접근성 향상으로 전문적인 기술을 배우기 어려운 사람들도 쉽게 접근할 수 있도록 구성된 기초부터 중급까지의 강좌 구성을 통해 예술의 문턱을 낮추었다.

(2) 수요 조사

사진 예술 강좌의 성공적인 운영을 위해서는 지역 주민들의 수요를 정확히 파악하는 것이 중요하다. 이를 위해 달서구 생활문화센터에서는 다양한 방법을 통해 수요 조사를 실시하였으며, 다음과 같은 결과를 도출하였다.

구분		내 용
설문조사	대상	• 지역 주민, 문화센터 이용자, 문화예술 관련 관심 있는 주민들
	방법	• 온라인 설문조사, 문화센터 내 오프라인 설문지 배포
	주요 질문 항목	• 사진 촬영에 대한 관심도 • 촬영 기술 습득을 위한 교육 필요성 • 참여 가능한 시간대 및 강좌 형태 (오프라인/온라인) • 선호하는 강좌 주제 (예: 인물 촬영, 풍경 촬영, 사진 편집 등)
결과		• 약 65%의 응답자가 사진 촬영에 관심이 있으며, 이 중 40%가 기본적인 촬영 기술을 배우고 싶다는 의견 • 30%는 전문적인 사진 편집 및 보정에 대한 관심을 나타냈고, 25%는 전시회와 같은 사회적 활동을 통해 다른 사람들과 작품을 공유하는 것에 관심을 표명 • 대부분의 응답자는 주말이나 저녁 시간대에 강좌를 참여할 수 있다는 응답
인터뷰 및 피드백	대상	• 기존 문화센터 이용자, 사진 관련 동아리 회원, 지역 예술가
	내용	• 지역 예술가 및 사진 전문가와의 인터뷰를 통해 사진 예술 강좌에 대한 기대와 제안사항을 청취 • 기존 문화센터 이용자들을 대상으로 사진 촬영에 대한 수요와 관심도를 구체적으로 조사
결과		• 지역 예술가들은 사진 예술이 주민들에게 창의적 표현을 도울 뿐만 아니라, 지역 문화의 발전에도 기여한다고 강조하였으며, 수업에서 사진 이론과 기술을 함께 다루는 것을 제안함 • 기존 문화센터 이용자들은 사진 강좌를 통해 자신만의 사진 스타일을 찾고, 개인의 취미로 즐기기를 원한다고 응답

(3) 사진예술 강좌 기획서

① 강좌 개요

- 강좌명: 생활문화센터 사진 예술 강좌
- 운영 주체: D지자체 OO구 생활문화센터
- 대상: 지역 주민(초보자부터 중급자까지)

- 목표: 주민들에게 사진 촬영 기법을 교육하고, 창의적인 자기 표현을 촉진하며, 전시회를 통해 지역사회와의 교류를 증진하는 것
- 기간: 12주 과정(주 1회, 총 12회)
- 시간: 주 1회, 2시간(예: 매주 토요일 오전 10시 ~ 12시)
- 장소: D구 생활문화센터 내 강의실 및 실습 공간
- 강사: 사진 전문가 및 예술가

② 강좌 목적 및 기획 의도

- 목적
  - 기술 습득: 사진 촬영의 기본 원리와 고급 기술을 배워 실생활에서 창의적이고 의미 있는 사진을 촬영할 수 있도록 한다.
  - 자기 표현 촉진: 주민들이 사진을 통해 자신만의 시각적 표현을 하고, 감정과 이야기를 사진으로 전달하는 능력을 기를 수 있도록 한다.
  - 지역사회와의 교류 증진: 강좌 종료 후, 수강생들이 촬영한 작품을 전시회로 발표함으로써 지역 주민들과 문화적 소통과 예술적 교류를 활성화한다.
  - 문화적 참여 확대: 지역 주민들이 예술에 참여하고, 사진 예술에 대한 관심과 이해를 증진시키는 기회를 제공한다.

③ 강좌 구성

주차	주제	목표 및 내용
1~4주	기본 촬영 기법	• 목표: 카메라의 기본 사용법과 촬영 기법을 이해한 다음 사진 촬영의 기초 기능을 함양한다.
		• 내용 ☑ 카메라 설정: ISO, 셔터 스피드, 조리개 등 기본적인 카메라 기능 이해 ☑ 구도: 기본적인 구도 이론(삼분할 법칙, 대칭, 대각선 구도 등)과 다양한 촬영 각도 활용법 ☑ 빛과 그림자: 자연광과 인공광을 활용한 촬영 기법, 빛의 방향과 질감 활용 ☑ 실습: 실내외 촬영을 통해 이론을 실제 적용하는 시간
5~8주	편집과 보정	• 목표: 디지털 사진의 편집 및 보정 기술을 배워, 촬영한 이미지를 더욱 효과적으로 수정하고 표현할 수 있는 능력을 배양한다.
		• 내용 ☑ 기본적인 사진 편집 소프트웨어 사용법 (예: Adobe Photoshop) ☑ 색상 보정, 노출 조정, 화이트 밸런스 조정 ☑ 클로즈업, 크롭, 리터칭 등을 통한 사진 보정 기술 ☑ 고급 편집 기법: HDR 합성, 파노라마 사진, 필터 효과 활용법 ☑ 실습: 촬영한 사진을 소프트웨어로 보정하고, 창의적인 편집을 시도
9~11주	주제별 촬영	• 목표: 참여자들이 각자 주제를 설정하고, 그에 맞는 사진을 촬영하여 실력을 향상시킨다.
		• 내용 ☑ 주제 선정: 자연, 인물, 도시, 일상 등 다양한 주제를 설정하여 촬영 ☑ 그룹 촬영: 참여자들이 각자의 주제에 맞춰 촬영하고, 피드백을 주고받는 시간 ☑ 촬영된 사진에 대한 분석 및 토론: 각자가 촬영한 사진을 모아 서로의 작품을 감상하고 피드백을 제공
12주	전시회 개최	• 목표: 수강생들이 자신이 촬영한 작품을 전시회 형식으로 발표하여 성취감을 느끼고, 지역 주민들과의 예술적 교류를 촉진한다.

주차	주제	목표 및 내용
		• 내용 ☑ 전시회 준비: 각 참여자가 선정한 작품을 전시회 형식으로 준비 ☑ 작품 설명: 참여자들이 자신이 찍은 사진에 대한 이야기를 나누고, 작품에 담긴 의미와 촬영 과정에 대해 설명 ☑ 전시회 개최: 지역 주민들에게 공개하여, 사진 예술에 대한 관심을 확산시키고 지역사회와의 교류를 증진 ☑ 피드백 세션: 전시회 방문자들로부터 피드백을 받고, 작품에 대한 다양한 의견을 수렴

④ 예산 편성계획

항목	예산내용	
운영비	강사료	12회 과정에 대한 강사비
	재료비	사진 촬영 장비(카메라, 삼각대 등) 대여비용, 전시회 관련 재료비
	홍보비	포스터, 전단지, 온라인 광고 등 홍보비용
	전시회	전시회 장소 임대비, 작품 인쇄 및 전시물 설치비용
기타	인쇄비	강좌 진행을 위한 부대비용(교재, 인쇄물 등)

⑤ 기대효과

생활문화센터 사진 예술 강좌는 지역 주민들에게 창의적 자기 표현을 위한 기회를 제공하고, 사진 예술을 통한 문화적 소통을 촉진하는 중요한 프로그램이다. 기본적인 촬영 기법과 편집, 주제별 촬영을 통해 수강생들은 자신만의 예술적 역량을 발휘할 수 있으며, 전시회를 통해 지역사회와의 교류를 활성화하는 기회를 가질 수 있다. 이 강좌는 주민들의 문화적 삶을 풍요롭게 하고, 지역사회의 예술적 수준을 높이는 데 기여할 수 있다.

3. 문화예술향상 프로그램

문화예술향상 프로그램은 주민들이 일상 속에서 예술을 체험하고 창의적 활동에 참여함으로써 문화적 감수성과 표현력을 높이는 체계적인 교육 및 체험 활동을 의미한다. 이러한 프로그램은 개인의 창의적 성장과 사회적 소통을 지원하며, 지역사회와 문화적 연결고리를 강화하는 데 초점을 둔다.

문화예술향상 프로그램의 특징 중 가운데 접근성은 다양한 연령과 배경을 가진 사람들이 쉽게 참여할 수 있도록 설계되어야 하고 창의성 촉진을 위하여 창작과 표현 활동을 통해 개인의 창의적 사고를 자극할 수 있어야 한다. 또한 사회적 연대를 기반으로 예술 활동을 매개로 한 상호작용이 개인 간, 세대 간 소통을 강화하고 지역성을 토대로 지역 고유의 문화적 자산을 활용하여 주민들에게 친근한 경험을 제공하여야 한다.

1) 이론적 근거

문화예술교육은 단순히 예술적 기술을 가르치는 것을 넘어 개인의 감수성을 높이고 사회적 소통을 강화하며 정서적 안정을 돕는 역할을 한다. 특히 듀이의 경험중심 교육철학은 문화예술향상 프로그램의 설계와 운영에 큰 영향을 미쳤으며, 예술 경험이 개인의 사고와 감정을 통합하고 삶을 풍요롭게 한다고 강조했다(박지훈, 2022).

심리학자 길포드(Guilford)는 창의성이 인간 발달과 문제 해결 능력의 핵심 요소임을 강조하며 예술 활동이 창의적 사고를 촉진한다고 주장했다. 문화예술향상 프로그램에서 이러한 창의적 사고를 강화하기 위해 예술적 표현과 창작 활동은 중요한 구성 요소이다.

에치오니(Etzioni)의 공동체 이론은 문화예술 활동이 사회적 유대감을 강화하고 공동체 의식을 고취하는 데 기여한다고 설명한다(정득 외, 2016). 지역 주민들이 함께 참여하는 문화예술 프로그램은 개인 간 상호작용을 촉진하고 지역 사회의 통합을 강화하는 데 중요한 역할을 하기 때문이다.

그리고 말초프(Malchiodi)의 예술치료 이론에 따르면, 예술 활동은 정서적 표현과 치유의 수단으로 작용하며 문화예술향상 프로그램은 스트레스 해소와 정서적 안정을 위한 예술적 접근법을 포함하여, 현대인의 심리적 건강 증진에 기여한다(이근매, 2011).

2) 문화예술향상 프로그램의 필요성

(1) 개인의 성장과 발달

문화예술 활동은 창의력, 문제 해결 능력, 정서적 안정과 같은 개인의 내적 역량을 강화하며 이를 통해 현대사회에서 요구되는 다각적 사고와 감성적 리더십을 함양할 수 있다.

(2) 사회적 소통과 통합

예술은 언어와 문화를 초월한 소통의 매개체로 세대 간, 계층 간 갈등을 완화하고 사회적 통합을 도모하며, 지역 주민들이 함께 참여하는 프로그램은 이웃

간의 교류를 활성화하고 공동체 의식을 고취한다.

(3) 지역 문화의 보존과 발전

지역 고유의 전통문화와 현대적 예술이 융합된 프로그램은 지역사회의 정체성 강화와 문화적 다양성을 존중하고 지역 경제 활성화에도 기여한다.

(4) 삶의 질 향상

문화예술향상 프로그램은 주민들이 여가시간을 의미 있게 활용할 수 있도록 돕고 예술적 성취감을 통해 삶의 질을 높이는 데 기여한다.

3) 이론적 배경의 실제

문화예술향상 프로그램은 다양한 이론적 배경을 바탕으로 구체화된다. 예를 들어, 창의성 교육 이론은 참여자 중심의 창작 활동을 설계하는 데 활용되며, 공동체 이론은 프로그램 내에서 협업과 상호작용을 강조하는 활동을 도입하는 데 기여한다. 또한, 예술치료 이론은 정서적 안정과 치유를 위한 프로그램의 세부 구성으로 이어진다. 이와 같은 이론적 배경은 문화예술향상 프로그램이 단순한 예술 교육을 넘어, 개인과 지역사회의 지속 가능한 발전을 위한 필수적 도구로 자리매김하도록 한다.

사례: 꿈다락 문화예술학교

(1) 기획의도 및 필요성

'꿈다락 문화예술학교'는 지역 주민들이 일상 속에서 문화예술을 접하고 창의적 활동을 통해 삶의 질을 향상시키도록 지원하는 것을 목표로 한다. 이를 통해 지역 문화예술의 저변 확대화 및 주민들의 문화적 역량을 강화하고자 하였다.

필요성을 보면 현대사회에서 문화예술은 개인의 창의성 개발과 사회적 소통에 중요한 역할을 한다. 그러나 바쁜 일상과 경제적 부담 등으로 인해 문화예술 참여기회가 제한되는 경우가 많다. 따라서 지역 주민들에게 무료 또는 저렴한 비용으로 문화예술 교육을 제공하여 문화 향유의 기회를 확대하는 방안이 필요하다.

(2) 목적

- 지역 주민들의 문화예술 참여기회 확대
- 개인의 창의성 개발 및 삶의 질 향상
- 지역 문화예술 활성화 및 공동체 의식 강화

(3) 주차별 계획서

프로그램명: 꿈다락 문화예술학교		
주차	주제	내용
1주	미술의기초	색채이론, 명암 표현 활동: 색상 그리기, 명암 스케치 실습
2주	음악 이론	기초 악보 읽기, 리듬과 멜로디 이해 활동: 간단한 리듬 패턴 연습, 악기 소개
3주	조형예술기법	구성 원리, 재료 사용법 활동: 다양한 재료를 활용한 간단한 조형 작품 제작
4주	문학과 창작	기초 글쓰기와 표현법 활동: 짧은 산문 작성, 표현 기법 토론
5주	그림 그리기	주제 설정 및 스케치 활동: 참여자들이 자유 주제를 선택하여 스케치 진행
6주	음악 연주	기초 악보 연주 활동: 쉬운 곡을 연주하며 기본 테크닉 연습
7주	조형예술창작	활동: 주제를 정해 입체 작품 제작
8주	문학작품창작	활동: 짧은 에세이 또는 시(詩) 창작 후 공유
9주	명작감상	미술, 음악 등 활동: 유명 미술 작품 또는 음악 감상 후 감상문 작성
10주	동료작품 감상	활동: 서로의 작품을 감상하고 피드백 제공
11주	예술비평기법	활동: 간단한 비평 글 작성 및 토론
12주	주제별 토론	활동: '예술과 사회' 등의 주제로 참여자 간 토론
13주	프로젝트 주제 선정	활동: 팀별로 주제를 설정하고 기획안 작성
14주	팀별 창작 활동	활동: 팀 내 역할 분담 후 작업 진행
15주	중간 점검 및 피드백	활동: 진행 상황 발표 및 상호 피드백
16주	팀프로젝트 마무리	활동: 작품 완성 및 발표 준비
17주	작품 정리 및 전시 기획	활동: 작품 정리 및 전시 공간 구성 계획 수립
18주	발표 리허설	활동: 발표 연습 및 발표 자료 제작
19주	전시회 설치	활동: 작품 전시 준비 및 공간 꾸미기
20주	전시회 개최 및 평가	활동: 전시회 개막, 참여자 소감 공유 및 평가

(4) 예산편성

- 강사비: 주차별 강의 및 워크숍 진행비(약 1,200만 원)
- 재료비: 미술, 음악, 조형 활동을 위한 재료비(약 500만 원)
- 장소 대관비: 전시회 및 교육 공간 대여비(약 200만 원)
- 홍보비: 전시회 및 프로그램 홍보를 위한 제작비(약 100만 원)
- 총예산: 약 2,000만 원

(5) 기대효과

① 개인적 측면

- 창의성 및 표현력 향상

  다양한 예술적 활동과 창작 경험을 통해 참여자들은 창의적 사고와 문제 해결 능력을 키울 수 있다. 자신만의 독창적인 작품을 완성하며 표현력과 자기 효능감을 강화할 수 있다.

- 정서적 안정 및 스트레스 해소

  예술 활동의 심리적 치유 효과로 인해 스트레스가 완화되고 정서적 안정감이 증대된다. 작품 제작과 감상 과정을 통해 내면을 성찰하고, 삶의 질을 향상시킬 수 있다.

- 기술적 역량 개발

  미술 기법, 음악 연주, 디지털 편집 등 다양한 기술을 습득하여 실질적인 역량을 개발할 수 있다. 예술 분야에 대한 기초 지식을 바탕으로 전문적인 학습과 경력을 이어갈 가능성을 제공한다.

② 사회적 측면

- 세대 간 및 계층 간 소통 강화

  프로그램을 통해 다양한 연령층과 배경의 참여자들이 협력하고 소통함으로써 세대 간, 계층 간 갈등을 해소할 수 있다. 팀 프로젝트와 협업 활동을 통해 사회적 연대감을 고취하고, 공동체 의식을 강화한다.

- 지역사회의 문화 활성화

  주민들이 지역 고유의 문화예술 자산을 체험하고 창작함으로써 지역사회에 대한 소속감을 느끼게 된다. 전시회와 발표회를 통해 지역사회가 예술적 성과를 공유하며 문화적 활력을 얻을 수 있다.

- 문화 참여 확대

  주민들이 쉽게 접근할 수 있는 예술 프로그램을 통해 일상에서의 문화예술 참여가 증가한다. 문화예술에 대한 관심과 이해도가 높아져 지역사회의 전반적인 문화 수준이 향상된다.

③ 경제적 측면

- 지역 경제 활성화

  전시회 개최와 같은 활동을 통해 지역 내 예술 관련 산업 및 서비스 소비가 촉진된다. 지역 작가, 강사, 예술가들과의 협력을 통해 지역 경제와 예술 생태계 활성화를 유도한다.

- 지속 가능한 프로그램 개발 가능성

  성공적인 프로그램 운영은 추가적인 예산 확보 및 후원 유치의 기반이 될 수 있다. 지역 내에서 문화예술 교육 프로그램의 중요성이 부각되어 장기적인 지원 체계를 구축할 수 있다.

④ 교육적 측면

- 참여형 학습 모델 정착

체험 중심의 학습 활동은 참여자들의 능동적인 참여 유도 및 학습 효과를 극대화한다. 작품 감상 및 비평, 토론 활동을 통해 비판적 사고와 문제 해결 능력을 강화한다.

- 전문성 및 진로 탐색 지원

문화예술 활동에 관심 있는 참여자들에게 전문성을 키울 수 있는 기회를 제공한다. 프로그램을 통해 예술 분야의 진로를 탐색하고 잠재적 경력을 개발할 수 있다.

⑤ 프로그램의 지속 가능성

- 참여자 만족도 및 재참여 유도

성취감과 즐거움을 제공하는 활동은 참여자들의 높은 만족도 상승으로 지속적인 프로그램 참여를 유도한다. 참여자들의 긍정적인 경험은 프로그램의 구전(口傳) 효과를 높이고, 신규 참여자를 끌어들이는 계기가 된다.

- 모범 사례로의 발전 가능성

프로그램이 성공적으로 운영될 경우, 지역 및 전국 단위의 모범 사례로 활용될 수 있다. 이를 기반으로 유사한 프로그램 개발 및 확산이 가능하고 문화예술 교육의 표준 모델로 자리 잡을 수 있다. 이러한 기대효과는 프로그램이 개인과 사회 그리고 지역사회에 긍정적인 영향을 미치는 동시에 지속 가능한 발전을 이루는 데 기여할 것임을 시사한다.

Chapter 11

기초문해교육

11
Chapter

기초문해교육

1. 문해교육의 개념

UN이 정한 '세계 문해의 해'인 1990년부터 우리나라는 부정적 의미의 '문맹'에서 긍정적 의미로 '문해'라는 용어로 사용하게 되었다(정지웅 외, 2013). 문해교육에서 문제를 분석할 때에는 긍정적 개념을 사용하여야 하는 이유로 문맹이 아니라 문해(Literacy), 비문해(Illiteracy)라고 부르기 시작한 것이다(차동숙, 2024). 문해는 영어로 'literacy'로 라틴어 'literatus'에서 파생되었으며, 고대에는 '문학에 조예가 깊은 사람'을 뜻했고 중세에서는 '라틴어를 읽을 수 있는 사람'으로 뜻했으며, 종교 개혁 이후에는 '모국어를 읽고 쓸 수 있는 사람'으로 정의되었다(이선애, 2022).

「평생교육법」 제2조 3항에서는 "문자해득교육(이하 '문해교육'라 한다)이란 일상생활을 영위하는 데 필요한 문자해득(文字解得) 능력을 포함한 사회적 · 문화적으로 요청되는 기초생활능력 등을 갖출 수 있도록 하는 조직화된 교육프로그램을 말한다"라고 규정되어 있다(김차순, 2016). 문해교육은 모든 교육을 시작하기 위한 기본이 되는 교육으로 인간이 사회생활을 함에 있어 의사소통과 문자가 가지고 있는 의미를 이해하는 데 중요한 역할을 담당하며, 우리 사회의 공동체 생활을 위한 기초능력을 키우는 가장 기본이 되는 교육이다(함태인, 2018; 임은자, 2021). 현대적 교육관에서도 문해교육은 기초학습이며 모든 사람에게 요구되는 기본적인 학습이다.

기초학습인 문해교육은 성인들이 읽고 쓰는 능력을 습득하고, 이를 통해 일상생활에서 필요한 정보를 이해할 수 있고 활용할 수 있도록 돕는 교육이다. 성인들이 글을 읽고 이해하는 능력뿐만 아니라, 글쓰기, 계산, 인터넷 이용 등의 기초적인 생활 기술을 습득할 수 있도록 지원한다. 문해교육은 일반적으로 글자를 읽지 못하거나 쓰는 데 어려움을 겪는 성인들을 대상으로 한다. 이러한 성인들은 다양한 이유로 인해 교육을 받지 못했거나, 교육을 받았지만 충분한 문해능력을 갖추지 못한 경우가 많다. 시대적 상황에서 교육을 받지 못한 사람들은 지금 모두 노인이다. 2022년 기준, 우리나라는 초고령화 사회로 진입하는 과정을 겪고 있다(김연숟, 2023). 이러한 성인들에게 교육기회를 제공하여, 그들이 사회적 참여를 확대하고 보다 주체적이고 풍요로운 삶을 영위할 수 있도록 지원해야 한다.

2. 기초문해교육의 실제

1) 프로그램명: 한글 문해교육

(1) 프로그램 개발 배경

세계적 문해교육자 파울로 프레이리(Paulo Freire, 1921~1997)는 '단어 읽기와 세상 읽기(reading the word reading the world)'로 문해를 정의했다(이금배, 2022). 세상을 읽기 위해서는 글을 읽을 수 있어야 하고, 글을 읽는다는 수단은 세상을 읽어 내기 위한 목적을 지니고 있다(조병동, 2020). "인간은 누구나 교육받을 권리를 가진다"라고 세계인권선언문 제26조 1항에서 명시하고 있다. 인권에 있어서도 교육받을 권리는 기본에 속한다. 인간이라면 누구나 동일하게 교육의 기회가 제공되어야 한다는 것으로, 문해는 모든 교육의 기초이자 인간 생활의 기본이다.

우리나라는 「평생교육법」에서 문해교육을 평생교육에 있어 중요한 영역으로 보고 설정하였다. 『평생교육백서』에서도 문해교육을 사회적 통합실현과 국민기초능력 향상을 위해 저학력, 한글을 깨우치지 못한 성인에게 제2의 교육기회를 제공함으로 그들의 생활능력을 향상시키고, 사회활동 참여를 확대하기 위해 추진하는 사업이라고 국가 평생교육진흥원에서는 정의하였다. 차동숙(2024)은 평생학습시대를 지향하고 있는 요즘은 학습의 기회는 언제나 열려 있으며, 학습은 인간 내면의 결핍을 채우고, 성장과 발달을 지속적으로 이루어 가도록 한다고 하였다. 나아가서는 사고의 전환을 통해 더 나은 자아완성을 지원한다고 볼 수 있다고 하였다.

그러나 우리나라에 아직도 평생교육의 기회를 누리지 못하고 사는 사람이 있다. 시대적 상황과 여성이라는 이유로 배움의 기회를 놓친 사람들이다. 읽고 쓰는 능력이 부족한 비문해학습자는 다양한 평생교육 프로그램에 참여하는 것이 어렵다. 세계인권선언문에도 제시했듯이 문해능력은 교육권에 보장된 인간이 누려야 할 기본 권리이다. 『평생교육백서』(2022)에는 문해능력이 일상생활에 가장 필요한 기초적인 능력으로, 개인의 행복은 물론 국가 경쟁력 향상과도 밀접한 연관이 있음을 나타내고 있다.

배움이 일상에 행복과 가치를 더한다고 볼 수 있고, 학습은 행복지수를 높일 수 있으며, 삶의 질을 향상시키는 길이다. 「평생교육법」에서 '모든 국민은 평생교육의 기회를 균등하게 보장 받는다.', 평생교육의 이념에서는 '평생교육의 기본은 문해교육'이라고 하고 있다(차동숙, 2024). 배움의 기회를 놓친 많은 비문해자들의 현황을 2020년 국가평생교육진흥원에서 조사한 성인문해능력조사 자료를 보면, 남성이 2.7%, 여성이 6.4%로 여성이 많고, 대도시는 4.4%, 중소도시 3.6%, 농산어촌은 12.1%로 분포되어 있다. 연령별로 보면 60세 이상이 14.2%, 60세 미만은 0.8%로 60세 이상이 많은 비율을 차지하고 있다[1].

배움의 기회를 놓친 비문해학습자의 현황을 살펴보면 다음 표와 같다.

1) 국가평생교육진흥원, 성인문해능력조사(2020년 10월~2021년 1월), 전국 17개 시도에 거주하는 모든 가구 만 18세 이상 성인

〈표 11-1〉 비문해학습자의 현황

구분	수준정의	비율(%)	추정인구(명)
수준1	일상생활에서 필요한 기본적인 읽기, 쓰기, 셈하기가 불가능(초등 1~2학년)	4.5	2,001,428
수준2	기본적인 읽기, 쓰기, 셈하기는 가능, 일상생활에 활용은 미흡(초등 3~4학년)	4.2	1,855,661
수준3	단순 일상생활에 활용은 가능, 복잡한 일상 생활에 활용은 미흡(중학 1~3학년)	11.4	5,039,369
수준4	일상생활에 충분한 문해력을 갖춘 수준(중학 학력 이상)	79.8	35,184,815
전 체		100.0	44,081,271

* 2020년 10월~2021년 1월, 전국 17개 시도에 거주하는 모든 가구 만 18세 이상 성인(국가평생교육진흥원, 성인문해능력조사).

「평생교육법」이 1999년 제정된 이후 본격적인 국가정책으로 문해교육이 제도화되었다. '모든 이를 위한 교육(Education for all)'으로 문해교육의 중요성을 강조한 유네스코로 인해 문해교육에 대한 제도적 지원요구가 힘을 얻었다(이희수 외, 2001). 이에 따라 교육인적자원부는 2001년부터 소외계층 평생교육 지원사업으로 문해교육에 대한 재정적 지원을 시작했다. 소외계층에 대하여 특별히 지원부터 시작한 이유는 우리나라 성인의 평생교육 참여율에 비해 저소득층의 참여율이 저조했기 때문이다(조석영, 2013).

현대 문명사회에서 문해능력은 문자를 활용하여 표현과 인간의 존재를 유지하는 데 있어 중요한 수단이다. 이러한 문해는 사회와 시대적 상황에 따라 그 의미가 변화하고 있고, 변화는 단지 단어만을 바꾼 것이 아닌 새로운 용어의 의미와 사용하는 데 맥락까지 변화시킴을 의미한다(조미경, 2012). 이런 맥락에서 문해가 단순히 개인의 문자적 도구 습득에 그치지 않고 사회 속에서 역할을 통해 사회 변혁을 주도하는 대열에서 활동한다는 것을 알 수 있다(노병윤, 2015).

이와 같이 문해 영역에 있어서도 점차적으로 기초문해, 기능문해, 비문해를 넘어서서 정보문해, 디지털문해, 금융문해, 건강문해 등으로 범위가 확대되고 있음을 주변에서 체감하고 있다. 다양한 문해가 있는 시대에 발맞추어 정부에서도 정보화 시대의 시작과 함께 지방자치단체와 디지털 정보격차를 줄이기 위한 다양한 노력을 기울여 왔다(성복숙, 2023). 문해자들도 디지털문해가 되는 시대에 비문해자들에게는 더욱 평생학습시대에 발맞추기 위해 반드시 필요한 교육이다. 문해는 개인의 삶의 질을 높이고 가정, 지역공동체, 나아가 국가의 사회경제적 여건을 향상시킬 수 있다(국가평생교육진흥원, 2013).

문해의 구분과 유형을 살펴보면 아래 표와 같다.

〈표 11-2〉 문해의 구분과 유형

구 분	정 의
기초문해 (BasicLiteracy)	일상생활을 하는 데 기본적으로 필요한 3R[2]의 기초기능의 보유상태를 말하며 기초기능의 적정한 수준은 의무교육인 초등학교 6학년 수준의 능력이다.
생활기능 문해 (Functional Literacy)	일상생활에서 기본적으로 필요한 생활기능의 보유상태, 기초문해 수준으로 읽기, 쓰기, 셈하기의 기초능력보유를 전제로 가정, 사회, 일터에서 필요한 생활의 기능을 확보하는 것을 말함. 예를 들면, 가정생활에 필요한 가족보건 및 건강, 소비 및 자산관리, 사회 공동생활에서 필요한 시민 일반상식, 교통통신수단 이용, 민원서류 처리, 공공기관시설 이용, 대중 매체 활용, 외래어, 다문화 이해 등의 기능 보유를 하는 상태를 의미한다.
특정 영역별/ 전문 직종별 문해 (SpecialArea/ProfessionalLiteracy)	특정한 전문영역에서 갖추어야 할 기본지식과 기능의 보유상태로서 정치, 군사, 사회, 문화, 경제, 과학, 기술 등의 다양한 사회 영역에서 필요로 하는 능력을 말하는 것으로 기초문해, 생활기능 문해의 능력보유를 기반으로 하는 수준 단계를 의미한다.

출처: 김종천(2014).

2) 읽기, 쓰기, 셈하기

문해교육이 중요하는 것은 익히 알고 있다. 정부의 관심이 요원했고 2003년에는 소외계층에게 교육 강조와 비문해자를 위한 공적지원을 시작하여 2007년 말 「평생교육법」의 전면개정으로 인하여 문해교육의 정책지원과 제도화가 기초를 이루게 되었다(김차순, 2016).

(2) 교육 대상

- 주요 대상: 일상생활에서 필요한 기본적인 읽기, 쓰기, 셈하기가 불가능한 자
- 세부 대상: 배움의 기회를 놓친 성인

(3) 교육의 목적

- 국민기초능력 향상
- 사회적 통합실현을 위함
- 저학력 성인에게 제2의 교육기회 제공
- 생활능력 향상
- 사회활동 참여 확대
- 인간 내면의 결핍을 채우기 위함
- 지속적인 성장과 발달
- 사고의 전환을 통해 더 나은 자아완성을 지원

(4) 교육의 목표

문해교육을 넓은 의미로 보자면 문해 수준으로 이를 때까지 모든 국민에게 무상으로 시행되는 의무교육 활동이라고 할 수 있다. 그러나 중학교까지의 아동과

청소년 대다수가 정규학교에서 의무교육을 받고 있으므로 현재 문해교육은 중학교까지의 학력이나 학습능력을 갖추지 못한 성인들을 주 대상으로 하고 있다(임규희, 2016). 이를 반영한 용어 역시 성인문해교육 또는 성인기초교육으로 부르기도 한다. 현재 국민으로서 보장받을 수 있는 학습권은 중학교 학력의 문해 수준이며, 이는 모두가 받아들여야 하는 문해교육의 목표이다(정지웅 외, 2013).

우리나라는 「평생교육법」에서 문해교육을 평생교육에 있어 중요한 영역으로 보고 설정하였다. 『평생교육백서』에서는 문해교육을 국민기초능력 향상과 사회적 통합실현을 위해 저학력 성인 평생학습시대를 지향하고 있는 요즘은 학습의 기회는 언제나 열려 있다고 하였다. 학습은 인간 내면의 결핍을 채우고, 성장과 발달을 지속적으로 이루어 가도록 한다.

그러나 아직도 우리나라에서 평생교육을 누리지 못하고 사는 사람들이 있다. 그들에게 배움이 일상의 행복과 가치를 더한다고 볼 수 있으므로, 학습은 삶의 질을 향상시킬 수 있고 행복지수를 높일 수 있으므로 이를 돕기 위함이다. 다음은 K시의 한글문해 교육 프로그램에 대한 교육과정편성표와 수업계획서를 사례로 살펴보고자 한다. 우선 교육과정편성표는 한글을 읽지 못하는 성인학습자들이 읽고 쓸 수 있고, 수에 대한 개념을 익히는 것을 목표로 하고 있다. 총 40주에 걸쳐 주 2회, 6시간으로 진행하는 것을 볼 수 있다. 자세한 주차별 계획서는 1~8주까지만 우선 살펴보고 전체적인 것은 부록으로 확인할 수 있다.

〈표 11-3〉 교육과정편성표(K시 한글 문해교육 프로그램 사례)

<table>
<tr><th>프로그램
교육수준</th><th colspan="5">■ 초등 1단계 □ 초등 2단계 □ 초등 3단계
□ 중학 1단계 □ 중학 2단계 □ 중학 3단계</th></tr>
<tr><td>프로그램명</td><td colspan="5">소망반</td></tr>
<tr><td>교육목표</td><td colspan="5">한글을 읽지 못하는 성인학습자들이 읽고 쓸 수 있고, 수에 대한 개념을 익힐 수 있다.</td></tr>
<tr><td>교육장소</td><td colspan="5">○ ○ ○ 희망학교</td></tr>
<tr><td rowspan="7">프로그램
개요</td><td colspan="2">운영 기간(사업기간)</td><td colspan="3">0000년. 00월. 0일. ~ 0000년. 00월. 0일.</td></tr>
<tr><td colspan="2">주당 운영횟수</td><td>3회</td><td>주당 운영시간</td><td>6시간</td></tr>
<tr><td colspan="2" rowspan="2">수업시간</td><td>주당
운영시간</td><td>총 운영주수</td><td>총 운영시간</td></tr>
<tr><td>6</td><td>40</td><td>240</td></tr>
<tr><td colspan="2">모집 예정 학습자 수</td><td colspan="3">OO명</td></tr>
<tr><td colspan="2">주요 학습 대상</td><td colspan="3">비문해 성인학습자</td></tr>
<tr><td colspan="2">교재(부교재 포함)</td><td colspan="3">소망의 나무 1권, 2권, 3권, 4권, 워크북</td></tr>
<tr><td rowspan="3">학습자
관리 계획</td><td colspan="2">출결</td><td colspan="3">– 출석부관리/결석자 확인/장기결석자
가정방문 후 향후방향 결정</td></tr>
<tr><td colspan="2" rowspan="2">상담</td><td colspan="3">– 개인상담 월 1회–학습상담 및 교육환경 상담</td></tr>
<tr><td colspan="3">– 집단상담 격월 1회–교우관계상담 및 고충상담 등</td></tr>
<tr><td rowspan="7">평가방법</td><td colspan="2">자체 프로그램 평가</td><td colspan="3">교사회의(월 1회) 운영위원회(분기별)</td></tr>
<tr><td rowspan="6">학습자
평가</td><td rowspan="2">진단 평가</td><td colspan="3">일일평가–받아쓰기 등</td></tr>
<tr><td colspan="3">수업당일</td></tr>
<tr><td rowspan="2">형성 평가</td><td colspan="3">단원평가</td></tr>
<tr><td colspan="3">단원종료 시</td></tr>
<tr><td rowspan="2">총괄 평가</td><td colspan="3">학기말 평가 및 연말 평가 실시</td></tr>
<tr><td colspan="3">1학기 말/2학기 말</td></tr>
<tr><td>창의적
체험활동
계획</td><td colspan="5">재난안전교육, 스마트폰 활용하기, 노래방가사 따라 부르기, 은행청구서 및 송금하기, 가전제품안전사용법, 편지쓰기, 단풍놀이, 글쓰기 등</td></tr>
</table>

〈표 11-4〉 프로그램 세부내용

프로그램 세부내용(소망의 나무 1권)			
주차	단원명	주요 교육내용	수업방법
1주	**1단원** 첫걸음 **2단원** 하늘 땅 사람	**[국어 2차시]** 바른 자세로 글자를 따라 써 보기 **[국어 2차시]** 10개 모음자 익히기1 **[국어 2차시]** 10개 모음자 익히기2	강의, 실습 6시간
2주	**3단원** 재미있게 ㄱ,ㄴ,ㄷ **4단원** 물건을 사요	**[국어 2차시]** 자음자 익히기 **[국어 2차시]** ㄱ, ㄴ, ㄷ, ㄹ, ㅁ, ㅂ낱말 학습 **[재량활동 2차시]**–재활용품 활용하기	강의, 실습 6시간
3주	**5단원** 기차여행	**[국어 2차시]** ㅅ, ㅇ낱말 학습 **[국어 2차시]** ㅈ, ㅊ낱말 학습 **[국어 2차시]** ㅋ, ㅌ낱말 학습	강의, 실습 6시간
4주	**6단원** 바닷가에서	**[국어 2차시]** ㅍ,ㅎ낱말 학습 **[국어 2차시]** ㅏ,ㅑ, ㅗ, ㅛ, ㅓ, ㅕ, ㅜ, ㅠ, ㅡ, ㅣ 학습 **[재량활동 2차시]**–실내놀이지도	강의, 실습 6시간
5주	**7단원** 즐거운 우리 집 **8단원** 맛있게 먹어요	**[국어 11차시]** 자음자와 모음자의 위치 학습 **[국어 12차시]** 자음자와 모음자 바르게 쓰기 **[국어 13차시]** 글자의 짜임익히기	강의, 실습 6시간
6주	**8단원** 맛있게 먹어요 **9단원** 나와 주변을 살펴요	**[국어 2차시]** 신문 활용 교실 글자 찾기, 오리기, 붙이기 등 **[국어 2차시]** 글자를 바르게 읽고 써 보기 **[재량활동2차시]**–안전교육	강의, 실습 6시간
7주	**9단원** 나와 주변을 살펴요	**[국어 2차시]** 놀이로 낱말공부하며 글자를 읽고 써 보기 –몸의 각 부분의 아름 익히기– **[국어 2차시]** 놀이로 낱말공부하며 글자를 읽고 써 보기 **[국어 2차시]** 꽃과 관련된 경험에 대해 발표하고 꽃 이름 익히기	강의, 실습 6시간
8주	**10단원** 수 세기	**[국어 2차시]** 단오에 대하여 익히고 경험담 발표하기 **[수학 2차시]** 0~10까지의 수를 읽고 써 보기, 생활 속의 숫자를 읽고 쓰는 경우 알아보기, 계산기활용법, 전화기 사용법, 은행청구서 등 **[재량활동 2차시]**–소비자교육(방문판매, 보이스피싱 등)	강의, 실습(참여) 6시간

(5) 교육 방법

상세 프로그램에서 볼 수 있듯이 초등과정 문해교육은 국가평생교육진흥원에서 개발한 교과로 수업이 이루어진다. 초등 1~3단계 각 4권씩, 워크북으로 구성되어 있다. 각 단계별로 1년 과정으로 3년 후 초등학력을 인정받게 된다. 실습은 교사의 재량과 교과 내용으로 이루어지며, 또한 학습자의 환경에 맞추어서 수업이 진행되기도 한다.

(6) 프로그램 기간

위 프로그램은 한글 문해 초등 1단계 과정으로, 문해교육의 경우 단기간 한글을 익히는 데는 어려움이 있어 장기간에 걸쳐서 교육이 이루어진다.

- 기간: 1, 2, 3단계-각 1년(주 3일, 6시간, 40주)
- 총시간: 240시간
- 형태: 오프라인

세부 교육과정은 편성표를 참고하기 바란다(부록 참고).

(7) 교육 자원 및 요구사항

학력인정 문해교육은 대체로 희망학교, 복지관에서 주로 이루어지고 있고, 교사는 고졸 이상의 학력이어야 한다. 그리고 교수자는 초등, 중등과정의 연수를 반드시 이수하여야 한다. 만약에 초등 연수를 이수하지 않은 상태에서 학력인정 한글 초등과정을 지도했을 때, 해당 학생들은 학력인정을 받지 못하게 된다.

이렇게 비문해 학습자에게 문해교사는 중요한 역할을 하고 있다. 또한 학습자들과 소통하면서 배움과 그들의 이야기를 들어주고 자신이 속한 사회영역과 문화영역을 이해하고 활동할 수 있게, 학습을 할 수 있도록 이끌어 주는 역할을 한다. 문해교사는 문해학습자의 특성을 고려하여 수업을 진행하고 문해학습자를 이해하려는 노력과 변화를 요한다. 학업 성취뿐만 아니라 자신을 무능하게 여겼던 문해학습자의 인식을 바꾸고 성장시키는 데 있어서 문해교사가 큰 역할을 하고 있음을 알 수 있다(최윤정, 2002).

현재 성인문해 학습자에게 큰 역할을 하는 문해교사들의 참여 경로는 다양한 형태로 이루어지고 있다. 유형에서도 일정한 보수를 기대하는 유급교사와 무보수 자원봉사를 지향하는 교사들이 혼재한다(엄경미, 2016). 문해교육은 학습자와 교수자가 만나 학습내용을 토대로 수업이 이루어진다. 문해학습자의 성취도에 가장 큰 영향을 미치는 요인이 문해교사라는 점(전은경 외, 2012)에서 볼 때, 문해학습자를 가장 가까이에서 끌어 주는 문해교사의 역할이 무엇보다 중요한 부분이므로 문해교육 활성화 방안에서 문해교사의 활동지원은 문해교육 발전과정에 큰 역할을 할 것으로 본다(차동숙, 2024).

(8) 기대효과

평생교육은 「헌법」 제31조 1항 '모든 국민은 능력에 따라 균등하게 교육을 받을 권리를 가진다.'라는 조항과 「교육기본법」 제3조 '모든 국민은 평생에 걸쳐 학습하고, 능력과 적성에 따라 교육 받을 권리를 가진다.'는 조항, 그리고 「평생교육법」 제4조(학습권) 1항 '모든 국민은 평생교육의 기회를 균등하게 보장받는다.'는 이념(교육부, 2018)에서 교육 받을 권리에 대해 말하고 있다. 그러나 우리나라에서 평생교육의 혜택을 누리지 못하는 사람들이 있는데 바로 비문해자들이다. 이들이 한글을 익히게 됨으로써 다양한 평생교육의 기회를 누리게 되는 것이다.

급변하는 사회에서 평생교육은 항상 뒷받침되어야 하며, 모든 사람의 학습에 대한 기본권 보장과 교육 기회로 인해 일상의 행복과 가치를 높인다고 볼 때 학습을 하게 됨으로써 삶의 질을 향상시키고 행복지수를 높일 수 있다. 평생교육은 살아가는 데 필요한 것을 계속해서 습득할 수 있는 학습사회문화를 구현하는 것을 중요한 과제로 삼고 있다. 오늘날의 사회, 경제는 이미 지식기반으로 이루어졌으며 교육은 사회적 책임과 경제적 성공, 사회적 일체감을 위한 필수불가결한 요소로 본다(교육부, 2018).

Chapter 12

직업훈련 프로그램 개발 실제

Chapter 12

직업훈련 프로그램 개발 실제

1. 직업훈련 프로그램 개발 사례-1

1) 프로그램명: 디지털 마케팅 직무능력 향상 교육

■ 프로그램 개발 배경

세계 디지털 마케팅 보고서에 의하면, 마케팅 프로그램은 빠르게 변화하는 디지털 마케팅 분야에서 직무 능력을 향상시킬 필요성이 있음을 강조하였다. 디지털 마케팅 시장 보고서(2023)기준으로 한국의 디지털 마케팅 시장은 약 7.66억 달러 규모에 달하며, 2024년부터 2032년까지 연평균 성장률(CAGR: Compound Annual Growth Rate)은 13.60%에 이를 것으로 예상된다.

이는 인터넷 보급률 증가, 스마트폰 사용 확산, 그리고 기술에 익숙한 인구 증가로 인해 디지털 마케팅 분야가 빠르게 성장하고 있음을 나타낸다. 특히 검색엔진 최적화(SEO: Search Engine Optimization), 소셜 미디어 광고, 콘텐츠 마케팅과 같은 디지털 마케팅 기술에 대한 수요가 급증하고 있으며, 2023년에는 한국의 20대 직장인 중 절반 이상이 유튜브(Youtube), 쇼츠나 인스타그램 같은 짧은 영상 콘텐츠에 적극적으로 참여하고 있다. 통계적으로 볼 때 틱톡의 월 활성 이용자 수(MAU: Monthly Active Users)는 2023년 10월 기준 10억 명을 넘고 있으며 유튜브의 MAU는 20억 명에 이르고 있다. 릴스의 MAU는 2023년 11월 기준 약 23억 명이다. 2023년 12월 한국리서치 정기조사에 따르면 숏폼 콘텐츠 시청자는 국민 4명 중 3명(75%)에 달하며, 60세 이상 고연령층도 10명 중 6명(59%)가량 시청 경험이 있을 정도로 전 연령층에서 숏폼(Short-form)이 소비되고 있다.

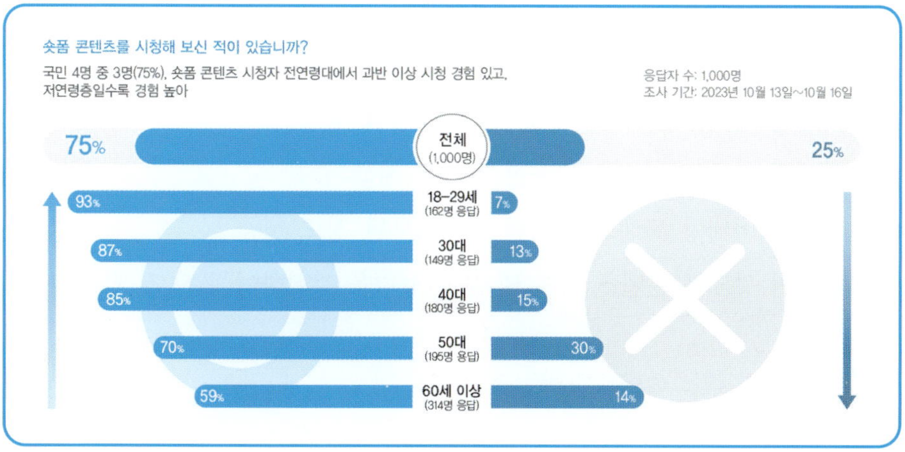

출처: 한국리서치(https://hrcopinion.co.kr).

이러한 변화는 디지털 마케팅 전문가들이 최신 기술과 전략을 빠르게 습득할 필요성을 강조하고 있다. 디지털 마케팅 분야의 일자리 시장도 확장되고 있으며, 이 분야에서 필요한 기술을 갖춘 전문가들이 디지털 경제의 요구를 충족시키는 데 중요한 역할을 수행한다.

2) 교육 대상

- **주요 대상:** 20대 후반에서 40대 중반의 직장인 및 구직자
- **세부 대상:** 중소기업 마케팅 담당자, 스타트업 창업자, 마케팅 분야로 전환을 원하는 직장인, 디지털 마케팅을 배우고자 하는 구직자

3) 교육 목적

- 디지털 마케팅의 기초 지식 및 실무 능력 향상
- 마케팅 도구와 기술을 활용한 전략적 사고 증진
- 디지털 마케팅 트렌드에 대한 업데이트된 정보 제공
- 온라인 광고와 콘텐츠 기획 및 운영 능력을 강화하여 구직 경쟁력을 높임

4) 교육 목표

- 디지털 마케팅의 기본 개념과 트렌드 이해
- 소셜 미디어 광고 및 검색엔진 최적화 활용 능력 습득
- 콘텐츠 제작 및 관리의 기초 지식과 실습
- 디지털 마케팅 분석 도구를 사용하여 실무 적용 능력 강화
- 디지털 마케팅 전략 수립으로 창의적, 실용적인 마케팅 아이디어 도출

5) 프로그램 구조

단 계	주제: 디지털 마케팅 개론
1단계	• 디지털 마케팅의 중요성 • 디지털 마케팅의 기본 개념 • 최신 트렌드(SNS 마케팅, 인공지능(AI) 활용 등) • 온라인 광고의 이해(Google Ads, Facebook Ads 등)
2단계	주제: 실무 중심의 디지털 마케팅 전략
	• SEO(Search Engine Optimization) 기본 • 소셜 미디어 광고의 기획 및 실행 전략(Instagram, Facebook, TikTok 등) • 웹사이트 분석 도구의 활용(Google Analytics)
3단계	주제: 콘텐츠 마케팅 및 관리
	• 콘텐츠 기획 및 제작 실습(블로그, 유튜브, 인스타그램 등) • SEO 기반 콘텐츠 작성법 • 효과적인 콘텐츠 배포 전략
4단계	주제: 마케팅 데이터 분석 및 성과 측정
	• 마케팅 성과 측정(ROI, Return on Investment 등) • 구글 애널리틱스 활용법 • 소셜 미디어 분석 도구(Hootsuite, Sprout Social 등)

6) 교육 방법

- 이론 + 실습 병행: 이론 교육 후 실습을 통해 학습 내용을 체계적으로 적용
- 온라인 학습 플랫폼과 오프라인 강의를 병행하여 시간과 장소에 구애받지 않는 수업 가능
- 그룹 프로젝트 및 케이스 스터디를 통해 실제 상황에서의 마케팅 관련 문제 해결 능력 배양
- 멘토링과 피드백 세션을 통해 실무 경험을 나누고 개선점 도출

7) 프로그램 기간

- 기간: 3개월(주 2회, 회당 2시간)
- 총 시간: 24시간
- 형태: 오프라인 + 온라인 병행(오프라인 12시간, 온라인 12시간)

8) 평가 방법

- 중간 평가: 온라인 퀴즈 및 실습 과제 제출
- 최종 평가: 실습 프로젝트 및 발표
- 참여도: 각 세션에 대한 참여와 질의응답 활동 평가

9) 교육 자원 및 요구 사항

- 강사진: 디지털 마케팅 분야에서 실무 경험이 풍부한 전문가
- 기자재 및 도구: 온라인 학습 플랫폼, 구글 애널리틱스, 소셜 미디어 광고 도구, SEO 도구(Google Keyword Planner 등)
- 교육 장소: 컴퓨터 시설이 갖춰진 교육실 또는 온라인 학습 환경

10) 프로그램 피드백

프로그램 종료 후 참여자들에게 만족도 조사와 피드백 설문조사를 실시하여 교육의 질을 평가하고 개선할 점을 도출할 수 있다. 이를 통해 향후 교육의 품질을 높이고 지속적으로 프로그램을 개선할 수 있는 기회를 제공할 수 있다.

11) 기대효과

- 디지털 마케팅을 처음 접하는 사람들이 체계적으로 기초부터 실습까지 경험하여 실무에 바로 적용할 수 있는 능력을 갖추게 된다.
- 교육을 통해 다양한 디지털 마케팅 도구에 대한 사용 능력을 향상시키며, 빠르게 변화하는 디지털 환경에 적응할 수 있도록 한다.
- 프로그램 종료 후 학습자들은 취업 또는 자기계발에 큰 도움이 될 수 있는 역량을 함양할 뿐만 아니라 향후 경력 발전에 긍정적인 영향을 줄 것으로 예상된다.
- 구직자에게 취업 경쟁력을 높여 주는 데 효과적이며 기업에서는 마케팅 담당자의 직무 능력을 크게 향상시킬 수 있다.

2. 직업교육 프로그램 개발 사례-2

1) 프로그램명: 중장년 경력자 재도약

2) 추진배경

중장년층을 대상으로 한 사무행정 직업교육 프로그램에서 이들의 경력과 경험을 활용하고, 동시에 디지털 역량을 강화하는 접근 방식은 여러 연구와 자료에서 그 중요성이 강조되고 있다. 중장년층은 젊은 세대보다 디지털 기술 습득이 어려울 수 있다. 이 연령대가 기술 사용에 익숙하지 않으며 디지털 환경 적응에 심리적 부담을 느낄 가능성이 높다. 한국고용정보원이 발간한 보고서에 따르면, 디지털 기술 격차가 중장년층의 고용 가능성을 제한할 수 있으므로 체계적이고 단계적인 교육이 필요하다고 분석하고 있다(김경희 외, 2021).

중장년층은 오랜 조직 경험과 관리 능력을 바탕으로 업무의 흐름과 조직 운영에 대한 높은 이해도를 갖고 있다(성복숙, 2023). 이러한 경험이 디지털 기술과 결합 될 경우 사무 행정 직무에서 효율성을 극대화할 수 있다. 이는 중장년층의 조직 관리 역량은 업무 자동화 툴(Tool)과의 조화를 통해 더 높은 성과를 이끌어 낼 수 있다. 따라서 프로그램 설계 시 이들이 가진 강점을 강화할 수 있는 방향으로 교육 내용을 구성하는 것이 중요하다.

또한 중장년층의 디지털 학습에서는 실용적이고 점진적인 접근이 유리하다. 이들의 삶의 질을 향상시키는 핵심적인 요소로서 학습은 학습자의 본질적인 특성이 총체적으로 결부되는 실천으로 이해하고, 이러한 이해를 토대로 해야 한다(이주영, 2024). 성인 학습 이론에 따르면, 성인 학습자는 실제 업무와 관련이 높고 실제 적용 가능한 학습 내용을 선호한다(Knowles, 1980). 중장년층이 디지털 교육에 더 쉽게 적응하기 위해 단계별로 난이도를 높이는 방식의 학습 설계가 필요하다고 강조하고 있으며 초기에는 기본적인 기능, 이후에는 고급 기능을 차례로 다룰 것을 권장한다.

아울러 실습과 적용 중심의 교육은 중장년층 학습자의 참여도와 성취감을 높여 준다. 실습 위주의 학습이 성인 학습자의 만족도를 높이고, 학습에 대한 심리적 장벽을 줄이는 데 효과적이라고 한다(Smith & Ragan, 2019). 특히, 사무행정 분야에서는 디지털 협업 툴(Tool)이나 문서 관리 소프트웨어 등 실습이 필수적인 스킬을 중심으로 교육이 이루어져야 하며 중장년층이 실무와 연결성을 느낄 수 있도록 구성하는 것이 중요하다.

위와 같이 다양한 연구와 자료에서 중장년층을 위한 교육 프로그램은 실용적이고 단계적인 학습 방식이 효과적이라는 점을 제시하고 있다. 이를 기반으로 한 체계적인 교육 프로그램은 중장년층의 경력을 살리면서도 최신 기술에 대한 적응력을 높여 줄 수 있다.

3) 프로그램 개요

- **목적:** 중장년층을 위한 디지털 사무행정 능력을 배양하고 직무 전환 및 재취업을 지원하고자 한다.
- **대상:** 40대 이상 중장년층, 기존 경력자 및 사무행정 분야로의 전환 희망자
- **기간:** 12주(주 2회 수업, 하루 3시간)-주 5회 가능
- **교육 방식:** 이론 교육 + 실습 + 피드백 세션
- **학습 환경:** 오프라인/온라인 병행 가능
  (온라인의 경우 실시간 강의와 녹화 강의 제공)

4) 커리큘럼 구성

구분	프로그램 내용
1단계 (2주) 기초 디지털 활용 능력	• 목표: 컴퓨터와 디지털 기기 기본 사용법 숙지 • 내용 ① 기본 컴퓨터 운영 (파일 및 폴더 관리, 컴퓨터 기본 세팅) ② 이메일 사용법 및 스팸 방지, 안전한 비밀번호 설정 ③ 클라우드 스토리지 사용법(Google Drive, Dropbox 등) ④ 소셜미디어 기초 이해(LinkedIn[1] 등, 사무 네트워크 활용) ⑤ 방법: 강의 + 실습(노트북, 데스크탑 제공)
2단계 (4주) 사무자동화 툴 활용	• 목표: 사무 자동화 및 협업 툴을 통한 업무 효율성 증대 • 내용 ① MS Office 기본(Word, Excel, PowerPoint) : 문서 작성 및 데이터 정리 방법 ② Google Workspace(Sheets, Slides) : 협업을 위한 클라우드 활용 ③ 전자 서명, 문서 관리 툴(Adobe Acrobat) ④ 캘린더와 일정 관리, 공유 캘린더 활용법 ⑤ 방법: 실습 중심의 수업 및 그룹 프로젝트
3단계 (2주) 디지털 커뮤니케이션 기술	• 목표: 효과적인 온라인 소통 기술 습득 • 내용 ① 비즈니스 이메일 작성법 및 사례 연구 ② 화상회의 툴 사용법(Zoom, Microsoft Teams) ③ 온라인 협업 툴(Slack[2], Asana[3], Trello[4])로 팀 작업 관리 ④ 방법: 시나리오 기반 실습 + 실습 피드백
4단계 (2주) 데이터관리와 분석기초	• 목표: 데이터 입력 및 기본 분석 능력 배양 • 내용 ① Excel 고급 기능(피벗 테이블, 간단한 함수 활용) ② 데이터 시각화 기초(차트, 그래프 활용) ③ 고객 관리 시스템(CRM[5]) 기초 이해 및 관리 방법 ④ 방법: 실제 예제 데이터 기반 실습 및 개별 과제

1) 개인 및 기업 네트워킹을 지원하는 소셜 미디어 플랫폼으로, 주로 경력 개발과 전문적인 네트워킹에 중점을 둔다. 다양한 기능을 통해 개인 및 기업이 네트워킹을 구축하고, 채용과 인재 개발을 돕는다.

2) Slack은 실시간 커뮤니케이션과 협업을 위한 플랫폼으로, 메시징을 기반으로 하여 팀이 서로 소통하고 파일을 공유할 수 있다.

3) Asana는 프로젝트 및 작업 관리에 특화된 툴로, 프로젝트의 진척 상황을 시각적으로 추적하고 개별 작업을

구분	프로그램 내용
5단계 (1주) 문서작성 및 보고서 작성 능력 향상	• 목표: 업무 보고 및 기획서 작성 능력 강화 • 내용 ① 보고서 작성 기법 및 서식 활용 ② 기획서/제안서 작성법(PPT로 효과적으로 발표 자료 구성) ③ 문서의 논리적 흐름과 명확성 유지 방법 ④ 방법: 예제 보고서 작성 및 강사 피드백
6단계(1주) 현장실습 및 모의프로젝트	• 목표: 실무에서 배운 기술을 실제 업무에 적용해 보는 경험 제공 • 내용 ① 가상 사무 환경에서의 실습 (종합적인 문서 작성, 데이터 관리, 온라인 협업) ② 동료와 협업하여 실무 프로젝트 진행 ③ 방법: 팀별 모의 프로젝트 + 발표 및 피드백

5) 평가 방식

- **참여도 및 과제 제출:** 매 수업 후 간단한 실습 과제 제출
- **중간 평가:** 퀴즈 또는 과제 평가(실습 결과 반영)
- **최종 평가:** 모의 프로젝트 발표 및 피드백 세션에서의 종합 평가

6) 추가 지원

- **멘토링 프로그램:** 현직 사무직 멘토와의 정기적인 멘토링 세션 제공

관리할 수 있다.

4) Trello는 보드 기반의 시각적인 작업 관리 툴로, 작업을 카드 형태로 관리하며 직관적인 사용 방식이 특징이다.

5) CRM: 고객의 개인 정보, 구매 이력, 상호작용 기록 등을 한 곳에 모아 관리하는 것으로 이를 통해 기업은 고객의 행동 패턴과 선호도를 분석할 수 있다.

- 취업 지원: 수료 후 협력 기업과의 취업 연계 지원
- 온라인 커뮤니티 운영: 동문 네트워킹을 위한 커뮤니티 제공

7) 기대 효과

- 업무 효율성 향상: 사무 자동화와 협업 툴을 활용함으로써 사무 생산성을 높일 수 있다.
- 디지털 역량 강화: 중장년층이 최신 디지털 기술을 습득함으로써 새로운 환경에 적응하도록 돕는다.
- 경력 전환 지원: 사무행정 분야에서 경력을 쌓거나 직무 전환을 희망하는 이들이 적응할 수 있는 토대를 제공한다.

3. 직업교육 프로그램 개발 사례-3

1) 프로그램명: 노인맞춤돌보미 양성과정

2) 추진배경

노인맞춤돌보미 직업교육 프로그램은 노인의 신체적, 정신적, 사회적 요구를 모두 충족시키는 종합적인 돌봄을 제공하는 것이 중요하다. 이 연령대의 특성과

요구를 반영한 교육이 필요하며, 여러 연구와 정책 자료들이 이를 뒷받침하고 있다.

- **노인의 신체적 요구와 건강관리:** 노인의 신체적 요구는 주로 만성 질환 관리, 이동 보조 및 일상 생활 지원 등이다. 한국보건사회연구원에 따르면, 노인의 건강 문제는 주로 심혈관계 질환, 당뇨병, 관절염 등 만성 질환에 집중되어 있어, 이러한 문제를 다룰 수 있는 교육이 필수적이다.

노인의 정신적, 정서적 돌봄은 그들의 삶의 질과 직결되므로 정신적 안정과 사회적 상호작용이 중요하다. 정서적 지원을 받는 노인은 더 높은 삶의 만족도를 보이며 정신 건강에 대한 돌봄 역시 직업교육 과정에서 중요한 부분으로 다뤄져야 한다.

정신적 요구와 고립 예방을 위해 사회적 고립은 노인들에게 심각한 문제를 일으킬 수 있으며, 이를 예방하고 사회적 교류를 촉진하는 것은 돌봄 서비스의 중요한 부분이다. 사회적 상호작용을 통해 정서적 지지뿐만 아니라, 심리적 안정감을 제공하는 방법을 교육하는 것이 필요하다. 한국노인복지학회의 연구에서도 사회적 고립을 예방하기 위한 교육이 강조되고 있는 실정이다.

따라서 노인의 건강, 정서, 사회적 요구를 충족시키는 방식으로 설계되어야 하며, 이를 통해 돌봄 종사자가 전문적인 지식과 실무 능력을 갖추도록 해야 한다. 이와 관련된 정책과 연구는 노인 돌봄의 중요성을 강조하고 있으며, 돌봄 서비스 제공자의 전문성을 향상시키는 데 필수적인 교육 내용을 포함해야 한다.

3) 프로그램 목적

이 프로그램은 노인 돌봄 서비스의 질을 향상시키기 위해 디지털 기술을 활용한 효율적인 돌봄 서비스 제공을 목표로 한다. 요양시설이 증가하고 이들 간의 경쟁이 치열해지면서 요양시설마다 고객에 대해 높은 품질의 요양서비스를 제공하는 데에 관심을 두게 되었다(김연숱, 2023). 디지털 기술을 활용하면 노인의 건강 관리, 정보 제공, 상호작용 증진 등이 가능해져, 더 나은 서비스를 제공할 수 있다. 따라서 이 프로그램은 전통적인 돌봄 기술과 디지털 역량을 모두 갖춘 전문 돌봄 인력을 양성하는 데 중점을 둔다.

4) 프로그램 참여대상

- 40대 이상의 중장년층
- 노인 돌봄 서비스를 제공한 경험이 있는 사람
- 노인 돌봄 분야로 전환을 희망하는 사람
- 디지털 기술을 익히고 싶지만, 능력이 부족한 사람

5) 교육 기간 및 방식

- **기간:** 12주 과정(주 2회, 하루 3시간 수업, 주 3회 변경 가능)
- **방식:** 이론 교육 + 실습 + 현장 학습 + 디지털 기술 실습
- **형태:** 온라인/오프라인 병행(실시간 강의 및 녹화 강의 제공)

6) 교육 과정 구성

구 분	프로그램 내용
• 기초과정	**노인 돌봄의 기초와 전문 기술** 1. 노인의 특성과 요구 : 신체적, 정신적, 사회적 돌봄의 기초를 이해 2. 일상생활 지원 : 식사, 목욕, 의복 관리, 이동 지원 등 기본적인 돌봄 기술 3. 응급처치와 안전 관리 : 노인의 안전을 위한 기본적인 응급처치와 대처 방법
• 중급-1 과정	**디지털 기술 활용법** 1. 디지털 기기 사용법 : 스마트폰, 태블릿, 헬스케어 장비 등 노인 돌봄에 활용되는 디지털 기기 사용법 2. 건강 관리 디지털 시스템 : 원격 진료 시스템, 디지털 건강 모니터링 시스템을 활용한 노인 건강 관리 3. 소셜 미디어 및 커뮤니케이션 : 비대면 소통을 위한 디지털 플랫폼(예: 화상 통화, 온라인 회의 툴) 활용법 4. 디지털 기기 보안 및 개인정보 보호 : 노인을 위한 안전한 디지털 사용법과 개인 정보 보호
• 중급-2 과정	**정서적 지원과 심리적 돌봄** 1. 정서적 지원 방법 : 노인의 우울증, 고립감을 극복하기 위한 대화 및 상담 기술 2. 사회적 고립 예방: 디지털 기술을 통한 사회적 연결 증진 방안
• 고급과정	**노인 돌봄 윤리 및 법적 기준** 1. 돌봄 윤리와 인간 존엄성 : 노인의 권리 보호와 존엄성을 유지하는 돌봄 자세 2. 법적 의무와 책임 : 돌봄 종사자가 알아야 할 법적 사항, 권리 및 의무

7) 현장 실습과 피드백

- **현장 실습:** 노인 돌봄 환경에서의 실습을 통해 이론과 실무를 연결, 디지털 도구 사용 실습, 실제 디지털 기기를 활용한 돌봄 환경 구축 실습
- 멘토링 및 피드백: 현장 전문가와의 멘토링 세션

8) 평가 및 인증

- **교육 종료 후** 평가: 이론 시험과 실습 평가
- 수료증 발급: 교육 과정 이수 후 디지털 역량을 증명하는 수료증 발급

9) 기대 효과

- **디지털 역량 강화:** 노인 돌봄 종사자가 최신 디지털 기술을 사용하여 효율적이고 정확한 돌봄 서비스를 제공할 수 있다.
- 전문성 향상: 노인 돌봄에 필요한 신체적, 정서적, 사회적 요구를 이해하고 실천할 수 있는 능력을 강화한다.
- 사회적 책임: 노인 고립을 예방하고, 디지털 기기 사용을 통해 더 많은 사회적 상호작용을 촉진하여 노인의 삶의 질을 향상시킬 수 있다.

4. 예산편성

프로그램 예산은 교육 목표와 교육 대상층에 부합해야 하며, 교육의 질을 유지하면서도 비용 효율성을 높이는 방향으로 편성되어야 한다. 모든 항목에 대해 명확한 산출 근거가 있어야 하며, 지출 항목마다 투입되는 비용이 프로그램의 효과와 참여자의 만족도 향상에 직접적으로 기여하는지를 검토해야 한다.

1) 예산의 적합성

(1) 강사료 기준의 적합성

강사료는 강사의 자격, 경험, 그리고 지역별 표준을 고려하여 책정된다. 예를 들어, 3급 강사의 시급을 설정할 때, 국가나 지방자치단체에서 제시하는 평생교육 강사료 지침을 따르는 것이 일반적이다. 적절한 강사료는 강사의 전문성을 확보하여 교육의 질을 높이는 데 기여할 수 있다.

〈표 12-1〉 D시 기준 외래강사 수당 기준표 (단위: 1시간당 기본/초과, 만 원)

구분		대상	지급액
특별강사	1급	• 국내 · 외 해당분야의 권위자로 원장이 특별히 인정하는 자	100이내/-
	2급	• 전직 장관(급) • 전직 대학총장(급) • 전직 국회의원 • 전직 광역자치단체장 • 대기업 회장, 인간문화재 • 기타 이에 준하는 자로 원장이 인정하는 자	40/30

구분		대상	지급액
	3급	• 전직 차관(급) • 전직 공기업 대표 • 전직 기초자치단체장 • 기타 이에 준하는 자로 원장이 인정하는 자	30/20
일반강사	1급	• 전직 4급 이상 공무원(박사학위를 소지한 5급 공무원) • 전직 지방의회의원 • 유명 예술인 및 종교인, 이와 유사한 분야의 유명 인사 • 기업 · 기관 · 단체의 임원, 중역 • 전직 판 · 검사, 변호사, 변리사, 공인회계사 및 감정평가사, 의사, 기술사, 세무사로서 5년 이상 실무경력자 • 민간연구기관의 연구원(박사학위 소지자) • 컨설턴트(대표 또는 석사학위 이상 소지자) • 국가대표 지도자 및 국가대표 출신 강사 • 기타 이에 준하는 자로 원장이 인정하는 자	25/12
	2급	• 전직 5급 이하 공무원 • 기업 · 기관 · 단체의 부장급 • 중소기업체 임원급 • 전직 판 · 검사, 변호사, 변리사, 공인회계사 및 감정평가사 • 체육지도자 1급 이상 자격증 소지자 및 해당 교과분야 3년 이상 강의 경력자 • 일반 컨설턴트, 기타 전문자격증을 가진 자로서 3년 이상 실무경력자 • 민간연구기관의 연구원 • 원어민 어학 강사(외국에서 태어나거나 외국국적을 취득한 자로서, 동일어권 국가에서 20년 이상 체류하고 고등교육을 이수한 자) • 기타 이에 준하는 자로 원장이 인정하는 자	15/8
	3급	• 외국어, 전산 등 강사 • 체육, 레크리에이션 등 취미소양 강사로서 해당 교과분야 5년 이상 강의 경력자 • 기타 이에 준하는 자로 원장이 인정하는 자	10/5
	4급	• 체육, 레크리에이션 등 취미소양 강사	8/4
	5급	• 각종 교육운영(실기실습 등) 보조자	6/3

예산에서 교육시간과 강사료의 균형이 중요하다. 교육 프로그램의 목표달성을 위해 충분한 시간을 제공하면서도 과도한 강사료 지출을 피할 수 있도록 시간당 비용을 효율적으로 배분해야 한다.

(2) 교재 및 자료비의 적합성

프로그램의 학습 목표와 수준에 맞춰야 하며, 예산에서 이 비용이 과도하게 책정되지 않도록 한다. 교재가 직접 제작되거나 외부에서 구매될 경우 비용이 달라질 수 있으며 교육효과와 비용효율성의 균형을 맞추는 것이 중요하다. 또한 교재 및 자료비는 참가자 수에 맞게 산출되어야 하며 필요 이상으로 비싼 자료는 지양하도록 한다. 만약 디지털 자료로 대체 가능하다면 비용 절감 측면에서 긍정적일 수 있다.

(3) 홍보비의 적합성

홍보비는 주로 수강생 모집을 위한 것으로, 목표하는 교육 대상층에 맞춘 홍보 채널을 선정하여 예산을 적절히 편성해야 한다. 온라인 홍보가 효과적인 경우 오프라인 홍보보다 비용이 적게 들 수 있으며 홍보비는 필요 이상의 과다한 지출을 피하면서도 수강생 모집에 충분한 효과를 발휘할 수 있도록 적정 수준을 유지하는 것이 바람직하다.

(4) 장소 임대료의 적합성

장소 임대료는 교육의 원활한 진행을 위해 필수적인 요소이므로 장소의 접근성, 편의성, 그리고 교육 환경을 고려하여 적절히 책정해야 한다. 이는 교육 프로그램의 전체 참여율과 만족도에 영향을 미칠 수 있다.

여러 장소를 비교하여 예산 내에서 최적의 장소를 선정하고, 불필요한 임대 비용이 발생하지 않도록 한다. 예산에 맞춰 수업 장소를 조정하거나, 학교나 공공기관 시설을 활용할 수 있는 경우 추가적인 비용 절감 효과를 기대할 수 있다.

(5) 기타 비용의 적합성

프로그램의 부대 비용으로 행정비와 다과비를 고려할 수 있다. 참가자 간의 상호작용을 증진하고 교육 만족도를 높이는 데 필요한 비용이라면 예산에 포함할 수 있으나 이 역시 과다하게 지출되지 않도록 조정이 필요하다. 예산에서 반드시 필요한 항목만 포함하여 편성하는 것은 사후 예산 낭비를 방지하는 것으로 중요하다. 따라서 한도 이내 프로그램의 품질과 효과성을 유지하는 것이 최우선이어야 한다.

2) 모의 예산 편성

평생교육 프로그램을 3급 강사 기준으로 40시간 운영하기 위한 예산 편성 방안을 예시로 보면, 강사료, 교재 및 자료비, 홍보비, 장소 임대료 등 기본적인 항목을 포함한다. 세부 항목과 금액은 실제 운영 환경에 따라 달라질 수 있으며, 지역별 혹은 교육기관의 규정에 따라 변동될 수 있다.

■ 강사료

- 3급 강사의 시급은 보통 30,000원 ~ 60,000원 사이에서 책정

- 기본 시간당 강사료: 60,000원×1시간×40회=2,400,000원
- 초과시간당 강사료: 30,000원×1시간×40회=1,200,000원

총 강사료 = 3,600,000원

■ 교재 및 자료비

교재비와 자료비는 교육 프로그램 내용과 사용되는 자료에 따라 다르다.

- 교재비: 10,000원 × 1인당 × 20명 = 200,000원
- 문구비(노트,필기구): 3,000원 × 1인당 × 20명 = 60,000원

총 비용: 260,000원

■ 홍보비

프로그램 홍보는 수강생 모집에 중요한 요소로 홍보 매체나 범위에 따라 비용이 달라질 수 있다.

- 현수막: 실내용 90 × 50 × 1개 = 60,000
  배너 150 × 190 × 1개 = 60,000
- 전단지(단면): 210 × 297 × 200장 = 30,000

총 홍보비용: 150,000원

■ 장소 임대료

교육장소가 별도로 필요할 경우 임대료가 발생할 수 있다.

- 장소 임대료: 3,000원 × 2시간 × 40회 = 240,000원

총 장소 임대료 = 240,000

■ 기타 비용(다과비, 여비비 등)

수강생들을 위한 다과 제공, 행정비 등 부수적인 비용이 발생할 수 있다.

- 다과비: 1,000원 × 20명 × 20회 = 400,000원
- 여비비: 200,000원

총 기타비용: 600,000원

전체 비용: 4,850,000원

예산편성 사례			
구분		내역	금액
강사료		• 주강사료: 60,000원×1시간×40회=2,400,000원 • 초과시간당 강사료: 30,000원×1시간×40회=1,200,000원	**3,600,000원**
운영비	재료비	• 교재비: 10,000원 × 1인당 × 20명 = 200,000원 • 문구비(노트) 3,000원 × 1인당 × 20명 = 60,000원	**260,000원**
	홍보비	• 현수막: 실내용 90 × 50 × 1개 = 60,000원 배너 150 × 190 × 1개 = 60,000원 • 전단지(단면): 210 × 297 × 200장 = 30,000원	**150,000원**
	장소 임대비	• 장소 임대료 3,000원 × 2시간 × 40회 = 240,000원	**240,000원**
	기타 운영비	• 다과비: 1,000원 × 20명 × 20회 = 400,000원 • 공제보험비: 1,000원 × 20명 =200,000원	**60,000원**

3) 추가 고려사항

일부 예산을 수강생 참가비로 충당할 수도 있다. 정부나 지자체, 교육 관련 재단의 지원금이 있다면 예산을 절감할 수 있다. 그리고 강사료나 장소 임대료

는 시간이나 일정에 따라 조정이 가능하다. 이 밖에 천재지변 등의 재해 상황을 고려한 경우나 교육참여자들의 안전을 위한 만일의 경우도 대비하는 것도 염두에 두어야 한다.

Chapter 13

보고서 작성의 실제

13
Chapter

보고서 작성의 실제

평생교육 프로그램 공모사업의 최종 보고서는 사업의 성과를 정리한 다음 공모사업에 대한 준비와 개선점을 도출하기 위해 매우 중요한 문서에 해당한다. 최종 보고서 작성 시 고려해야 할 주요 사항과 작성 방법은 기관에 따라 다를 수는 있으나 성과보고 측면에서는 필수적인 사항이다.

1. 최종 보고서의 목적

1) 성과의 체계적 정리

사업의 핵심 목표 대비 실제 달성한 성과를 구체적으로 정리하여, 사업이 얼마나 효과적으로 운영되었는지 체계적으로 평가한다. 정량적(양적) 데이터와 정성적(질적) 결과를 조화롭게 제시함으로써, 사업의 가치를 명확히 입증하는 데 중점을 둔다.

2) 사업 투명성 제고

사업 추진 과정과 결과를 투명하게 공개하여 이해 관계자의 신뢰를 확보한다. 예산 집행 내역, 운영 방식, 주요 성과 등을 명확히 기록함으로써, 사업 운영의 책임성과 신뢰도를 강화한다.

3) 피드백 기반 개선 도출

사업 진행 중 발견된 문제점과 참여자 및 이해 관계자의 피드백을 면밀히 분석한다. 이를 바탕으로 향후 유사 사업에서 적용 가능한 개선 방안을 도출하며, 프로그램의 지속 가능성과 효과성을 높이는 데 기여한다.

4) 후속 지원을 위한 근거 마련

최종 보고서는 공모사업 후속 지원의 가능성을 높이기 위한 중요한 근거 자료로 활용할 수도 있다. 성과와 전문성을 명확히 입증함으로써, 지속적인 지원과 협력의 발판을 마련하고 평생교육 프로그램의 발전을 위한 신뢰 기반 강화가 가능하다.

2. 최종 보고서의 주요 구성 요소

1) 표지 구성 요소

표지는 보고서의 첫인상을 결정짓는 중요한 요소로, 간결하면서도 필요한 정보를 명확히 담아야 한다. 일반적인 구성 요소를 설명하면 다음과 같다.

(1) 사업명

보고서의 제목과도 같은 역할을 하며, 사업의 본질을 한눈에 파악할 수 있도록 정확하고 간결하게 기재한다. 예를 들면, "스마트폰 활용을 통한 지역 주민 역량 강화 사업"으로 할 수 있다.

(2) 사업 기간

사업이 실제로 시행된 기간을 명시하여 시간적 범위를 명확히 기재한다. 예를 들면, "2024년 1월 1일~ 2024년 12월 31일", 혹은 "2024. 5. 13.(월) - 2024. 5. 24.(금)"으로 기재하기도 한다.

(3) 제출 기관명

실제 사업을 주관하거나 수행한 기관의 이름을 정확히 표기한다. 예를 들면, "OO평생교육원"으로 할 수 있다.

(4) 담당자 정보

보고서와 관련된 문의에 해당하는 업무를 처리할 담당자의 이름, 직위, 연락처를 명확하게 기재한다.

"담당자: 홍길동 / 평생교육팀 팀장 / 전화: 010-1234-5678
이메일: hong@organization.org"

(5) 제출일

보고서를 제출한 날짜로 "yyyy. mm. dd."로 기재할 수 있다.

(6) 기관 로고 및 디자인 요소(선택 사항)

제출 기관의 로고와 간단한 디자인 요소를 활용해 전문성을 높이고, 시각적으로 깔끔한 표지를 구성하도록 한다.

2021년도 지방보조사업 정산보고서

〈 사 업 개 요〉

▣ 사 업 명 : **온갖 JOB에 날개를 달자**

▣ 사업기간 : 2021. 5. 24 - 6. 7.

▣ 장 소 : OO 컴퓨터학원 실습실 1

▣ 참여인원 : 10명

▣ 사 업 비 : 3,730천원(보조금 , 자부담 등)

기관 및 단체명 : OO컴퓨터학원 (직인)

○ 작 성 자 : 직위 대표 성명 OOO (인)

○ 연 락 처 : 010-0000-0000

[그림 13-1] **정산보고서 표지 사례**

■ 요약본 작성 가이드

보고서의 요약본은 보고서를 읽는 이들이 핵심 내용을 빠르게 파악할 수 있도록 돕는 역할을 한다. 요약본을 1~2페이지로 구성할 때 포함해야 할 요소를 고려해 작성하도록 한다.

(1) 사업 개요

사업의 배경, 목적, 필요성을 간략히 기술한 사례는 아래과 같다.

> 본 사업은 지역 주민들에게 지속적인 학습 기회를 제공함으로써 개인의 성장과 지역사회 발전에 기여하고자 기획되었다. 특히, 디지털 기술 활용 능력이 요구되는 현대사회에서 중·장년층의 디지털 격차 해소를 목표로 설정하였다.
>
> 주요 대상은 디지털 기기에 익숙하지 않은 중·장년층으로, 그들의 실질적인 필요와 관심사를 반영한 교육 프로그램을 개발하였다. 2024년 동안 총 10개의 맞춤형 교육 프로그램을 운영하였으며, 스마트폰 기본 활용, 온라인 플랫폼 사용법, 인터넷 뱅킹 및 안전한 정보 관리 등 실생활에 바로 적용할 수 있는 실용적인 주제를 중심으로 구성하였기에 참여자들이 디지털 기술을 보다 자신감 있게 활용할 수 있도록 지원하였다.

(2) 주요 성과

정량(양적)적 및 정성(질적)적 성과를 간략히 요약한다. 우선 정량적 및 정성적 성과는 사업의 결과를 평가하는 두 가지 주요 관점으로, 각각 다른 방식으로 성과를 측정하고 분석하는 데 사용된다. 이 두 가지는 서로 보완적인 관계에 있으며, 사업의 전반적인 성과를 종합적으로 이해하는 데 중요한 역할을 한다.

① 정량적 성과(Quantitative Outcomes)

정량적 성과는 숫자와 통계로 측정할 수 있는 객관적인 결과를 의미하는데 이는 사업 목표 달성 여부를 구체적이고 명확하게 보여 주는 지표로 활용한다. 정량적 성과의 특징은 수치로 표현되므로 명확하고 비교 가능한 객관성을 표하고, 측정 가능성으로 목표와 실제 결과를 정량적으로 비교 가능할 뿐만 아니라 데이터를 활용한 그래프, 차트 등을 통해 성과를 시각화할 수 있기에 분석의 용이성은 다음과 같이 나타낸다.

1. 참여자 수: 프로그램에 총 500명이 참여함
2. 수료율: 전체 참여자의 85%가 과정을 성공적으로 수료함.
3. 만족도 점수: 설문조사 결과 평균 만족도가 4.7점 (5점 만점)으로 조사됨.
4. 학습 성과: 디지털 활용 능력 평가에서 참여자들의 평균 점수가 30% 향상됨.
5. 예산 집행률: 사업 예산의 98%를 효율적으로 집행함.

정량적(양적) 평가의 활용 목적은 성과를 객관적으로 비교하거나 다른 사업과의 성과를 평가할 때 유용하고 더 나아가 정책적, 재정적 지원 근거로 활용 가능하다고 볼 수 있다.

② 정성적(질적) 성과(Qualitative Outcomes)

정성적 성과는 숫자로 나타내기 어려운 사업의 질적 성과를 의미한다. 참여자의 경험, 만족도, 변화된 인식과 태도, 사업이 지역사회에 미친 영향을 심층적으로 평가하는 데 사용하기도 한다. 주요 특징은 주관적 요소를 포함한 참여자와 이해 관계자의 의견과 경험을 바탕으로 한다. 또한 심층적 분석이 가능한 수치로 표현할 수 없는 사업의 영향력과 가치를 평가, 성공 사례나 개인적인 변화 과정을 서술할 수 있는 스토리텔링이 가능하다.

예시

1. 참여자 후기: 교육을 통해 스마트폰 활용에 대한 자신감이 생겼다.
2. 사례 연구: 참여자 A는 인터넷 뱅킹을 처음으로 시도하고 일상에서 활용하고 있다.
3. 프로그램 평가: 강사진의 전문성에 대해 긍정적인 피드백이 다수였다.
4. 지역사회 영향: 프로그램이 중 · 장년층의 디지털 격차 해소와 사회적 고립 완화에 기여하였다.

정성적 평가의 활용은 사업이 참여자와 지역사회에 미친 긍정적인 변화를 강조할 때 유용, 정량적 성과에서 드러나지 않는 사업의 질적 가치를 보완할 수 있다.

③ 정량적(양적) 성과와 정성적(질적) 성과의 통합

정량적 성과는 객관적인 지표로 사업의 목표 달성 여부를 평가하는 데 도움을 주며, 정성적 성과는 숫자로 표현할 수 없는 질적 측면을 보완한다. 예를 들어, "0명의 참여자가 수료하였다(정량적 성과)"는 데이터에, "참여자들이 프로그램을 통해 디지털 기술 활용에 자신감을 갖게 되었다(정성적 성과)"를 추가하면 성과의 깊이를 더할 수 있다. 이 두 가지를 통합적으로 활용하면 사업의 결과를 보다 풍부하고 설득력 있게 제시할 수 있다.

(3) 결론 및 제언

사업의 전체적인 성과를 평가하고, 향후 사업에 대한 제언을 간략히 정리한다.

"본 사업은 지역 주민들의 평생학습에 대한 접근성을 높이고, 지역사회의 학습 문화 형성에 기여하였습니다. 향후 사업에서는 교육 과정을 한층 더 심화하고, 디지털 교육 외 다양한 평생교육 분야로 확대할 필요가 있습니다."

(4) 요약 작성 시 유의사항

- 간결성: 복잡한 설명은 지양하고, 핵심 정보만 포함
- 가독성: 항목별로 구분하여 깔끔하게 정리(예: 소제목 활용)
- 객관성: 성과와 평가를 객관적인 데이터와 근거로 뒷받침
- 시각적 요소 활용: 표, 그래프를 추가해 가독성을 높임

위와 같이 작성하면 보고서의 요약이 더 체계적이고 설득력 있게 구성된다.

2) 사업 개요

(1) 배경 및 필요성

사업 배경은 왜 이 사업이 필요한지를 명확히 설명하는 역할을 하는 것으로 사업이 해결하고자 하는 문제를 정의하고, 이를 통해 사업의 중요성을 부각하도록 한다.

예시

"지역 내 중 · 장년층의 디지털 격차가 심화되고 있다."
그리고 문제를 대비하지 않을 경우 발생할 수 있는 부정적인 결과를 제시하여 사업의 시급성을 전달하는 문제점을 기술하는 것도 좋다.
예를 들면, "디지털 소외는 정보 접근성 부족과 사회적 고립으로 이어질 가능성이 크다(보건사회연구, 2019)."

(2) 목표

본 사업은 디지털 전환 시대에 발맞추어 중 · 장년층의 디지털 격차를 해소하고, 지역 주민들에게 평생학습의 기회를 제공함으로써 개인의 역량을 강화하고 지역사회의 발전을 도모하는 것을 주요 목표로 설정하였다. 디지털 문해 수준으로 이를 때까지 모든 국민에게 무상으로 시행되는 의무교육 활동이라고 할 수 있다(차동숙, 2024). 이를 위해 사업의 목표를 크게 두 가지 차원으로 나누어 기술할 수 있다.

① 중 · 장년층 디지털 격차 해소

디지털 기술의 발전속도에 비해 중 · 장년층의 디지털 활용 능력은 상대적으로 부족하여 정보 격차와 사회적 고립이 발생하고 있다. 본 사업은 이러한 격차를 해소하고, 참여자들이 일상생활에서 디지털 기술을 자신 있게 활용할 수 있도록 돕는 데 초점을 맞추고 있다.

■ 구체적 목표

디지털 활용 교육을 통해 참여자의 기본 기술 숙련도를 20% 이상 향상

■ 내용

디지털 기기 활용 능력(스마트폰, 태블릿, 컴퓨터 등)과 주요 디지털 서비스(메신저 앱, 인터넷 검색, 공공기관 웹사이트 활용, 온라인 금융 등)에 대한 기본 기술을 학습하도록 설계되었다.

■ 측정 방법

사전 · 사후 평가를 통해 참여자의 기술 숙련도 변화를 정량적으로 측정한다. 예를 들어, 사전 테스트에서 평균 50점이었던 디지털 활용 능력 점수를 교육 후 60점 이상으로 향상시키는 것을 목표로 한다.

■ 기대 효과

참여자들은 교육을 통해 디지털 환경에서 자신감을 얻고, 일상생활 및 업무 수행 능력을 강화할 수 있다.

② 지역 주민의 평생학습 참여 확대

중 · 장년층의 평생학습 참여를 통해 지속 가능한 학습 문화를 조성하고, 이를 통해 지역사회의 발전과 통합에 기여하는 것을 목표로 한다. 구체적 목표는 주민을 대상으로 프로그램 운영 및 수료율을 80% 이상 달성한다.

■ 내용

교육 대상자는 중 · 장년층(45세 이상)으로 설정하며, 디지털 기술 활용 경험이 부족하거나 교육이 필요한 주민을 우선 선정한다. 프로그램은 기초 과정, 심화 과정, 워크숍 등으로 세분화하여 총 10개의 맞춤형 프로그램을 운영한다.

■ 운영 방식

- 기초 과정

- 스마트폰 기본 사용법, 메신저 앱 활용, 인터넷 검색 등

• 심화 과정
  - 온라인 금융, 전자정부 서비스, SNS 활용법 등

■ 워크숍

디지털 안전(사이버 보안, 개인정보 보호)과 관련된 실습 중심 강의

■ 측정 방법

출석률과 수료율을 기반으로 성과를 측정하며 수료 기준은 전체기간 출석에 해당하는 출석률 80% 이상, 과제 수행 완료 여부로 한다.

■ 기대 효과

참여자들이 평생학습에 대한 긍정적인 경험을 통해 추가 학습 프로그램에 대한 관심을 가질 수 있도록 유도한다.

3) 교육 만족도 및 지속 가능성 확보

참여자들의 만족도를 통해 프로그램의 질적 수준을 평가하고, 추후 개선 사항을 반영하여 지속 가능한 교육 체계를 구축한다. 교육 후 만족도 평균 4.5점(5점 만점 기준) 이상 확보한다.

내용은 프로그램 종료 후 설문조사를 통해 강의 내용, 강사 역량, 교육 환경, 실습 효과 등에 대한 만족도를 평가한다.

측정 방법은 5점 척도의 설문 항목을 통해 교육의 질적 성과를 정량화하며, 4.0점 이상의 높은 만족도를 목표로 설정한다.

기대 효과로 프로그램의 효과성과 필요성을 입증하며, 지역사회에서의 신뢰를 구축할 수 있도록 한다. 참여자들의 긍정적인 피드백은 향후 유사 프로그램 기획 및 운영의 기초 자료로 활용된다. 목표 달성을 위한 전략적 접근을 살펴보면, 교육 대상 맞춤화로 사전 설문조사와 인터뷰를 통해 참여자의 요구와 수준을 파악하고, 이를 반영한 맞춤형 프로그램을 설계한다.

또한, 실습 중심의 학습으로 이론 교육보다는 실습 중심의 학습을 통해 참여자들이 실질적인 기술을 체득하도록 돕도록 하며 성과 모니터링을 통해 교육 과정 중간중간 참여자의 학습 성과를 모니터링하고, 부족한 부분은 보완하도록 한다. 그리고 후속지원은 교육 후에도 기술 활용에 어려움을 겪는 참여자를 위해 추가 상담이나 보충 강의를 제공하도록 한다. 이와 같은 구체적인 목표와 실행 계획을 통해 사업의 효과성과 타당성을 강화한다.

4) 사업 기간 및 예산

■ 사업 기간: 2000년 00월 00일~2000년 00월 00일

- 1월~3월: 교육 대상자 모집 및 사전 조사
- 4월~10월: 프로그램 운영(기초 과정, 심화 과정, 특별 워크숍)
- 11월~12월: 성과 분석 및 최종 보고서 작성

〈표 13-1〉 구체적인 일정표

구체적인 일정표												
기간	1월	2월	3월	4월	5월	6월	7월	8월	9월	10월	11월	12월
항목	사전조사		대상자 모집		◀······▶		◀··········▶			◀······▶		
	◀······▶		◀······▶		기초과정		심화과정			워크숍		

■ 예산 규모-사례

(단위: 원)

예산액(총사업비)			집 행 액			집 행 잔 액		
총계	보조금	자부담	소계	보조금	자부담	소계	보조금	자부담
3,730,000	3,250,000	480,000	3,730,000	3,250,000	480,000	0	0	0

■ 세부집행현황-보조금 사례

인출 일자	비 목	내 역	지출 일자	지출액	지급처	지출 결의서 번호	비 고
		세부내역 상세 기재					
00. 00	교재비	• 교재: 20,000 ×10명	00. 00	200,000	OOO	2021-02	계좌입금
00. 00	현수막	• 현수막 50,000원 ×1개	00. 00	50,000	O광고기획	2021-01	계좌입금
00. 00	강사료	• 세미나 강사료 1,500,000원×1명	00. 00	1,500,000	OOO	2021-03	계좌입금
00. 00	강사료	• 세미나 강사료 1,500,000원×1명	00. 00	1,500,000	OOO	2021-06	계좌입금

■ 자부담 집행내역 사례

(단위: 원)

인출일자	비 목	내 역	지출일자	지출액	지급처	지출결의서 번호	비 고
		세부내역 상세 기재					
00.00	원서비	• 시험 원서비: 38,000원×7명	00.00	266,500	접수처	yyyy-mm	계좌 입금
00.00	행사 진행비	• 사무용품 - usb, 무선마우스, 마우스패드 1,5000원×10개	00.00	150,000 36,520	다이소 OO마트	yyyy-mm	전용 카드
		• 성과공유회 다과 - 음료:3,000*10개 - 떡: 1되	00.00	26,980	OO떡집	yyyy-mm	전용 카드

5) 참여 대상

주요 대상은 OO지역에 거주하는 45세 이상의 중·장년층으로, 디지털 활용 능력이 부족한 주민을 중심으로 선정한다.

대상 선정 과정에서는 사전 설문조사를 통해 디지털 교육 필요도가 높은 그룹을 우선적으로 선정하였으며, 경제적 취약계층에게는 무료로 교육 기회를 제공한다.

예시

사전 조사 결과, A씨(55세)는 스마트폰 사용 경험은 있지만 인터넷 뱅킹과 같은 실용적 기능에 대한 이해도가 낮아 금융 업무에 어려움을 겪고 있었다. A씨는 본 프로그램의 '디지털 금융 활용 과정'에 참여해 온라인 금융 거래와 전자 결제 기능을 활용할 수 있게 되었고 "교육을 통해 생활의 편리함을 크게 느꼈다"라고 평가하였다.

앞과 같은 구체적인 사례를 포함하여 작성하면 사업 개요가 더욱 명확하고 설득력 있게 전달될 수 있다.

(1) 사업 수행 내용

시기	사업계획	시기	추진실적	사유
4월19일	교육과정 홍보 실시	5월7일	1. 홈페이지 게시 2. 기관 비치 3. 기관홈페이지 4. 문자 발송 5. 교재 구입	
5월1일 ~ 5월 20일	모집(방문접수)	5월1일 ~ 5월 20일	• 전화예약 • 방문 상담 후 접수	• 참여 의지 확인
5월 24일 ~ 7월 7일	사업교육 실시	5월 24일 ~ 6월 9일	• 사업일정 변경(승인) • 오리엔테이션 • 교육일정 실시 • 원서 접수	• 교육생들의 요구 수렴
7월 10일	자격증 시험 응시	7월10일	• 7월 시험 응시	

(2) 성과 및 결과 분석

- 정량적 성과: 참여 인원, 수료율, 만족도 조사 결과
  목표 대비 달성률(예: 목표 수료율 80% 달성 여부)
- 정성적 성과: 참여자 후기 및 사례(구체적 사례 수록 권장)
  프로그램이 미친 긍정적 영향
  (예: 학습 동기 부여, 역량 강화)

프로그램명	수강대상	구분	수강인원			성과		
			계획(A)	참여(B)	B/A(%)	자격증 취득	취업	기타
OOO에 날개를 달자	중장년층	계	10	7	70%		4	
		남	2	0	0%			
		여	8	7	88%		4	

(3) 예산 집행 결과

- 예산 사용 내역: 예산 대비 실제 사용 내역 상세 기록
- 집행 증빙 자료: 영수증, 계약서, 증빙자료 목록 포함
- 재정 투명성: 잔액 발생 시 사유 설명 및 처리 계획

지 출 결 의 서

지출번호	제 2024-1-1호
날 짜	2024년 4 월 14일

결재	실장	대표

지출금액	금 50,000원(금 오만원)
적요 (내용, 품명 등)	○ 문구용품 - 지출처:다이소 - 노트: 2,000x10권 - 볼펜: 1,000x10개 - 네임펜 등
영수증	사진대지
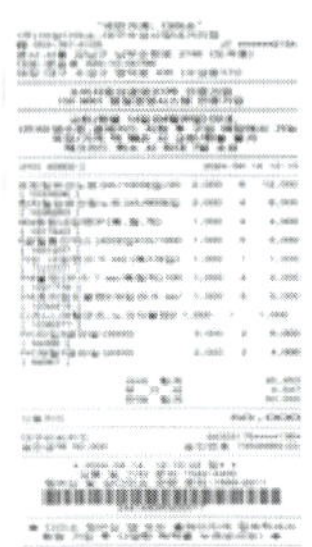	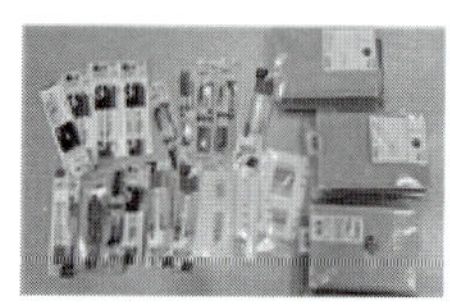 
비고	학습참여자 제공용 사무용품

[그림 13-2] 지출결의서 예시

(4) 사업의 한계 및 개선점

- 문제점: 사업 진행 중 발생한 문제 및 원인 분석
- 개선방안: 문제 해결을 위한 구체적인 제안

예시

- 사업추진 결과 잘된 점
  - 교육생 대상 사전평가 실시로 교육에 대한 의지와 학업 수준을 파악하여 교육 진행에 반영하였으며, 교육 진행 시 개인면담을 통하여 취업에 대한 방향과 의지 등을 확인 후 지속적인 격려로 인하여 교육 과정 및 종료 시 4명이 취·창업 하는 성과를 가져옴

- 예상 외 변수 등으로 부진한 점, 사업추진상 문제점 및 애로사항 등
  - 자격증 취득에 대한 부담으로 교육 참여도 하락
    (자격증이 주는 효과와 늦기 전에 취득하여 무기능인을 기능인으로 전환하고자 설득함)

- 지원사업으로 인하여 얻은 사회적 효과
  - 짧은 교육기간 동안 교육동기생과의 사회적 연계와 취업사례의 결과로 인한 장년층들의 취업의지가 높아짐

- 향후 사업추진을 위한 자체 발전 방안 등
  - 장년층의 디지털기기 활용과 전직지원에 대한 프로그램 개발
  - 온라인을 통한 딥러닝으로 사전 학습 유도
  - 장년층 사무행정 전문가 양성과정을 위한 프로그램 개발

(5) 향후 계획 및 제언

- 추진 방향: 후속 프로그램 계획
- 정책적 제언: 평생교육 프로그램의 발전을 위한 제언

제언 예시

- 디지털기기 활용으로 사무행정실무에 능통한 전문가의 수요증대로 전문적인 인력 양성을 통해 구직활동의 범위를 확대하고 온라인교육 활용으로 현 시대적 흐름에 적합한 취업 및 창업활동에 대한 지원 필요
- 교육 참여 인원 모집의 정원 초과(30%)와 산업 활성에 따른 장년층의 수요 증대로 전문적인 사무행정 관리 인력의 지속적인 양성을 위한 공모사업수의 증가
- 4차 산업과 인공지능을 기반으로 하는 다양한 디지털기기 활용에 관련된 평생교육 프로그램과 보다 전문적인 사무행정능력을 겸비할 수 있는 프로그램으로, 생애학습과 전 생애에 걸친 일상의 경험학습으로 반복적이고 지속적인 평생학습이 될 수 있도록 상시공모로 전환

(6) 참고 자료 첨부

- 홍보 자료, 사진, 설문조사 원본
- 기타 증빙 자료: 강의안, 교육 콘텐츠

6) 보고서 작성 시 유의사항

타당성 확보하고자 과장된 표현이나 주관적 의견은 지양하고, 정확한 데이터를 바탕으로 기술한다. 그리고 가독성을 높일 수 있도록 명확한 제목과 소제목, 표와 그래프를 활용하여 시각적 이해도를 증진한다.

근거 자료는 수치나 결과를 뒷받침할 수 있는 자료를 필수적으로 첨부하도록 하며 제출 형식 준수로 공모사업에서 요구하는 보고서 양식을 반드시 확인해야 한다.

7) 작성 팁

사례 중심 보고로 참여자들의 성공 사례나 긍정적인 피드백을 강조한다. 또한 설문조사 활용으로 만족도 조사 및 기타 정량적 자료를 도표화하여 제시할 수 있다. 사업이 미친 긍정적 영향(지역사회, 개인 성장 등)을 중심으로 결과를 작성한다. 위 내용을 기반으로 작성된 최종 보고서는 평생교육 프로그램 공모사업의 성과를 명확히 전달하고, 향후 유사 사업의 지속성을 확보하는 데 큰 도움이 될 수 있다.

부록

프로그램 세부내용(소망의 나무 2권)			
주	단원명	주요 교육내용	수업방법
9주	**2단계** **1단원** 시장에 가요	**[국어 2차시]** 채소, 과일의 이름 익히기 **[국어 2차시]** 꽃받침 있는 글자의 짜임 익히기 **[국어 2차시]** 저녁상에 차려진 음식과 재료 이름 익히기	강의, 실습 6시간
10주	**2단원** 우리 가족	**[국어 2차시]** 받침 ㄱ이 들어간 낱말 읽고 쓰기 **[국어 2차시]** 받침 ㄴ이 들어간 낱말 읽고 쓰기 **[재량활동 2차시]**–친목 윷놀이	강의, 실습 6시간
11주	**3단원** 선물을 받아요	**[국어 2차시]** 받침 ㄱ,ㄴ이 들어간 단어와 짧은 문장 익히기 **[국어 2차시]** 받침 ㄷ이 들어간 낱말 읽고 쓰기 **[국어 2차시]** 받침 ㄹ이 들어간 낱말 읽고 쓰기	강의, 실습 6시간
12주	**4단원** 고맙고 감사합니다	**[국어 2차시]** 받침 ㄷ,ㄹ이 들어간 단어와 짧은 문장 익히기 **[국어 2차시]** 받침 ㅁ이 들어간 낱말 읽고 쓰기 **[재량활동 2차시]**–산림치유원 체험	강의, 실습 6시간

13주	**5단원** 옷장 정리	**[국어 2차시]** 받침 ㅂ이 들어간 낱말 읽고 쓰기 **[국어 2차시]** 받침 ㅂ이 들어간 단어와 짧은 문장 익히기 **[국어 2차시]** 받침 ㅅ이 들어간 낱말 읽고 쓰기	강의, 실습 6시간
14주	**6단원** 달맞이꽃	**[국어 2차시]** 받침 ㅇ이 들어간 낱말 읽고 쓰기 **[국어 2차시]** 받침 ㅈ이 들어간 낱말 읽고 쓰기 **[재량활동 2차시]** **-스마트폰으로 사용하기1-사진촬영**	강의, 실습 6시간
15주	**7단원** 같이 하면 좋아요	**[국어 2차시]** 받침 ㅊ이 들어간 낱말 읽고 쓰기 **[국어 2차시]** 받침 ㅈ, ㅊ이 들어간 단어와 짧은 문장 익히기 **[국어 2차시]** 받침 ㅋ, ㅌ이 들어간 낱말 읽고 쓰기	강의, 실습 6시간
16주	**8단원** 나들이 가요	**[국어 2차시]** 받침 ㅍ, ㅎ이 들어간 낱말 읽고 쓰기 **[국어 2차시]** 받침 ㅌ, ㅍ, ㅎ이 들어간 단어와 짧은 문장 익히기 **[재량활동 2차시]-스마트폰으로 사용하기2-문자 확인하기**	강의, 실습 6시간
17주	**9단원** 비빔밥 우리 교실	**[국어 2차시]** 연음되는 낱말을 바르게 읽고 쓰기1 **[국어 2차시]** 연음되는 낱말을 바르게 읽고 쓰기2 **[국어 2차시]** 받침 ㅌ, ㅍ, ㅎ이 들어간 단어와 짧은 문장 익히기	강의, 실습 6시간
18주		**[국어 2차시]** 받침 있는 낱말 읽고 쓰기 복습 **[국어 2차시]** 고마운 사람의 이름을 쓰고 마음을 전하는 편지 쓰기 **[재량활동 2차시]** **-스마트폰으로 사용하기3-문자 보내기**	강의, 실습 6시간

<table>
<tr><td>19주</td><td rowspan="2">10단원
11부터 99까지</td><td>[국어 2차시] 재미있는 말놀이1–끝소리 이어가기 게임
[국어 2차시]
재미있는 말놀이2–낱말 퍼즐놀이
[국어 2차시]
노년을 위한 10계명 -읽고 쓰기</td><td>강의, 실습
6시간</td></tr>
<tr><td>20주</td><td>[수학 2차시]
11부터 50까지의 수를 읽고 쓰기1
[수학 2차시]
11부터 50까지의 수를 읽고 쓰기2
[재량활동 2차시]
–노래방 기기 가사 따라 부르기</td><td>강의, 실습
6시간</td></tr>
<tr><td>21주</td><td>10단원
11부터 99까지</td><td>[수학 2차시]
11부터 50까지의 수를 읽고 쓰기3
[수학 2차시]
51부터 99까지의 수를 읽고 쓰기1
[수학 2차시]
51부터 99까지의 수를 읽고 쓰기2</td><td>강의, 실습
6시간</td></tr>
<tr><td>22주</td><td>10단원
11부터 99까지</td><td>[수학 2차시]
51부터99까지의 수를 읽고 쓰기3
[수학 2차시]
11부터 99까지의 수 읽고 쓰기 복습
[재량활동 2차시]
–은행청구서 및 송금하기</td><td>강의, 실습
6시간</td></tr>
</table>

프로그램 세부내용(소망의 나무 3권)			
주	단원명	주요 교육내용	수업방법
23주	**1단원** 힘찬 발걸음 **2단원** 동물원에서 **3단원** 웃어요.	**[국어 2차시]** 2단계 평가 **[국어 2차시]** ㄲ, ㄸ, ㅃ이 들어간 낱말 읽고 쓰기 **[국어 2차시]** ㅆ, ㅉ이 들어간 낱말 읽고 쓰기	강의, 실습 6시간
24주	**4단원** 가방을 메고	**[국어 2차시]** 주변에서ㄲ, ㄸ, ㅃ, ㅆ, ㅉ이 들어간 낱말 찾기 **[국어 2차시]** ㅐ, ㅔ가 들어간 낱말 읽고 쓰기 **[재량활동 2차시] –글쓰기 대회**	강의, 실습 6시간

25주	**5단원** 옛날 얘기	**[국어 2차시]** ㅚ, ㅟ가 들어간 낱말 읽고 쓰기 **[국어 2차시]** ㅐ, ㅔ, ㅚ, ㅟ가 들어간 낱말 읽고 쓰기 한글날에 대해서 알아보기 **[국어 2차시]** ㅘ, ㅝ, ㅢ가ㅒ, ㅖ, ㅙ, ㅞ가 들어간 낱말 읽고 쓰기	강의, 실습 6시간
26주	**6단원** 햇볕은 쨍쨍	**[국어 2차시]** ㅘ, ㅝ, ㅢ가 들어간 낱말 읽고 쓰기 **[국어 2차시]** ㅒ, ㅖ, ㅙ, ㅞ가 들어간 낱말 읽고 쓰기 **[재량활동 13]** **–스마트폰 활용하기4–계산기 활용법**	강의, 실습 6시간
27주	**7단원** 발품 팔아	**[국어 2차시]** 이야기 속 이중 모음자 낱말 읽고 쓰기 **[국어 2차시]** 쌍자음자가 들어간 흉내 내는 말 읽고 쓰기 **[국어 2차시]** ㄱ, ㄲ, ㅋ, ㄷ, ㄸ, ㅌ 구별하여 읽고 쓰기	강의, 실습 6시간
28주	**7단원** 발품 팔아	**[국어 2차시]** ㅂ, ㅃ, ㅍ을 구별하여 읽고 쓰기 **[국어 2차시]** ㅈ, ㅉ, ㅊ을 구별하여 읽고 쓰기 **[재량활동 2차시]** **–신문지 활용 글자 만들기**	강의, 실습 6시간
29주	**8단원** 시골 풍경	**[국어 2차시]** 자음자 바꾸어 낱말 만들고 써 보기(고리–꼬리–코다리) **[국어 2차시]** ㅂ, ㅃ, ㅍ을 구별하여 읽고 쓰기 **[국어 2차시]** 소리가 비슷한 글자가 들어간 낱말을 읽고 쓰기(게–개, 베–배, 새–세, 해–헤–회등)	강의, 실습 6시간
30주	**9단원** 말놀이	**[국어 2차시]** 자음자 바꾸어 낱말 만들고 써 보기(고리–꼬리–코다리) **[국어 2차시]** ㅂ, ㅃ, ㅍ을 구별하여 읽고 쓰기 **[국어 2차시]** 주변의 여러 가지 낱말 찾아 말놀이 하기 두 낱말 연결하여 읽어 보기	강의, 실습 6시간
31주	**10단원** 세 자리 수	**[국어 2차시]** 자음자 바꾸어 낱말 만들고 써 보기(고리–꼬리–코다리) **[수학 2차시]** 세 자리 수 익히기 **[재량활동 2차시]–색종이 접기**	강의, 실습 6시간

프로그램 세부내용(소망의 나무 4권)			
주	단원명	주요 교육내용	수업방법
32주	**1단원** 함께 앉아도 괜찮아요.	**[국어 2차시]** 3단계 평가 **[국어 2차시]** 받침 ㄵ, ㄶ이 들어간 낱말 읽고 쓰기 **[재량활동 2차시]** **-가전제품 안전하게 사용하기**	강의, 실습 6시간
33주	**2단원** 밝은 삶	**[국어 2차시]** 받침 ㅀ이 들어간 낱말 읽고 쓰기 **[국어 2차시]** 받침 ㄺ, ㄻ이 들어간 낱말 읽고 쓰기 **[국어 2차시]** 받침 ㄾ, ㄿ이 들어간 낱말 읽고 쓰기	강의, 실습 6시간
34주	**3단원** 끝없이 넓은 바다 **4단원** 나비가 날아갑니다. **5단원** 나는 공부를 합니다.	**[국어 2차시]** 받침 ㄼ, ㅄ이 들어간 낱말 읽고 쓰기 **[국어 2차시]** 받침ㄲ, ㅆ이 들어간 낱말 읽고 쓰기 **[재량활동 2차시]-편지 쓰기**	강의, 실습 6시간
35주	**6단원** 대한 독립 만세	**[국어 2차시]** 주어+목적어+서술어의 문장을 이해하기 **[국어 2차시]** 글자와 다르게 소리나는 낱말을 바르게 읽고 쓰기1 **[국어 2차시]** 글자와 다르게 소리나는 낱말을 바르게 읽고 쓰기2	강의, 실습 6시간
36주	**7단원** 좋아해! 좋아해!	**[국어 2차시]** 문장 부호 이해하기–문장 부호 이름과 쓰임 익히기 **[국어 2차시]** 띄어 읽기 익히기(예: 아버지가 방에 들어가신다) **[재량활동 2차시]-가을단풍놀이**	강의, 실습 6시간
37주	**8단원** 일 년을 마치며	**[국어 2차시]** 설날 무렵과 설날에 하는 일들 알아보기, 복주머니 만들기 **[국어 2차시]** 간단한 소감문 쓰기/시를 읽고 느낌 이야기하기 **[국어 2차시]** 연하장 만들기	강의, 실습 6시간

38주	**9단원** 네 자리 수	**[수학 2차시]** 네 자리 수의 자릿값을 알아보기 **[수학 2차시]** 네 자리 수 읽고 쓰기–한글 **[재량활동 2차시]** **–안전한 약복용법(건강보조제 포함)**	강의, 실습 6시간
39주	**10단원** 만 자리의 수	**[수학 2차시]** 네 자리 수의 크기 비교하기 **[수학 2차시]** 만 자리 수 읽고 쓰기 **[수학 2차시]** 다섯 자리 이상의 수 읽고 쓰기	강의, 실습 6시간
40주	**10단원** 1년을 돌아보며 글로 표현하기	**[국어 2차시]** 1년을 돌아보며 글로 표현하기–"나의 학교생활" **[국어 2차시] 4권 평가** **[재량활동 2차시]–아나바다장터**	강의, 실습 6시간

▣ 마을평생교육 디지털(SNS)안내사 양성

<table>
<tr><th>프로그램 명</th><th colspan="4">평생교육 디지털(SNS)안내사 양성</th></tr>
<tr><td>프로그램 내용</td><td colspan="4">• 디지털기기활용 연계망 기술교육
• 키오스크를 활용한 예매의 생활화 교육
• 길 찾기 앱 활용을 위한 스마트폰 앱 교육
• 맞춤형 이력서 및 자소서 작성 교육 프로그램</td></tr>
<tr><th>대상 및 인원(수)</th><th>일시</th><th>장소</th><th>총시간(주 회)</th><th>소요예산</th></tr>
<tr><td>15명</td><td>2024. ~ 2024.</td><td>실습실 3</td><td>20(주 5회)
(일 2시간)</td><td>천원</td></tr>
<tr><th>프로그램 차시
(날 짜)</th><th colspan="3">세부 교육내용</th><th>운영방법</th></tr>
<tr><td>1~2차시
(4월15일 월요일)
19:00~21:00</td><td colspan="3">노인에 대한 이해, 디지털생활문해와 미래전망</td><td>강의</td></tr>
<tr><td>3~4차시
(4월16일 화요일)
19:00~21:00</td><td colspan="3">키오스크의 사전적 의미와 스마트기기 상세설명
이력서작성과 자기소개서작성, 교안작성</td><td>강의, 실습</td></tr>
<tr><td>5~6차시
(4월17일 수요일)
19:00~21:00</td><td colspan="3">민원발급 업무실제
(공문서 및 부동산등기 증명서 발급 실습)</td><td>강의, 실습</td></tr>
<tr><td>7~8차시
(4월18일 목요일)
19:00~21:00</td><td colspan="3">예매업무의 생활화
(예매티켓 발권, 영화예매 확인, 취소 등)</td><td>강의, 실습</td></tr>
<tr><td>9~10차시
(4월19일 금요일)
19:00~21:00</td><td colspan="3">카페 키오스크 주문
패스트푸드 이용</td><td>강의, 실습</td></tr>
<tr><td>11~12차시
(4월22일 월요일)
19:00~21:00</td><td colspan="3">모빌리티 활용
(지하철, 카카오, 대중교통 이용 등)</td><td>강의, 실습</td></tr>
<tr><td>13~14차시
(4월23일 화요일)
19:00~21:00</td><td colspan="3">고속버스 예매
(키오스크 예매, 현장 발권, 승차권 확인 및 취소)
코레일 예매
(키오스크 발권, 스마트폰 예매 및 취소)</td><td>강의, 실습</td></tr>
<tr><td>15~16차시
(4월24일 수요일)
19:00~21:00</td><td colspan="3">트위터 기본과 활용/ 페이스북 기본과 활용</td><td>강의, 실습</td></tr>
<tr><td>17~18차시
(4월25일 목요일)
19:00~21:00</td><td colspan="3">인스타그램 이용하기/ 밴드 활용하기</td><td>강의, 실습</td></tr>
<tr><td>19~20차시
(4월26일 금요일)
19:00~21:00</td><td colspan="3">개인 교안을 토대로 발표 후 따른 평가(각 5분)</td><td>개별평가</td></tr>
</table>

▣ 웰다잉: 성공적 노화, 아름다운 마무리(주차별 수업계획서)

회차 (날짜)	제목	주요 내용		강사	시간
1(2/14)	죽음의 이해	죽음이란 무엇인가	2H	000	10:00~12:00
2(2/21)		죽음교육의 필요성	2H	000	10:00~12:00
3(2/28)		용납 가능한 죽음	2H	000	10:00~12:00
4(3/7)	죽음이 밝히는 삶	웰다잉 의미	2H	000	10:00~12:00
5(3/14)		웰다잉과 죽음현실	2H	000	10:00~12:00
6(3/21)		웰다잉의 실천	2H	000	10:00~12:00
7(3/28)	노후의 삶과 죽음	노년기의 이해	2H	000	10:00~12:00
8(4/4)		노후 준비	2H	000	10:00~12:00
9(4/11)	존엄한 마무리	좋은 죽음의 요건	2H	000	10:00~12:00
10(4/18)		내게 남은 시간, 드림리스트 Ⅰ	2H	000	10:00~12:00
11(4/25)		내게 남은 시간, 드림리스트 Ⅱ	2H	000	10:00~12:00
12(5/2)		연명의료결정제도, 호스피스	2H	000	10:00~12:00
13(5/9)		장례 문화 죽음산업	2H	000	10:00~12:00
14(5/16)	아름다운 마무리	삶의 정리, 유언상속	2H	000	10:00~12:00
15(5/23)		엔딩노트	2H	000	10:00~12:00
16(5/30)		사진으로 쓰는 자서전 Ⅰ	2H	000	10:00~12:00
17(6/13)		사진으로 쓰는 자서전 Ⅱ	2H	000	10:00~12:00
18(6/20)	과정정리	평가 및 과정요약	2H	000	10:00~12:00

▣ 디지털 동행 수업계획서

프로그램명	능력이 뿜뿜~행복이 솔솔~	강사명	OOO
교육 기간	2024. 8. 19. ~ 2024. 12. 20.		
요일 및 시간	매주 화요일 10:00–12:00		
강 의 소 개			
강의목표	• 디지털 대전환 및 기술혁신에 따른 지식의 폭발적 증가로 평생학습을 통한 디지털 교육을 통해 생활의 적용 및 만족도 및 삶의 질 향상		
수강요건	• 대구 00 지역 내 거주하시는 만 60세 이상 어르신들 중 00 행복센터 회원으로 수강신청 및 등록된 자		
수업방법	• 이론(PPT) 수업 • 실습 수업(참여학습)		
수업인원	• 30명		
교 재 명	□ 있음 (　　　　　　) ■ 없음		
소요기자재	빔프로젝트, USB(학습자 개인소지)		
준비물	강의수료 후 수료증 발급(80% 출석 충족 시 수료증 발급)		

▣ 프로그램 평가 예시

1. 평가의 목적

- 현재 시행되고 있는 프로그램을 평가하여 앞으로 보다 더 필요하고 질 높은 프로그램을 개발하기 위함
- 프로그램 진행과정의 모든 의사결정을 위한 정보를 제공하고, 학습활동 과정을 개선하며, 책임감을 높이고, 향후 프로그램 개선방향을 제시함

2. 평가방법

- 설문지에 의한 평가: 프로그램 대상자에게 설문지를 주어 프로그램에 어떠한 영향을 끼쳤는지에 대하여 평가함
- 예절교육, 음식만들기, 전통놀이, 전래동화구연 중 각 과정당 5명 시범강연

3. 평가내용

- 프로그램 계획과 내용에 비추어 평가
- 평가는 코스요소와 교수활동을 중심으로 실시함
- 평가는 프로그램 사이의 자체평가를 통해서 기본적으로 실시하며, 이와 함께 프로그램 진행자들 사이의 자체평가를 실시함
- 학습자용 설문지, 교수자용 설문지
- 수료생들이 유치원 취업현장에서 교수자로 활동할 수 있는지 평가

4. 평가시기

- 프로그램 종료 후–사후평가

(학습자용 설문지)

안녕하십니까?

먼저, 이번 교육에 참가하여 주신 교육생 여러분께 감사드립니다.

다음의 설문은 앞으로 실시될 프로그램을 개선하기 위해 여러분의 고귀한 의견을 듣고자 합니다.

이번 교육기간 동안 보고 느끼고 생각하신 점을 솔직하게 응답해 주시면 감사하겠습니다. 귀하의 응답 내용은 절대 비밀이 보장되며, 여러분의 소중한 의견은 본 기관의 교육성과를 높이는 데 밑거름이 될 것입니다.

바쁘시더라도 각 문항마다 성의껏 응답하여 주시면 감사하겠습니다.

2024년 12월

OO 교육원

※ 각 질문에 대해 보기 중에서 해당되는 것을 골라 ∨표 해 주시고, 답이 없는 경우에는 기타 및 빈칸에 내용을 작성해 주십시오.

1. 귀하는 취업을 위해 이 교육이 꼭 필요하다고 생각하십니까?
① 꼭 필요하다 ② 필요하다 ③ 필요하지 않다 ④ 잘 모르겠다

2. 이번 교육과정의 만족도는 어떠십니까?
① 매우 만족 ② 만족 ③ 보통 ④ 불만족 ⑤ 매우 불만족

3. 이번 교육과정의 교육기간은 어떠하였습니까?
① 길다 ② 적당하다 ③ 짧다
④ 적당하지 않다(사유:)

4. 교육 인원수는 교육받기에 어떠하였습니까?
① 매우 많음 ② 보통 ③ 적당함 ④ 적음 ⑤ 매우 적음

5. 본 교육기관의 실습기자재 등 교육시설은 어떠하였습니까?
① 만족 ② 보통 ③ 불만족(사유:)

6. 본 교육기관의 부대시설 및 복지시설은 어떠하였습니까?
① 만족 ② 보통 ③ 불만족(사유:)

7. OO 교육원 교육에 어떻게 참여하게 되었습니까?
① 교육원 홈페이지를 통해 우연히 참여
② 교육원에 다른 용무로 방문하였다가 알게 되어 참여
③ 교육원에 관한 다른 입소문을 통하여 참여
④ 교육원 소식지나 전단지를 통하여 참여
⑤ 기타( )

8. 이번 교육과정에서 특히 미흡했다고 생각되는 과목은 무엇입니까?
① 예절교육 ② 음식만들기 ③ 전통놀이 ④ 전래동화구연 ⑤ 민속마늘 견학
⑥ 사유( )

9. 이 교육과정에서 더 필요하다고 생각되는 과목은 무엇입니까?
( )

10. 이 교육과정에 대한 소감 및 느낀 점은 무엇입니까?
( )

11. 본 교육기관에 대한 희망사항 및 건의사항을 기재해 주십시오.
( )

* 설문에 응해 주셔서 감사합니다. 더욱 노력하고 발전하는 OO 교육원이 되겠습니다.

▣ OO시교육청평생학습관 – 인문교양 프로그램

연번	프로그램명	모집 인원	교육일정 (운영횟수)	수강료 (재료비, 교재비)	강의실
1	감성으로 채우는 플라워 홈 스타일링	15	8.21.~12.4. (수/14회)	40,000 (350,000)	118호
2	들으면서 배우는 서양 음악사	20	8.19.~11.25. (월/14회)	40,000	303호
3	맑은 소리 우쿨렐레	15	8.20.~12.10. (화/16회)	40,000 (8,000)	109호
4	맨몸 근력 & 스트레칭 (남성 대상)	15	8.19.~11.28. (월,목/28회)	40,000	104호
5	세계 미술관 여행(서양)	20	8.23.~11.22. (금/14회)	40,000	비대면 (ZOOM)
6	세계 속 가정식 레시피	12	8.21.~12.4. (수/14회)	70,000 (168,000)	409호
7	수묵캘리그라피	15	8.20.~11.26. (화/14회)	70,000 (60,000)	117호

▣ D시 OO구 평생학습센터 인문학 프로그램

회차	일자	교육내용
1	4.17.	그리스 사상에서의 자연과학과 그리스의 시대적 상황
2	4.24.	고대 자연과학의 극적인 계승: 로마제국의 흥망
3	5.01.	고대 과학의 오류: 우주에 관한 수정: 르네상스 이후의 변화
4	5.08.	고대 과학의 오류: 지상 운동에 관한 수정: 근대 최초의 변화
5	5.22.	뉴턴의 혁명: 만유인력의 법칙: 뉴턴 일생 당시 상황을 곁들임
6	5.29.	세상을 바꿔 버린 뉴턴: 세상 모두에 영향을 줌
7	6.05.	뉴턴 이후의 변화: 과학을 비롯한 새로운 사회질서가 확립
8	6.12.	현대과학이라는 새로운 과학이 등장: 세계를 새로운 눈으로 보게 됨
9	6.19.	아인슈타인의 일생과 그의 상대성 이론의 참뜻
10	6.26.	양자물리학: 양자 기본, 레이저, 반도체, 양자컴퓨터 등 다양한 설명

■ 주차별 계획서

프로그램명: 꿈다락 문화예술학교		
주차	주제	내용
1주	미술의기초	색채이론, 명암 표현 활동: 색상 그리기, 명암 스케치 실습
2주	음악 이론	기초 악보 읽기, 리듬과 멜로디 이해 활동: 간단한 리듬 패턴 연습, 악기 소개
3주	조형예술기법	구성 원리, 재료 사용법 활동: 다양한 재료를 활용한 간단한 조형 작품 제작
4주	문학과 창작	기초 글쓰기와 표현법 활동: 짧은 산문 작성, 표현 기법 토론
5주	그림 그리기	주제 설정 및 스케치 활동: 참여자들이 자유 주제를 선택하여 스케치 진행
6주	음악 연주	기초 악보 연주 활동: 쉬운 곡을 연주하며 기본 테크닉 연습
7주	조형예술창작	활동: 주제를 정해 입체 작품 제작
8주	문학작품창작	활동: 짧은 에세이 또는 시(詩) 창작 후 공유
9주	명작감상	미술, 음악 등 활동: 유명 미술 작품 또는 음악 감상 후 감상문 작성
10주	동료작품 감상	활동: 서로의 작품을 감상하고 피드백 제공
11주	예술비평기법	활동: 간단한 비평 글 작성 및 토론
12주	주제별 토론	활동: '예술과 사회' 등의 주제로 참여자 간 토론
13주	프로젝트 주제 선정	활동: 팀별로 주제를 설정하고 기획안 작성
14주	팀별 창작 활동	활동: 팀 내 역할 분담 후 작업 진행
15주	중간 점검 및 피드백	활동: 진행 상황 발표 및 상호 피드백
16주	팀프로젝트 마무리	활동: 작품 완성 및 발표 준비
17주	작품 정리 및 전시 기획	활동: 작품 정리 및 전시 공간 구성 계획 수립
18주	발표 리허설	활동: 발표 연습 및 발표 자료 제작
19주	전시회 설치	활동: 작품 전시 준비 및 공간 꾸미기
20주	전시회 개최 및 평가	활동: 전시회 개막, 참여자 소감 공유 및 평가

▣ 커리큘럼 구성

구분	프로그램 내용
1단계 (2주) 기초 디지털 활용 능력	• 목표: 컴퓨터와 디지털 기기 기본 사용법 숙지 • 내용 ① 기본 컴퓨터 운영 (파일 및 폴더 관리, 컴퓨터 기본 세팅) ② 이메일 사용법 및 스팸 방지, 안전한 비밀번호 설정 ③ 클라우드 스토리지 사용법(Google Drive, Dropbox 등) ④ 소셜미디어 기초 이해(LinkedIn[1] 등, 사무 네트워크 활용) ⑤ 방법: 강의 + 실습(노트북, 데스크탑 제공)
2단계 (4주) 사무자동화 툴 활용	• 목표: 사무 자동화 및 협업 툴을 통한 업무 효율성 증대 • 내용 ① MS Office 기본(Word, Excel, PowerPoint) : 문서 작성 및 데이터 정리 방법 ② Google Workspace(Sheets, Slides) : 협업을 위한 클라우드 활용 ③ 전자 서명, 문서 관리 툴(Adobe Acrobat) ④ 캘린더와 일정 관리, 공유 캘린더 활용법 ⑤ 방법: 실습 중심의 수업 및 그룹 프로젝트
3단계 (2주) 디지털 커뮤니케이션 기술	• 목표: 효과적인 온라인 소통 기술 습득 • 내용 ① 비즈니스 이메일 작성법 및 사례 연구 ② 화상회의 툴 사용법(Zoom, Microsoft Teams) ③ 온라인 협업 툴(Slack[2], Asana[3], Trello[4])로 팀 작업 관리 ④ 방법: 시나리오 기반 실습 + 실습 피드백
4단계 (2주) 데이터관리와 분석기초	• 목표: 데이터 입력 및 기본 분석 능력 배양 • 내용 ① Excel 고급 기능(피벗 테이블, 간단한 함수 활용) ② 데이터 시각화 기초(차트, 그래프 활용) ③ 고객 관리 시스템(CRM[5]) 기초 이해 및 관리 방법 ④ 방법: 실제 예제 데이터 기반 실습 및 개별 과제
5단계 (1주) 문서작성 및 보고서 작성 능력 향상	• 목표: 업무 보고 및 기획서 작성 능력 강화 • 내용 ① 보고서 작성 기법 및 서식 활용 ② 기획서/제안서 작성법(PPT로 효과적으로 발표 자료 구성) ③ 문서의 논리적 흐름과 명확성 유지 방법 ④ 방법: 예제 보고서 작성 및 강사 피드백

구분	프로그램 내용
6단계(1주) 현장실습 및 모의프로젝트	• 목표: 실무에서 배운 기술을 실제 업무에 적용해 보는 경험 제공 • 내용 ① 가상 사무 환경에서의 실습 (종합적인 문서 작성, 데이터 관리, 온라인 협업) ② 동료와 협업하여 실무 프로젝트 진행 ③ 방법: 팀별 모의 프로젝트 + 발표 및 피드백

1) 개인 및 기업 네트워킹을 지원하는 소셜 미디어 플랫폼으로, 주로 경력 개발과 전문적인 네트워킹에 중점을 둔다. 다양한 기능을 통해 개인 및 기업이 네트워킹을 구축하고, 채용과 인재 개발을 돕는다.

2) Slack은 실시간 커뮤니케이션과 협업을 위한 플랫폼으로, 메시징을 기반으로 하여 팀이 서로 소통하고 파일을 공유할 수 있다.

3) Asana는 프로젝트 및 작업 관리에 특화된 툴로, 프로젝트의 진척 상황을 시각적으로 추적하고 개별 작업을 관리할 수 있다,

4) Trello는 보드 기반의 시각적인 작업 관리 툴로, 작업을 카드 형태로 관리하며 직관적인 사용 방식이 특징이다.

5) CRM: 고객의 개인 정보, 구매 이력, 상호작용 기록 등을 한 곳에 모아 관리하는 것으로 이를 통해 기업은 고객의 행동 패턴과 선호도를 분석할 수 있다.

■ 교육 과정 구성

구 분	프로그램 내용
• 기초과정	**노인 돌봄의 기초와 전문 기술**
	1. 노인의 특성과 요구 : 신체적, 정신적, 사회적 돌봄의 기초를 이해 2. 일상생활 지원 : 식사, 목욕, 의복 관리, 이동 지원 등 기본적인 돌봄 기술 3. 응급처치와 안전 관리 : 노인의 안전을 위한 기본적인 응급처치와 대처 방법
• 중급-1 과정	**디지털 기술 활용법**
	1. 디지털 기기 사용법 : 스마트폰, 태블릿, 헬스케어 장비 등 노인 돌봄에 활용되는 디지털 기기 사용법 2. 건강 관리 디지털 시스템 : 원격 진료 시스템, 디지털 건강 모니터링 시스템을 활용한 노인 건강 관리 3. 소셜 미디어 및 커뮤니케이션 : 비대면 소통을 위한 디지털 플랫폼(예: 화상 통화, 온라인 회의 툴) 활용법 4. 디지털 기기 보안 및 개인정보 보호 : 노인을 위한 안전한 디지털 사용법과 개인 정보 보호
• 중급-2 과정	**정서적 지원과 심리적 돌봄**
	1. 정서적 지원 방법 : 노인의 우울증, 고립감을 극복하기 위한 대화 및 상담 기술 2. 사회적 고립 예방: 디지털 기술을 통한 사회적 연결 증진 방안
• 고급과정	**노인 돌봄 윤리 및 법적 기준**
	1. 돌봄 윤리와 인간 존엄성 : 노인의 권리 보호와 존엄성을 유지하는 돌봄 자세 2. 법적 의무와 책임 : 돌봄 종사자가 알아야 할 법적 사항, 권리 및 의무

▣ 구체적인 일정표

구체적인 일정표												
기간	1월	2월	3월	4월	5월	6월	7월	8월	9월	10월	11월	12월
항목	사전조사		대상자 모집		◀······▶		◀··········▶			◀······▶		
	◀······▶		◀······▶		기초과정		심화과정			워크숍		

■ 예산 규모–사례

(단위: 원)

예산액(총사업비)			집 행 액			집 행 잔 액		
총계	보조금	자부담	소계	보조금	자부담	소계	보조금	자부담
3,730,000	3,250,000	480,000	3,730,000	3,250,000	480,000	0	0	0

■ 세부집행현황–보조금 사례

인출 일자	비 목	내 역	지출 일자	지출액	지급처	지출 결의서 번호	비 고
		세부내역 상세 기재					
00. 00	교재비	• 교재: 20,000 ×10명	00. 00	200,000	OOO	2021–02	계좌입금
00. 00	현수막	• 현수막 50,000원 ×1개	00. 00	50,000	O광고기획	2021–01	계좌입금
00. 00	강사료	• 세미나 강사료 1,500,000원×1명	00. 00	1,500,000	OOO	2021–03	계좌입금
00. 00	강사료	• 세미나 강사료 1,500,000원×1명	00. 00	1,500,000	OOO	2021–06	계좌입금

■ 자부담 집행내역 사례

(단위: 원)

인출 일자	비 목	내 역	지출 일자	지출액	지급처	지출결의서 번호	비 고
		세부내역 상세 기재					
00.00	원서비	• 시험 원서비: 38,000원×7명	00.00	266,500	접수처	yyyy-mm	계좌 입금
00.00	행사 진행비	• 사무용품 – usb, 무선마우스, 마우스패드 1,5000원×10개	00.00	150,000 36,520	다O소 OO마트	yyyy-mm	전용 카드
		• 성과공유회 다과 – 음료:3,000*10개 – 떡: 1되	00.00	26,980	OO떡집	yyyy-mm	전용 카드

참고문헌

강석우, 홍영재(2015). 지역사회 평생교육과 요구 분석. **한국평생교육학회지, 21**(2), 121-135.

강은영(2022). 유네스코 평생교육과 우리나라 평생교육의 비교 연구, 연세대학교 대학원 석사학위논문.

강호계(2012). 평생교육 프로그램 참여자의 개인 특성이 참여 동기에 미치는 영향. 대구대학교 교육대학원 박사학위논문.

고영화(2011). 대학평생교육 프로그램 분류체제와 특성분석. 동의대학교 대학원 박사학위논문.

권대봉, 박지혜, 박진영, 유기웅, 현영섭(2017). **평생교육의 세 가지 지평: 기반, 실천, 가치.** 서울: 박영스토리.

권도연(2021). 원격평생교육 교수자의 역할과 역량에 대한 요구분석. 동의대학교 대학원 석사학위논문.

권두승, 최운실(2009). **평생교육경영론.** 서울: 교육과학사.

권이종, 이상호(2001). **평생교육 이론편.** 서울: 교육과학사.

권진하, 고근영, 김한준, 서보람, 이석진(2022). **플랫폼시대의 평생교육프로그램개발.** 서울: 동문사.

기영화(2004). **평생교육 프로그램 개발.** 서울: 학지사.

기영화(2010). **평생교육 프로그램 개발 매뉴얼.** 서울: 학지사.

김경희(2011). **사회복지행정론.** 서울: 청목출판사.

김경희, 박승훈, 이선호, 박한솔(2021). 2021 고령화고용패널(KLoEE) 기초분석보고서. **한국고용정보원 연구산업보고서,** 1-129.

김남선(2010). **평생교육 프로그램 기획과 운영.** 서울: 학지사.

김남선(2014). **평생교육프로그램개발론.** 경북: 대구대학교출판부.

김내인(2016). 평생직업교육 수요에 관한 실증연구: 전남지역을 중심으로. 초당대학교 산업대학원 석사학위논문.

김동일, 신선애, 김예경(2024). **평생교육 프로그램개발론**. 서울: 학지사.

김미경(2021). **평생교육론**. 서울: 학지사.

김미정, 안영식(2017). 평생교육 교수자의 교수 역량에 대한 교육 요구 분석. **직업교육연구, 36**(4), 44-61.

김민정 외(2018). 종합대학 교원의 교수역량 지원 교육체계 개발. The Journal of Korean Teacher Education, 35(2). 289-317.

김민주(2019). **트렌드 코리아 2020**. 서울: 미래의창.

김슬기 외(2023). 생애주기 미디어교육 체계화 방안 연구, 정책연구 2023-1, 시청자미디어재단 연구보고서.

김신일, 강대중, 최돈민, 양흥권, 김현수, 이지혜, 현영섭, 김민호, 양은아, 김주영, 김지현, 최일선, 양병찬(2024). **평생교육론**. 경기: 교육과학사.

김연술(2023). 사회적 지지에 따른 요양보호사의 감정노동이 요양서비스품질에 미치는 영향. 대구한의대학교 박사학위논문.

김영순(2018). 국가 평생교육 정책과 요구 분석 연구. **한국교육행정학회지, 26**(3), 231-250.

김용래, 김태은(2005). **교육심리학**. 서울: 형설출판사.

김용현(2009). **평생교육방법론**. 서울: 법원사.

김용현, 김종표, 문종철, 이복희(2014). **평생교육프로그램개발론**. 경기: 양서원.

김은주(2011). 평생교육관점에서의 부모교육에 대한 고찰-평생교육법을 중심으로. **한국지역사회생활과학회지, 22**(3), 471-484.

김재희, 김문영(2020). 평생교육으로서의 색채교육 프로그램 현황 및 개발 방향 연구. **복식문화연구, 28**(3), 376-388.

김종명, 구재관, 김성철, 김명근, 김재원, 신기원, 이순호, 현영렬(2014). **사회복지 프로그램 개발과 평가**. 경기: 양서원.

김종천(2014). 성인학습자의 문해학습 참여를 통한 생애경험과 인식전환에 관한 연구. 백석대학교 대학원 박사학위논문.

김진화(2008). **평생교육프로그램 개발론**. 서울: 교육과학사.

김진화(2011). 한국 평생교육 프로그램 분류체계 개발 연구. **평생교육학연구, 16**(3), 211-236.

김진희(2020). 다문화배경 청년의 평생교육 실태 및 지원방안. 한국교육개발원 연구보고서.

김차순(2016). 문해교육 활동을 통한 문해교사 인식전환과 역할에 관한 연구. 백석대학교 대학원 박사학위논문.

김한별, 박소연, 유기웅(2010). **평생학습을 위한 프로그램 개발과 평가**. 서울: 양서원.

노병윤(2015). 한국의 문화: 해방후 문해교육의 역사적 조명. **한국사상과 문화**, 76, 229-259.

민병헌(2022.05.23). 성인학습자 위한 대학의 평생교육 활성화 과제. 내포뉴스.

박성숙(2020). 초등학력 취득 문해교육 과정에 참여한 문해학습자에 대한 연구. 강릉원주대학교 대학원 박사학위논문.

박성호(2014). 국가평생학습체제 구축을 위한 평생교육통계 분석연구. 한국교육개발원 연구보고서, 1-243.

박성희(2007). **성인 학습자의 요구와 프로그램 기획**. 서울: 교육과학사.

박소영, 정순둘(2019). 중고령자의 디지털정보접근성이 우울 증상에 미치는 영향: 디지털정보활용능력과 사회적 네트워크의 매개효과를 중심으로. **보건사회연구**, **39**(3), 179-214.

박주호(2014). **교육복지의 논의: 쟁점, 과제 및 전망**. 서울: 박영스토리.

박지훈(2022). 실험공간으로서의 학교: 듀이의 삶과 사상을 중심으로. **교육철학연구**, **46**(3), 123-145.

배호순(2008). **교육프로그램 평가론**. 서울: 학지사.

변영계(2003). **교수 · 학습의 이론**. 서울: 학지사.

서명환, 서보준, 김우호, 송기영(2016). **평생교육방법론**. 경기: 공동체.

서보람, 권진하, 고근영, 김한준, 이석진(2022). **뉴노멀, 초연결, 플랫폼시대의 평생교육프로그램개발**. 서울: 동문사.

서보준, 서명환, 신성철(2015). **평생교육론**. 경기: 공동체.

성복숙(2023). 디지털 문해교육을 통한 신중년의 정보격차 극복: 국가직무능력표준(NCS) 적용을 중심으로. 영남대학교 대학원 박사학위논문.

신선애, 김동일, 김예경(2024). **평생교육 프로그램개발론**. 서울: 학지사.

신용주(2012). **평생교육 방법론**. 서울: 학지사.

신용주(2022). **평생교육 프로그램개발론**. 서울: 학지사.

양유진(2024). CIPP 평가모형을 활용한 대학 무용 교육과정 평가요인 탐색. 국민대학교 일반대학원 박사학위논문.

양흥권(2017). **학습세기의 교육론 평생교육론**. 서울: 신정.

오세덕, 이명재, 강제상, 임영제(2008). **행정관리론**. 서울: 대영문화사.

오혁진(2003). **평생교육경영학**. 서울: 학지사.

유네스코(2020). 문화와 교육: 창의적 사회를 위한 가이드라인.

윤규원(2022). Design Thinking 기반 평생교육 교수체제설계 모형구성 및 타당화. 대구한의대학교 대학원 박사학위논문.

윤규원, 김문섭, 김진숙(2021). 평생교육프로그램 사회적 요구분석모형. **The Journal of the Convergence on Culture Technology(J CCT)**, 7(2), 177-184.

윤옥한(2017). **평생교육 프로그램 개발-이론과 실제-**. 경기: 양서원.

윤옥한(2018). **삶은 교육학개론**. 경기: 양서원.

윤훈현, 오장균(2007). **글로벌마케팅**. 서울: 청목출판사.

이근매(2011). 예술심리치료의 특성과 효과에 대한 연구. **예술심리치료연구**, 7(2), 59-81.

이금배(2022). 문해학습자의 문해시 중심 삶과 앎에 관한 해석적 탐구. 동의대학교 대학원 박사학위논문.

이기원, 송재만, 김태희, 이미경, 김미선, 최주리(2022). **평생교육프로그램개발**. 경기: 양성원.

이복희, 유인숙(2020). **평생교육 프로그램개발론**. 경기: 양성원.

이선애(2022). 찾아가는 문해교육에 참여하는 노인의 삶의 변화에 관한 연구. 경남대학교 대학원 박사학위논문.

이순미, 최명진(2020). 웰니스 교육의 이론과 실제. **평생교육 연구**, 15(2), 123-140.

이승준, 김수정(2019). **평생교육 프로그램 기획과 요구분석**. 서울: 교육과학사.

이승준, 김수정(2019). **4차 산업혁명과 평생교육의 미래지향적 요구 분석**. 서울: 평생교육연구소.

이주영(2024). 신노년 평생교육 운영체제 개발 연구. 대구대학교 대학원 박사학위논문.

이진선(2021). 성인의 평생교육 참여동기 유형 측정도구 개발. 고려대학교 대학원 박사학위논문.

이학식, 이병욱(2021). **마케팅 관리론**. 서울: 박영사.

이해주(2020). 인권교육과 지속가능발전의 연계를 위한 평생교육적 방안모색. **법과인권교육연구**, 13(1), 1-25.

이해주, 최운실, 권두승(2002). **평생교육 프로그램 개발.** 서울: 한국방송통신대학교 출판문화원.

이혜림, 이영라(2020). 시민참여 유형과 특성의 변화 분석. **행정논총, 58**(1), 245-269.

임은자(2021). 성인문해교육 프로그램 참여자의 자아정체성 형성과정 연구. 대구대학교 대학원 석사학위논문.

전은경 외(2012). 농촌 성인 문해교육 성과와 시사점: 충남 청양군 사례를 중심으로. **농촌지도와 개발, 19**(4), 859-880.

정 득, 김은수, 이종석(2016). 청소년의 문화예술활동과 공동체의식: 자아정체성의 매개효과. **한국청소년연구, 27**(4), 259-289.

정재헌, 임세영, 강현정(2018). 평생교육 참여유형별 시민참여교육 참여 활성화 방안에 관한 연구: 충청남도를 중심으로. **한국융합학회지, 9**(1), 331-340.

정지웅. 김지자(2013). 문해교육 제도가 학습자의 삶에 미치는 영향. **한국평생교육. 1**(1), 95-118.

조광미(2018). 성인여성학습자가 지각한평생교육기관특성, 참여동기, 학습만족도 및 학습성과에 대한구조관계 분석. 중원대학교 대학원 박사학위논문.

조대연(2021). **평생교육론-성인학습을 위한 예술과 과학.** 서울: 박영스토리.

조미경(2012). 유네스코의 비판적 성인문해교육 변천 과정 및 동향분석. 아주대학교 대학원 박사학위논문.

조종수(2013). 지역 및 교육의 소통을 고려한 평생교육원 설계 연구. **대한건축학회논문집, 29**(4), 119-126.

차갑부(2002). **사회교육방법의 탐구.** 서울: 양서원.

차동숙(2024). Giorgi의 현상학적 관점에서 본 성인문해교육에 참여하는 문해교사의 활동경험에 관한 본질 특성과 의미. 대구한의대학교 박사학위논문.

최라영(2024). 평생교육자의 생애와 평생교육 이념 연구. **공공사회연구, 14**(4), 43-74.

최성재, 남기민(2008). **사회복지행정론.** 서울: 나남출판.

최운실(2013). 100세 시대 평생교육체제 구축을 위한 평생교육법 정비방안 연구. 평생교육법 개정방향 검토를 위한 공청회.

최은수, 배석영(2008). **평생교육경영론.** 경기: 양서원.

한국건강증진개발원(2022). 지역사회통합건강증진사업 사례집.

한국능률협회(1994). **기업경영과 마케팅.** 서울: 한국능률협회.

한상길(2017). 문해의 개념과 문해교육 실천 방향. **한국성인교육학회, 20**(2), 22-50.

한숭희(2002). 평생교육론-거대담론과의 결별과 학문으로서의 자기 탐색의 계기 만들기. **평생교육학연구, 8**(1), 221-245.

함태인(2018). 비문해 학습자의 문해교육 참여동기와 학습몰입의 관계. 고려대학교 교육대학원 석사학위논문.

황재훈(2020). **마케팅 원론.** 경기: 학현사.

황정규, 이돈희, 김신일(2003). **교육학개론.** 서울: 교육과학사.

Armstrong, G., & Kotler, P. (2015). *Marketing: An Introduction* (11th ed.). New York: Pearson.

Baker, M. J., & Hart, S. (2008). *The Marketing Book* (6th ed.). Oxford: Butter worth-Heinemann.

Bedder, H. (ED.). (1985). *Developing programs in adult education.* Englewood Cliffs, Nj: Prentice Hall.

Bloom, B. S. (ED.). (1956). *Taxonomy of educational objectives,* Vol. 1: Cognitive domain. New York: McKay.

Boone, E. J. (1985). *Developing Programs in Adult Education.* Now jersey: Prentice Hill.

Boone, E. J. (1985). *Planning better programs.* New York: McGraw Hill.

Boone, E. J., Safrit, R. D., & Jones, J. (2002). *Developing programs in adult education: A conceptual programming model* (2nd ed.). Long Grove, IL: Waveland Press, Inc.

Boyle, P. G. (1981). *Planning better programs.* New York: McGraw Hill.

Branch, R. M. (2009). *Instructional Design: The ADDIE Approach.* New York: Springer.

Caffarella, R. S. (1994). *Planning programs for adult learners: A practical guide for adult educators, trainers, and staff developers.* San francisco: Jossey- Bass.

Caffarella, R. S. (2013). *Planning Programs for Adult Learners.* San francisco: Jossey-Bass.

Chien, S. H., & Tsai, Y. H. (2012). The Role of Marketing Strategies in Managing the Product Life Cycle. *International Journal of Business and Management, 7*(12), 82-91.

Covey, S. R. (1989). *The 7 habits of highly effective people: Powerful lessons in personal change.* New York: Fireside/Simon & Schuste.

Curzon, L. B. (2004). *Teaching in further education: An outline of principles and practice* (6th ed.). New York: Continuum Publishing.

Dave, R. H. (1976). Foundations of Lifelong Education. Paris: UNESCO Institute for Education.

Dean, G. J. (1994). *Designing instruction for adult learning.* Florida: Krieger Publishing Company.

Dewey, J. (1993). *How we think: A restatement of the relation of reflective thinking to the educative process.* Boston: Houghton Mifflin Company.

Dror, Y. (1967). Policy Analysts: A New Professional Role in Government. *Public Administration Review, 27*(3), 197-203.

Gagné, R. M. (1974). *Principles of instructional design.* New York: Holt, Rinehart & Winston.

Gagné, R. M. (1977). *The conditions of learning* (3rd ed.). New York: Holt, Rinehart & Winston.

Gagné, R. M., Wager, W. W., Golas, K. C., & Keller, J. M. (2005). *Principles of instructional design* (5th ed.). Belmont: Wadsworth/Thompson Learning.

Homburg, C., Kuester, S., & Krohmer, H. (2013). *Marketing Management: A Contemporary Perspective.* London: McGraw-Hill Education.

Houle, C. O. (1992). *The Literature of Adult Education.* (pp. 273-277). San Francisco: Jossey-Bass Publisher.

Jobber, D., & Ellis-Chadwick, F. (2019). *Principles and Practice of Marketing.* London: McGraw-Hill.

Keller, J. M., & Kopp, T. (1987). Application of the ARCS model of motivational design. In C. M. Reigeluth (ED.), *Instructional theories in action: Lessons illustrating selected theories and models.* Hillsdale, NJ: Lawrence Erlbaum, Publisher.

Kirkpatrick, D. I. (1994). *Evaluating training program: The four levels.* CA: Bernett Koehler Publishers.

Knowles, M. S. (1970). *The modern practice of adult education: Andragogy vs pedagogy.*

New York: Association press.

Knowles, M. S. (1980). *The Modern Practice of Adult Education: From Pedagogy to Andragogy.* Englewood Cliffs, NJ: Cambridge Adult Education.

Knowles, M. S. (1989). *The making of an adult educator.* San francisco, CA: Jossey-Bass.

Konx, A. B. (ED.). (1979). *Assessing the impact of continuing education.* San francisco, CA: Jossey Bass.

Kotler, P. (1991). *Marketing Management: Analysis, planning, Implementation, and control* (6th ed.). Englewood Cliffs, NJ: Prentic.

Kotler, P. & Armstrong, G. (2017). *Principles of Marketing* (17th ed.). Harlow: Pearson.

Kotler, P. & Keller, K. L. (2012). *Framework for Marketing Management: Global edition* (5th ed.). Edinburgh: Pearson Education.

Kotler, P. & Keller, K. L. (2016). *Marketing Management* (15th ed.). Harlow: Pearson.

Kowalski, (1988). *The Organization and Planning of Adult Education.* New York: State University of New York Press.

Lamb, C. W., Hair, J. F., & McDaniel, C. (2012). *MKTG* (8th ed.). Boston: Cengage Learning.

Lamb, C. W., Hair, J. F., & McDaniel, C. (2020). *MKTG* (13th ed.). Boston: Cengage Learning.

Long, H. B. (1983). *Adult learning: Research and practice.* New York: Cambridge University Press.

Long, H. B. (1997). *New Perspectives on the Education of Adults in the United States.* New York: Nichols Publishing Company.

Perreault, W. D. Cannon, J. P., & McCarthy, E. J. (2017). *Basic Marketing: A Marketing Strategy Planning Approach* (20th ed.). New York: McGraw-Hill Education.

Perreault, W. D., Cannon, J. P., & McCarthy, E. J. (2018). *Essentials of marketing: A marketing strategy planning approach.* New York: McGraw Hills Education.

Porter, M. E. (1985). *Competitive Advantage: Creating and Sustaining Superior Performance.* New York: Free Press.

Pride, W. M., & Ferrell, O. C. (2021). *Foundations of Marketing* (9th ed.). Boston:

Cengage Learning.

Pride, W. M., Hughes, R. J., & Kapoor, J. R. (2021). *Foundations of business* (7th ed.). Boston: Cengage Learning.

Jobber, D. & Ellis-Chadwick, F. (2020). *Principles and Practice of Marketing* (9th ed.). Maidenhead: McGraw-Hill.

Rogers, A. (1996). *Teaching adults.* Buckingham: Open University Press.

Rogers, A. (1998). *Teaching adults* (2nd ed.). Buckingham: Open University Press.

Saykili, A. (2018). Distance education: Definitions, generations. key concept and future directions. *International Journal of Contemporary Educational Research, 5*(1), 2-17.

Schiffman, L. G., & Kanuk, L. L. (2010). *Consumer Behavior* (10th ed.). New Jersey: Pearson.

Simerly, R. G., & Associates (1989). *Handbook of marketing for continuing education.* San francisco, CA: Jossey Bass.

Smith, R., & Ragan, T. J. (2019). *Instructional Design.* Hoboken, NJ: Wiley.

Solomon, M. R. (2022). *Consumer Behavior: Buying, Having, and Being* (13th ed.). Boston: Pearson.

Sork, R. I. (1991). Planning programs for adults. In S. B. Merriam & J. Y. Cunningham(Eds.), *Handbook of adult continuing education.* San francisco, CA: Jossey Bass.

Stufflebeam, D. L. (1971). The relevance of the CIPP evaluation model for educational accountability. *Journal of Research and Development inn Education,* 5, 19-25.

Stufflebeam, D. L. (2004). The 21st century CIPP model: Origins, development, and use. In M. C. Alkin (Ed.), *Evaluation roots: Tracing theorists' views and influences* (pp. 245-266). Thousand Oaks, CA: Sage.

Sylvia, R. D., & Sylvia, K. M. (2012). *Program planning and evaluation for the public manager.* Long Grove: IL. Waveland Press.

Tyler, R. W. (1946a). *Basic principles of curriculum and instruction.* Chicago: University of Chicago Press.

Tyler, R. W. (1946b). The use of tests in measuring the effectiveness of educational programs, methods, and instructional materials. In R. W. Tyler & R. M. Wolf (Eds.), *Crucial issues in testing* (pp. 143-156). Berkeley, CA: McCutchen.

Waldron, M. W., & Moore, A. B. (1991). *Helping adults learn: Course planning for adult learners.* Toronto, Ontario: Thompson Educational Publishing, Inc.

York, R. O. (1983). *Human service planning: Concepts, tools and methods.* Chapel Hill, NC: University of North Carolina Press.

[기타자료]

교육부(2020). 평생교육백서, 국가평생교육진흥원.

교육부(2022). 2022년 성인문해교육 활성화 지원 기본계획.

교육부(2023). 2023년 성인문해교육 지원사업 기본계획.

국가평생교육진흥원(2020). 성인문해능력조사(www.nile.or.kr).

세계의 디지털 마케팅 시장 보고서(https://www.giikorea.co.kr/report).

세방직업평생교육원(2023) 외부사업자료.

평생교육개발원(2023). 평생교육통계조사지침서, 연구자료CRM 2023-36.

평생교육진흥원(2022). 평생교육백서 22호.

한국리서치(https://hrcopinion.co.kr).

한국문화예술교육진흥원(www.arte.or.kr).

찾아보기

인명

놀즈 / 67
데이브 / 18
랑그랑 / 18
맥타이 / 72
메이거 / 121
보일 / 67
블룸 / 118
스터플빔 / 200
스테이크 / 202
왓슨 / 46
위긴스 / 72
카파렐라 / 109
커크패트릭 / 199
타바 / 75
타일러 / 71
필립스 / 199

내용

가치판단중심평가 / 191
거시적 환경 / 145
건강심성 프로그램 / 220
결과중심 평가모형 / 197
결과평가 / 199
고객 / 144
관찰법 / 207
교사중심모형 / 78
교수설계 / 122
교수자 / 171
교실 학습 / 41
교안작성법 / 132
교양교육 / 237
교육과정 개발 모형 / 78
교육기본법 / 28
교환 / 144
국가주도형 / 36
규범적 요구 / 97
기관마케팅 / 147
기능적 소양 프로그램 / 230
기술 기반 학습 / 43
기초문해교육 / 33
기획 / 86
기획 단계 / 88

내부평가 / 192
녹음 / 208
녹화 / 208
논평 / 207
뉴테크놀로지 / 16

단일프로그램 / 56

레저생활스포츠 프로그램 / 268

마케팅 믹스 / 154
마케팅 전략 / 151
면접법 / 206

모듈 학습 / 42
목적 / 108
목표 / 108
목표중심 평가모형 / 196
목표중심평가 / 190
문제 중심 학습 / 43
문해교육 / 290
문해교육 프로그램 / 58
문화예술교육 / 34, 266
문화예술향상 프로그램 / 280
물적자원 / 175
미래지향적 요구 / 99
미래지향적 프로그램 / 61
미시적 환경 / 146

반응평가 / 197
복지모형 / 39
부모 교육 / 230
비선형적 접근법 / 67
비통합적 접근법 / 69
비표출된 요구 / 93

사회주의모형 / 38
사회협력형 / 37
상대적 요구 / 95
상대평가 / 193
생태환경교육 / 248
생활문화예술 프로그램 / 272, 275
선형적인 접근법 / 66
성인 학습자 / 20
성인교육 / 17
세미나 / 42
소득증대 프로그램 / 60
스코프 / 76
시민리더역량 프로그램 / 252
시민참여교육 / 35, 246
시민참여활동 프로그램 / 255
시민책무성 프로그램 / 247
시장 / 143
시장모형 / 38
시장세분화 / 151
시장주도형 / 37
시퀀스 / 76
신사회체제 / 30

양적(정량)평가 / 194
역사교육 / 235
연속프로그램 / 57
열린 학습사회 / 25
온라인 학습 / 42
외부평가 / 192
요구분석 / 90
요약본 / 332
우선순위 / 102
워크숍 / 42
웨어러블 디바이스 / 16
의사결정지향평가 / 191
인문교양교육 / 35
인문학 강좌 / 238
인문학적 교양 프로그램 / 235
인적자원 / 166

자기주도 학습 / 41
자원봉사자 / 174
재정자원 / 178
절대평가 / 193
정량적 성과 / 333
정성적(질적) 성과 / 334
종합프로그램 / 58
주민자치 교육 / 249

지역 교육과정 / 251
지역사회 / 24
지역사회교육 / 24
지역활동가 / 254
직업능력교육 / 33
직업훈련 프로그램 / 304
진단평가 / 191
질문지법 / 205
질적(정성)평가 / 194
집단 학습 / 41

체제분석적 접근법 / 69
체험 학습 / 43
촉진기법 / 157
총괄평가 / 192
최종 보고서 / 328

통제모형 / 38
통합적 접근법 / 68
통합프로그램 / 57

평가 보고서 / 212
평가자료 / 210
평등성 / 104
평생교육 / 12, 18
평생교육 프로그램 / 54
평생교육법 / 14
평생교육제도 / 36
평생학습 / 19
평생학습궤적 / 30
평생학습리더 / 253
평생학습사회 / 25
표적시장 / 153
표출된 요구 / 92
프로그램 마케팅 / 140
프로그램 목표 / 109
프로그램 설계 / 123
프로그램 예산 / 319
프로그램 운영관리자 / 167
프로그램 평가 / 186
프로그램 포지셔닝 / 153
프로그램 홍보 / 158

학력 인정프로그램 / 59
학력보완교육 / 33
학습 목표 / 116
학습사회 / 49
학습평가 / 198
행동평가 / 198
헌법 / 28
형성평가 / 191
확장모형 / 78
환경적인 요인 / 145

6진 분류표 / 32
ADDIE 모형 / 127
AIDMA 모형 / 161
CIPP 평가모형 / 202

저 / 자 / 소 / 개

■ **김연술**

대구한의대학교 대학원 사회복지학 박사
성운대학교 미래휴먼사회복지학부 강사
한국복지사이버대학교 평생교육과 강사
대구사회복지평생교육연구소 소장

■ **성복숙**

영남대학교 대학원 사회학 박사
영산대학교 사회복지정보전공 강사
한국복지사이버대학교 평생교육과 강사
평생교육현장실습의 이론과 실제

■ **이주영**

대구대학교 대학원 행정학 박사
경북과학대학교 겸임교수
영남외국어대학 사회복지과 강사
평생교육현장실습의 이론과 실제

■ **차동숙**

대구한의대학교 대학원 사회복지학 박사
성운대학교 미래휴먼사회복지학부 강사
한국복지사이버대학교 평생교육학과 강사
경산사회복지평생교육연구소 소장

■ **서민호**

대구한의대학교 대학원 사회복지학 박사
영남외국어대학교 사회복지과 교수
사회복지학개론, 사회복지실천론,
평생교육경영론 등

■ **백석기**

계명대학교 대학원 경찰학 박사
경북과학대학교 관광레저과 교수
새경찰학개론, 파워파크골프 등

평생교육 프로그램 개발론

1판 1쇄 인쇄 ─ 2025년 2월 1일
1판 1쇄 발행 ─ 2025년 2월 4일

저　　자 - 김연술 성복숙 이주영 차동숙 서민호 백석기
발 행 인 - 강철원
발 행 처 - 양성원
주　　소 - 경기도 파주시 검산로 173번길 29-12
전　　화 - 031-946-3861(代)
팩　　스 - 031-946-3864
이 메 일 - tnwpub@naver.com
홈페이지 - tnwpub.co.kr
출판등록 - 2015년 8월 31일 제 2015-000211 호

ISBN 979-11-6126-620-6

정가 23,000원